Editor: Luminița Bratu
Copertă: Flory Preda
Tehnoredactare: Florența Sava
Corectură: Georgeta Nicolae

Descrierea CIP a Bibliotecii Naționale a României
MCCARTNEY, SOPHIE
   Obosită și testată: călătoria nebunească spre viața de
părinte/Sophie McCartney. - București: Prestige, 2023
   ISBN 978-630-6506-93-4

821.111

Tel.: 0732.55.88.33
www.edituraprestige.ro
www.facebook.com/edituraprestigeoficial

SOPHIE MCCARTNEY

OBOSITĂ
ȘI
TESTATĂ

Călătoria nebunească
spre viața de părinte

Traducere de Irina Chirică

PRESTIGE
București – 2023

Pentru Jack şi Evelyn,

Vă mulţumesc, pentru că mi-aţi oferit două dintre cele mai mari privilegii din viaţă: acela de a fi mamă şi ...dreptul de a mă folosi în mod legal de un loc de parcare, rezervat părinţilor.

CUPRINS

Introducere:

   Bun-venit în junglă! 9

1. La început 13

2. Excitarea 23

3. Căsătoria 35

4. Sex neprotejat 53

5. De la sex la sarcină 69

6. Pierderea sarcinii 93

7. Nașterea 115

8. După naștere 153

9. Mămica 149

10. Vulva 171

11. Dureroasa vârstă de 30 de ani 187

12. Din leagăn la urlete 207

13. Mama distractivă 223

14. Natură versus Netflix 243

15. Mafia grupurilor de școală 259

16. Cercul conflictelor 283

17. Ziua Mamei 299

18. Clubul „Pierderea controlului" 301

19. Mama lui Jack 319

   Mulțumiri 341

Introducere:
Bun-venit în junglă!

Am realizat recent un lucru despre rolul de părinte, și anume acela că nu vei fi niciodată pregătit. La fel ca și la trecerea spre vârsta adultă, nu vei susține niciun examen de admitere, nu vei găsi niciun manual de instrucțiuni, nu există vreo modalitate de a ști dacă o faci cum trebuie. Responsabilitatea îi ia prin surprindere chiar și pe cei mai pregătiți, din punct de vedere mintal, apărând pe furiș, din spate, ca un prădător vorace care intenționează să-ți devoreze libertatea, chipul, finanțele și zbenguiala. La un moment dat, ești tânără, lipsită de griji și îți miști lasciv formele apetisante pe ringul de dans. Apoi, cât ai clipi, ajungi la 30 și ceva de ani, ai momente în care ești incapabilă să-ți amintești propriul nume, dar reciți din cartea de benzi desenate *The Gruffalo* ca pe „Tatăl nostru", plângând, deoarece planșeul pelvian ți-a fost iremediabil distrus. Călătoria de la sâni zvelți la păduchi a început.

Cum ai ajuns în acest punct, ba, mai important, încotro te îndrepți? Deși, din perspectivă tehnică, sunt „adultă", în majoritatea zilelor mă simt mai degrabă ca o adolescentă prinsă în costumul de piele ușor flască al unei mame de 37 de ani, obosită și testată, mamă a doi copii. Un purtător invizibil de gustări, un soi bizar de șervețel viu. Așa că noua viață pe care m-am trezit că o trăiesc nu seamănă deloc cu ce a fost înainte de a avea copii. Evoluția mea de la starea nonmaternă la cea de creatoare de umanitate este un exemplu excelent de așteptări versus realitate: viața nu este așa cum am crezut. Habar nu aveam ce fac, habar nu aveam dacă „regula celor cinci secunde" se aplică la humus sau dacă tehnicile mele discutabile de parenting vor produce indivizi bine dezvoltați sau viitori criminali în serie. Un lucru pe care îl știu cu siguranță este că, la fel ca majoritatea părinților, eu NU am „înțeles" 100% cum se realizează acest lucru – cu excepția cazului în care, desigur, ne referim la metode de a scăpa de paraziți.

Dacă ai luat această carte, în speranța că vei găsi sfaturi pentru părinți, idei pentru învățarea mersului la toaletă și trucuri pentru teme, s-ar putea să ai o dezamăgire... la fel ca vizitatorii Paradisului Subtropical de Înot de la Center Parcs, după ce copilul meu și-a făcut nevoile în piscina cu valuri. Gândește-te la această carte, mai degrabă, ca la o colecție de gafe, lecții de viață și descoperiri care, sper, te vor face să te simți un pic mai bine în legătură cu propriile abilități sau, de ce nu, cu propriile alegeri de viață.

Fie că ești în perioada de dinainte de a avea copii, fie că te afli în ochiul furtunii create de bebeluși sau încă preferi să alegi animalele de companie în locul oamenilor, chiar și gândul de a fi responsabil pentru o altă ființă poate să dea halucinații. Când vine vorba de a te gândi la terifiantul proces de a crea și de a crește oameni, dacă nu râzi, atunci sigur plângi... în timp ce te legeni într-un colț și te întrebi dacă chestia maro de sub unghii este Play-Doh[1] sau ceva rămas de la ultima vacanță traumatizantă petrecută în familie. Însă e o aventură, pe care mulți dintre noi nu am schimba-o pentru nimic în lume (nici măcar pentru o jumătate de oră), așa că te invit să iei loc, să-ți faci o cafea și... Să pornim împreună în călătoria nebunească spre viața de părinte!

---

1. Plastilină.

1

La început

…nu era nimic. Nu erau vergeturi sau sâni căzuți care
să se agite ca urechile unui spaniol, într-o zi cu vânt,
și nu aveam cunoștințe despre presiunea pe care
un masaj perineal o poate exercita nu numai asupra
rectului, ci și asupra căsniciei.

Pentru a-mi expune punctul de vedere și ca să mă însoțești cu adevărat în călătoria pe tărâmul ocazional copleșitor al maturității, în primul rând, trebuie să ne întoarcem în timp, ca în „Bill&Ted's Excellent Adventure"[2]. Atunci, blugii cu talie joasă erau responsabili de mărimea organelor sexuale feminine expuse fără jenă, iar 90% din populația feminină renunțase ÎN SFÂRȘIT la cele mai scurte suvițe din tunsoarea de tip „Rachel".

Bun-venit în glorioșii ani 2000! Anul 2002 î.C. (înainte

---

2. „Tropăind prin istorie": comedie science-fiction americană produsă în 1989, în care doi adolescenți trebuie să treacă testul la istorie; soluția vine sub forma unei mașini a timpului, din viitor, care îi va ajuta să cunoască și să aducă în prezent personalități precum Socrate, Napoleon, Freud sau Lincoln. Filmul este cunoscut pentru replica „Singura certitudine este aceea că nu știm nimic".

de copii), mai exact – o epocă de aur a sprâncenelor bine conturate, a pălăriilor de camionagiu şi a momentelor în care vomitai WKD Blue pe mama ta – în stilul Exorcistului – în timp ce pretindeai cu seninătate că ai o intoxicaţie alimentară. Lucrurile sunt simple până aici… Pe vremea aceea, singurele implanturi faciale le primeai sub formă de pumni dacă te uitai urât la persoana nepotrivită în Wetherspoons[3], fetele nu erau frustrate de mărimea fundului sau a buzelor, iar arta întunecată a machiajului nu fusese încă descoperită. Nu că înfăţişarea nu era importantă în epoca de piatră a luciului de buze Juicy Tubes by Lancôme – vreau să spun că dacă fardul tău de pleoape alb sidefat nu strălucea ca un rahat de câine îngheţat într-o dimineaţă de iarnă şi nu aveai mai mult de şapte curele ataşate la o minijupă minusculă din material denim, asta însemna că nu erai o fată cosmopolită adevărată! Era calmul dinaintea furtunii selfie/social-media. Iar datorită faptului că aparatul foto şi telefonul încă erau două entităţi separate şi asemănătoare unor cărămizi, pentru posteritate vor exista, din păcate, prea puţine dovezi despre cât de bine am reuşit să ne creăm lookurile. O parodie totală. În această nouă lume curajoasă de după Spice Girls, eu, cea de 18 ani, sunt plină de acnee, complet neconectată la realitate, ciudată şi semiconvinsă că dacă aş putea să mă duc în Los Angeles, atunci aş mai avea o şansă cu Leonardo DiCaprio. Totuşi, este o vârstă minunată, nu-i aşa? Absolut plină de anticipări ameţitoare, de naivitate frumoasă, dar periculoasă, cât şi de un sentiment de invincibilitate cu adevărat terifiant şi greşit. „Fetelor, nu voi ceda – am supravieţuit pantofilor cu platformă şi epocii

---

3. Lanţ de localuri din Marea Britanie şi Irlanda.

Sophie McCartney

Sun In[4]!" Până în acest moment, mi-am petrecut cea mai mare parte a vieții în Liverpool – un oraș faimos pentru istorie, fotbal și, probabil, pentru cel mai mare talent muzical al timpurilor noastre... Atomic Kitten. Dar vremurile anunță o schimbare pentru absolventele liceelor din Anglia care nu arată interes pentru studii academice. Cu un set de rezultate A[5], semănând cu mărimea sutienului unui fotomodel glamour, îmi iau zborul și mă îndrept spre nordul zidului, spre bijuteria Regatului: Leeds. Am de gând să beau foarte multe *alcopops*[6] viu colorate și să-mi cheltuiesc bursa pe activități iresponsabile și necurriculare. Oh, și să studiez Relații Publice – și nu „Relații Pubiene"[7], așa cum se temea tata inițial.

Da, este vorba de BĂIEȚI REALI! O perspectivă foarte interesantă pentru o fată, a cărei singură experiență reală în ceea ce privește relațiile cu un partener de sex opus (în afară de cele imaginare cu actori de la Hollywood) a fost cu un tip pe care, înainte de a-l întâlni efectiv, l-a urmărit din spatele unei stații de autobuz timp de 18 luni. Nefiind pe deplin convins că o iubire năvalnică și ușor obsesivă ar fi fost cea mai bună bază pentru familia noastră, individul s-a înrolat în forțele aeriene, la scurt timp după ce ne-am cunoscut în mod oficial, și-a pierdut complet sentimentele de afecțiune și iubire și m-a expulzat fără milă din relație. Am plâns patru zile la rând din viața mea ca adolescentă, în timp ce ascultam Alanis Morissette și îl criticam pe Messenger. El, însă, nu a vrut să mai revină.

---

4   Decolorant de păr.
5   Echivalând cu nota 10 în sistemul de notare românesc.
6   Băuturi cu un conținut de alcool între 3 și 7%.
7   Joc de cuvinte în engleză: public, adică „public" și pubic, adică „pubian".

Nu că aş fi chiar atât de nebună, încât să iau în calcul perspectiva de a mă angaja în ceva pe termen lung, darămite să mă căsătoresc. Relaţiile sunt pentru oameni bătrâni şi plictisiţi, nu pentru fetele de 18 ani, cu o bursă „gratuită" şi gata de aventuri sexuale. Nu, ca să fiu sinceră, abia aştept să ies în lume şi să pun în practică toate cunoştinţele pe care le-am acumulat în cadrul foarte ambiţiosului proiect „Position of the Fortnight"[8] al revistei *More!* Cât de greu ar putea fi un frumos şi delicat „Propulsor al pasiunii" de 360 de grade? Tot ce trebuie este un adolescent unsuros şi neexperimentat care se agită deasupra ta ca un elicopter Boeing Chinook defect, şi bum! Bine ai venit în lumea femeilor! Să-ţi spun ce rubrică ar fi mai bună pentru tinerii impresionabili care citesc aceste reviste: „Poziţia prepuţului" – ar putea ajuta la şocul iniţial de a vedea un penis.

În ciuda faptului că în cazul meu, pubertatea a ocolit cumva dezvoltarea sânilor, alegând în schimb să-mi dea un păr negru, gros şi strălucitor la subraţ (Mama Natură? Mai degrabă Fratele Naturii! Nicio femeie nu ar face aşa ceva altei femei), sunt optimistă că anii petrecuţi la universitate vor oferi multe de oportunităţi de testare a moralităţii…

Toate acestea vor arăta degetul din mijloc educaţiei mele religioase, în ciuda sânilor mei de rahat şi a coşurilor de pe faţă. Vor fi beţii, desfrâu, petreceri la care vor fi prezente multe penisuri – şi, în aceste vremuri confuze, dacă m-aş întreba „Ce ar face Iisus?"[9], sunt aproape sigură că <u>răspunsul ar fi</u> „Relaţii Pubiene".

8   Sfaturi sexuale ilustrate pentru fetele de şcoală.

9   „What would Jesus do?", în original. De asemenea, slogan (WWJD) lansat de preotul congregaţionist Charles Sheldon, în 1986, când a publicat cartea *Pe urmele Lui. Ce ar face Iisus?* Romanul relatează povestea unui oraş, în care locuitorii şi-au luat angajamentul ca timp de un an să nu facă nimic fără să se întrebe mai întâi ce ar face Iisus. Întrebarea îi pune pe oameni să-şi evalueze viaţa din pespectivă religioasă.

Un lucru care, în mod sigur, nu mi se va întâmpla la universitate (sau în orice moment, în viitorul apropiat) este acela de a mă implica într-o relație cu un individ extrem de imatur, codependent, instabil emoțional. Nu, nu un membru al echipei de rugby... cu un comportament evident de copil. NU, MULȚUMESC!

Nu astăzi, Satano! De ce aș face-o? Să fii la sfârșitul adolescenței/începutul anilor 2000 e o oportunitate unică în viață, „lumea e stridia ta", iar eu sunt pentru a fi în totalitate crustacee. Fără responsabilități, fără angajamente, fără obligații, dormind pe săturate. Tot ce trebuie să faci este să te ferești de ITS (Inscripții și Tatuaje Stupide) și să nu rămâi însărcinată – dacă asta nu e deja pe lista ta de „lucruri de făcut" sau, mai bine zis, de „cu cine să o faci". Cu siguranță, nu este pe lista mea. De fapt, eu, adolescenta, am o teamă patologică de bebeluși, de copii mici și, în principiu, de oricine are sub 16 ani. Acum mă tratez în mediul studențesc... Mai mult ca sigur, fobia mea provine în primul rând din faptul că sunt cea mai tânără din familia mea – pur și simplu, nu am fost niciodată expusă la rahatul (la propriu) care vine odată cu frații mai mici. În al doilea rând, din cauza lui Chucky, păpușa horror.

Când văd bebeluși, în loc să mă gândesc că „abia aștept", primul meu gând este „de ce mai sunt aici?", urmat la scurt timp de „trebuie să găsesc prin zonă un cuțit de bucătărie". Ce vor de la noi? Nu sunt pe deplin convinsă că este vorba de dragoste, pentru că tot ce par să facă este să țipe la cei care îi îngrijesc, ceea ce pare destul de nesăbuit, având în vedere că mulți dintre ei vin pe lume ca niște berbeci vaginali. Nici nu par foarte fericiți să fie aici. Foarte supărați pe toți și pe toate, fără vreun motiv anume – ca niște mici membri ai partidului UKIP[10] – ceea ce este ironic, deoarece, odată ce îi ai, nu mai dormi niciodată. Au și mâinile foarte umede, cu scame de la șosete între degete. SCAME DE LA ȘOSETE! Cu siguranță că ar trebui să fie între degetele lor minuscule de la picioare – de care și mie mi-e frică. În același timp, îmi vine să-i mănânc și NU ȘTIU DE CE. În ce moment din marele plan a programat Fratele Natură femeile – cu precădere – să vrea să mănânce copii mici și dolofani, ca și cum ar fi Mini Rolls? Logică de bărbat! „Să-i dăm femeii tendințe canibalice – pare o trăsătură sigură în preajma copiilor mici și ar putea să o facă mai înclinată să facă sex oral. Câștigăm amândoi!" Practic, natura a creat oameni mici după chipul omului, după prea multe băuturi alcoolice – o adunătură de oameni lacomi, furioși, obsedați de sâni, care urinează și care sunt acoperiți de urină.

Vulnerabilitatea lor este, de asemenea, absolut insensibilă. Bebelușii nu par în mod cert genul de creaturi de care aș fi capabilă să am grijă. Controlul capului este de asemenea o problemă. Când aveam vreo opt ani, mi-am ținut pentru prima dată în brațe verișoara bebelușă și – nu glumesc – craniul aproape că s-a rostogolit, ca și cum tocmai luase câteva pastile și era pe cale să cânte piesa „Wonderwall" a trupei Oasis. Am crezut că s-a desprins de corp! Nici măcar nu pot descrie panica simțită atunci. Știi sentimentul acela când scapi o cană în casa cuiva? Așa a fost, dar cu teama suplimentară de închisoare. În miile de ani de când există oamenii, de ce nu am evoluat pentru a face mai mult de la o vârstă fragedă? Știai că, la naștere, oamenii sunt singurele ființe lipsite complet de apărare?

---

10   United Kingdom Independence Party.

Noi, ca specie, suntem dependenți de părinții noștri până împlinim 30 de ani. Asta nu se întâmplă în sălbăticie, nu-i așa? Nu vezi părinți de leu care încearcă să părăsească „Tărâmul Mândriei", încărcați cu patru genți și un rucsac cu șase pachete de brânză proaspătă. „La naiba, Simba, grăbește-te! Hienele sunt pe urmele puilor! Cum de încă nu știi cum să desfaci căruciorul?! Nu mai ești un rege puternic acum, nu-i așa?!"

Iar gândul că unul trăiește în mine și că va fi evacuat este, de asemenea, o perspectivă incredibil de respingătoare. Aparent, durerea este similară cu cea menstruală... dacă se întâmplă să fii la menstruație în același timp cu atacul sălbatic al unui rechin. La 18 ani, ca o persoană care încă are dificultăți în folosirea unui Tampax pentru „flux abundent", nu pot să înțeleg că vaginul meu ar avea proprietățile elastice ale genții fără fund a lui Mary Poppins – suficient spațiu pentru o ființă umană reală și o lampă de podea autoportantă. Nu îmi va folosi la nimic o lingură de zahăr, voi avea nevoie de o lingură de cocaină. Și cum găsești pe cineva care să-ți placă suficient de mult, încât să te gândești să procreezi? Probabil că totul începe cu căutarea unei persoane cu umerii mici și circumferința șoldurilor de gimnastă olimpică. Este un câmp minat și, ca să fiu sinceră, nu sunt sigură că vreau să-l traversez fără protecție.

Dacă decid să mă căsătoresc, voi fi o soție bună? Probabil că nu. Dacă, în cele din urmă, vor veni copii, voi fi o mamă bună? Categoric, nu! Sunt împrăștiată, egoistă, dezorganizată și o veșnică optimistă în privința timpului – cu greu pot avea grijă de mine, darămite de un copil. Ultima viață de care am fost responsabilă, în afară de a mea, locuieşte acum, murind încet de foame şi mieunând din când în când după ajutor, undeva, adânc, în măruntaiele noptierei mele. Cum aş putea educa tineretul de mâine, dacă nu pot avea grijă nici măcar de un nenorocit de ani-măluţ dintr-un joc Tamagotchi?

Sunt multe lucruri pe care această tânără proaspăt independentă vrea să le facă cu viaţa ei, cum ar fi să călăto-rească în lume şi să aibă experienţe revelatoare, stimulan-te din punct de vedere cultural, care să-i schimbe sufletul, care să-i îmbogăţească trupul şi mintea... „Oi Ayia Napa, Ayia Napa, Ayia Napa, Ayia Napa, Oi[11]!" Soare, mare... şi vomitând curaçao pe nas, în timp ce mă îndrăgostesc de reprezentanţii turistici care oferă shot-uri gratuite, dar, niciodată inimile lor reci.

Vreau să-mi trăiesc viaţa din plin, să fie pe deplin a mea – să nu dau socoteală nimănui şi să merg unde vreau, când vreau, cât timp vreau şi să fac tot ceea ce mi-am propus la un moment dat. Chiar dacă nu ştiu în detaliu ce vreau să fiu ca adult, vreau să am succes, putere şi să plătesc lucrurile cu banii mei. (Ai descoperire de cont?!) Oh, pantofii? I-a cumpărat HSBC[12]. Trebuie să fie distrac-ţie, aventură şi o viaţă ieşită din tipare. Acest ovăz sălbatic nu este gata să fie măcinat până când nu se transformă într-un terci Ready Brek. Sunt îngrozită de perspectiva de a renunţa la uterul meu, la siluetă, la carieră (pe care încă nu o am) şi la sâni (pe care, de asemenea, nu îi am) – totul pare un act complex de sacrificiu. Înţeleg teoria din spa-

---

11   Ayia Napa, staţiune din estul Ciprului, renumită pentru plaje-le sale frumoase şi pentru cluburile de noapte.

12   The Hongkong and Shanghai Banking Corporation Limited, una dintre cele mai mari organizaţii financiare din lume, cu milioane de clienţi.

Sophie McCartney

tele faptului de a avea copii – astfel încât favoarea de a-l șterge la fund să poată fi returnată mai târziu în viață – dar nu pot și nu voi deveni o purtătoare de pantofi stiletto, căsătorită, care nu este capabilă să bea mai mult de două pahare de vin fără să danseze ca la bară cu un stâlp de iluminat. Și nici nu mă voi transforma într-o coajă obosită și țipătoare a fostului meu eu, un îngrijitor de copii care trăiește în pantaloni elastici, care este acoperit de hăinuțe și care, ocazional, are scurgeri de sânge prin diverse orificii. Nu! Voi merge atât de departe, încât voi spune CLAR că nu voi deveni niciodată, dar niciodată, una dintre acele femei obosite și testate.

Excitarea

Whitney era curioasă să afle când va fi momentul potrivit. Mama lui Phil i-a spus să nu se grăbească – ar trebui să mai aştepte, iar Bono a escaladat zidurile oraşului ca un Om-Păianjen cu aversiune la raze UV şi tot nu a putut găsi ceea ce căuta. Ceea ce ne face să ne întrebăm: Cum faci să găseşti alesul? Dacă vrei să ai copii la un moment dat, în viitor, care este partenerul de împerechere perfect (lăsând la o parte structura osoasă subţire)? La 20 de ani, mă străduiam enorm să găsesc pe cineva pe care să-l pot tolera suficient de mult timp pentru a împărţi cartofii prăjiţi şi sosurile, darămite gameţii! Pentru unii, este la fel de uşor ca pofta la prima vedere… Pentru alţii, este mai degrabă dezgust. Indiferent de modul în care ajungi acolo, pentru mulţi dintre noi, călătoria către fericiţi până la adânci bătrâneţi poate părea un drum foarte lung şi anevoios…

Când vine vorba de aşteptări, în materie de relaţii, simt că avem multe de reproşat Hollywood-ului – nu bietului bucătar Paul, deşi mă îngraş cu două kilograme de fiecare dată când se difuzează „Bake Off". Nu ca în seria

„Tinsel Town" – casa strălucirii, a farmecului, a omletelor din albuș de ou și a filmelor pline de așteptări nerealiste. Fără să ne dăm seama, noi, fetele, am fost hrănite ani de zile cu un flux constant de prostii irealizabile, nesănătoase și inacceptabile. Toată lumea știe că singura modalitate decentă de a mânca ouă fără gălbenuș este într-o bezea. Cei care promovează alte rețete sunt niște nepricepuți.

Privind în urmă, îmi dau seama că ecranul a plantat atât de multe ideologii romantice ridicole în capul meu, încât anii adolescenței mele și întâlnirea cu un băiat, cunoscut în cartier drept „Regele Kappa" (cu păr pe buza de sus și cu o față de rahat sorbind lichioruri de proastă calitate), în discoteca clubului de tineret, să fie cu atât mai dezamăgitoare. În acea sală murdară nu a existat vreun profesor de dans gen Patrick Swayze și nici relații sexuale nepotrivite între studenți, din cele prezentate în filmul „Dirty Dancing" sau mai știu eu ce îmbârligături erotice... În orice caz, nu pentru mine. Nu, cel mai aproape de un „dans murdar" a fost atunci când eram pe punctul de a atinge accidental penisul semiflacid al regalității de poliester, în timp ce îmi fluturam energic brațele date cu sclipici pe ritmatul cântec „Cotton Eye Joe". De unde a apărut? Unde s-a dus? Și de ce a fost un șoc atât de mare? O electricitate statică de la toate fibrele sintetice, cel puțin așa îmi imaginez. Eu, la sfârșitul adolescenței, NU eram prea disperată după un angajament serios și pe termen lung – cei pe care îi întâlnim primii sunt foarte rar cei care ne duc la altar; poate că ne duc în alte locuri, dar este foarte puțin probabil ca preotul sau bunica ta să fie acolo și să privească. Sunt doar pentru practică pentru că, bineînțeles, practica face totul extrem de distractiv. Totuşi, când tot apetitul pentru nenumărate relaţii sexuale s-a epuizat, ce se mai poate întâmpla? Evident, în cele din urmă, am vrut să găsesc pe cineva care să mă iubească necondiţionat – cine nu şi-ar fi dorit acest lucru? Cineva care să fie egalul meu, care să-mi susţină total alegerile de viaţă îndoielnice şi care să scoată coşurile de gunoi. Da, chiar dacă, pe termen scurt, am ajuns să scap de tipi mai repede decât Elizabeth Taylor de soţi, pe termen lung, găsirea „alesului" era de fapt foarte importantă pentru mine. Întrebarea, însă, a rămas: „Cum procedezi pentru a-i vâna?" Contrar a ceea ce Phoebe din „Friends"[13] ne-a făcut să credem, homarii nu au un singur partener în viaţă; sunt monogami aproximativ două săptămâni şi apoi pleacă spre păşuni noi şi alge verzi – probabil, sub pretextul de a fi în vacanţă. Noi vrem castori. Sunt nişte ticăloşi mici şi dedicaţi – îşi găsesc un suflet-pereche cu dinţi de rahat, cu un entuziasm similar pentru lemn şi apoi nu se mai despart niciodată. Sunt total mulţumiţi de soarta lor şi nu au vreo dorinţă de a căuta în altă parte, nici măcar după şapte ani de relaţie. Nu, nu te alegi niciodată cu un castor cu „mâncărimi" în zona intimă.

Aşadar, cum putem deveni cu toţii „rozătoare uriaşe", în încercarea noastră de a găsi marea dragoste? Ei bine, primul obstacol îl reprezintă renunţarea la iluzia de a te săruta cu persoane precum Channing Tatum în ploaie sau cu bodyguardul Kevin Costner. Sau de a fi atât de irezistibilă pentru un vampir frumos de 300 de ani, încât, în clipa în care faci sex cu el, îşi pierde sufletul torturat

---

13   „Prietenii tăi", sitcom american care a fost difuzat pe canalul NBC din 1994 până în 2004 şi care prezintă vieţile unui grup de prieteni din cartierul Manhattan, new York.

și încearcă să-ți mănânce prietenii. Este destul de greu să stabilești o relație normală care să se ridice la înălțimea acestor așteptări. Mi-am petrecut mulți ani închipuindu-mi că găsesc dragostea vieții mele în urma unei luări de ostatici tensionate și de mare, viteză în autobuzul 86 spre Liverpool, grație unui ofițer din echipa de geniști. Mulțumesc, Keanu! Destul de amuzant, am găsit doar un ciudat cu mâinile în pantaloni care se juca cu un cu totul alt tip de dispozitiv exploziv.

După părerea mea, infatuarea noastră de a găsi romantismul și de a fi salvate începe destul de devreme în viață, pornind de la regatul magic favorit al tuturor… nu IKEA, ci Disney. Acum privesc în urmă la atât de mulți dintre „clasicii" mei favoriți din copilărie, punându-mi serioase semne de întrebare, cu privire la modul în care este posibil ca aceștia să-mi fi distorsionat percepția asupra ambiției feminine și asupra locului femeilor în dinamica relațiilor. Adică, Ariel a renunțat la vocea ei pentru a-i permite unui bărbat să se îndrăgostească de ea, pentru numele lui Dumnezeu! Partea cea mai îngrozitoare, retrospectiv, este că singurele preocupări pe care le aveam eu, la vârsta de șase ani, în legătură cu acest film, erau centrate în jurul faptului de a avea o coadă de sirenă și de cum merge la toaletă. Chiar așa, cum? Își dorea atât de mult să facă parte din lumea umană din cauza unei constipații severe? Albă ca Zăpada a dat startul, totuși, în 1938, nu-i așa? Nu numai că a fost salvată de un frumos membru al familiei regale, dar acesta a și readus-o la viață cu puterea unui sărut. Vorbim despre ridicarea ștachetei! Acum, mulțumită ei, multe dintre noi tânjim după un erou cu un sărut atât de puternic, încât să funcționeze ca un defibrilator. (Deși un vibrator ar putea fi mai util...) Apoi a venit rândul Cenușăresei – care a dat startul infatuării feminine pentru tocuri și pentru ideea că un machiaj „strălucitor", combinat cu o rochie drăguță, ar putea rezolva toate problemele noastre lumești. O aventură de-o noapte nu i-a adus o boală venerică, așa cum am fost avertizate de nenumărate ori, ci un adevărat Făt-Frumos și cel mai bun castel din cartierul „Departe, departe, cu zânele". Ar fi putut să fie o femeie superbă, dar ea credea că poate vorbi cu păsările, făcea costume pentru șoareci și probabil mirosea a urină și a biscuiți. Între timp, Aurora, alias Frumoasa din Pădurea Adormită, ne-a învățat că dragostea învinge totul, inclusiv mica problemă a unui tip care îți intră în casă și profită de tine în timp ce ești inconștientă. Apoi a fost Belle, deschizând calea pentru clasicul „sindrom al salvatorului", deși, ca să fim corecți cu ea, bestia era un tip uriaș, chiar sub formă de animal (controversat, știu). Teama mea aici este că ea a încurajat, fără să vrea, multe femei să-și dedice ani din viață, încercând să schimbe niște tipi cu probleme de furie și cu o înclinație spre încarcerare. Tu spui Stockholm, eu spun Sindrom[14]. Din fericire, pentru cei mai mulți dintre noi, viața nu decurge ca într-un film Disney – altfel, mulți copii ar fi orfani până la vârsta de cinci ani. Nu ți-ar plăcea să vezi unde se află acum acei eroi și cum decurg relațiile lor? Au fost cu adevărat „fericiți până la adânci bătrâneți" sau Albă ca Zăpada s-a întors la copilăria ei sălbatică, în care trăia cu mai mulți parteneri de sex masculin? A fugit Făt-Frumos, extrem de impulsiv și cu un fetiș nesănătos pentru picioa-

---

14 Sindromul Stockholm este răspunsul psihologic al unei victime de a se atașa emoțional de cel care o abuză.

re, cu o fată beată și plângăcioasă pe care a găsit-o în fața unui magazin căutându-și pantoful? Este Cenușăreasa acum în pragul unui colaps mintal, acoperită de rahat de pasăre și cântând porumbeilor în Central Park? Cea mai mare speranță a mea este că Aurora e acum complet trează și a renunțat la Prințul Phillip pentru a deveni copilul poster al mișcării „Me Too"[15] din „A fost odată ca niciodată...", cu obiectivul principal... salvarea lui Belle din temniță, după o sugestie de epilare greșită a spatelui, a scrotului și a zonei dintre fese.

Când vine vorba de calea grea a găsirii iubirii adevărate, se pare că șarada de a găsi „alesul" este de fapt mult mai dificilă decât am fost cu toții făcuți să credem de către dezinformări romantice și regizori de film. Vom fi oare vreodată răsplătite cu sărutări care ne vor frânge inima, cu un stripper chipeș, dar cu probleme sau cu perfecțiunea princiară? Ei bine, unele dintre noi o fac instantaneu, altele... trebuie să sărute mai întâi câteva broaște.

Întâlnirile din zilele noastre, în special, pentru Generația Z, par a fi destul de diferite de cele din zilele mele de întâlniri de școală veche. S-au schimbat atât de multe și nu mă pot decide dacă este mai ușor sau mai greu de cealaltă parte a anului 2000. Totuși, un lucru este sigur: copiii de astăzi nu vor cunoaște niciodată lupta de a încerca să fim într-o relație cu o persoană pe care nu am putut să o urmărim mai întâi pe internet. Dacă adăugăm la asta și faptul că în fiecare seară de sâmbătă ne riscam viața, tapându-ne singure părul, este un adevărat miracol că am supraviețuit pentru a spune această poveste

---

15 „#ȘiEu": Mișcare internațională împotriva hărțuirii și violenței sexuale, mai ales la locul de muncă.

sinistră. Da, ce gașcă de bastarzi norocoși și la modă sunt acești începători, cu aspectul lor frumos de *Teen Vogue* și cu încălzire de până la 200°C la placa de îndreptat părul GHD. Ce aveam noi? Morphy Richards Steam Plus al mamelor noastre, care ne frigea buricele degetelor. Eram fierbinți... la propriu! Nu existau nici Tinder, Bumble sau Plenty of Catfish. Nu, dacă doream să ne găsim cavalerul în costum Ben Sherman[16] strălucitor, trebuia să ieșim pe câmpurile de luptă din Yates's[17], respectiv în cluburile Oceania, Liquid, Inferno (inserează aici propriul club local cu podeaua lipicioasă, plin de boli cu transmitere sexuală), pentru că acolo ne așteptau iubiții noștri de vis, cu tricouri albastre și cu părul gras, gata să ne lase late de încântare cu replici de agățat criminale, cum ar fi: „Ce sâni frumoși ai!"

După o astfel de curtare romantică, urma ritualul de împerechere cu dansuri de rahat, o giugiuleală neglijentă și o durere de cap de la beție, înainte de a face schimb de numere pe telefonul mobil. După ce ai așteptat cele două zile obligatorii pentru a răspunde la un mesaj și după câteva bufete la Pizza Hut, ești deja pe teritoriul periculos al cumpărăturilor de cadouri de Crăciun de deodorant Lynx Africa. Acum, există un întreg proces tacit care trebuie să se desfășoare pentru a se atinge un anumit nivel de angajament. Știu acest lucru, după o cantitate imensă de cercetări extinse și foarte academice pe această temă – cunoscută și sub numele de „Insula Iubirii". Pentru cei care nu sunt familiarizați cu acest lucru, este un reality-show, în care cei frumoși din punct de vedere fizic își pun viețile

---

16 Brand britanic de haine, create în special pentru bărbați.
17 Lanț englez de localuri.

şi inimile la bătaie pentru ca toată lumea să-i vadă, într-o încercare romantică şi fără speranţă de a-şi găsi adevăraţii... urmăritori pe reţelele sociale. Din ceea ce am observat, aceasta este înţelegerea mea de bază a modului în care funcţionează noul şi nestatornicul proces de curtare. În primul rând, abordarea – în mod normal, ca urmare a faptului că una dintre părţi alunecă în papucii, pantofii, bocancii celeilalte (personal, în tinereţe, aş fi înnebunit dacă cineva pe care nu-l cunoşteam mi-ar fi purtat pantofii Dr. Martens, dar trăim în alte vremuri, aşa că fiecare cu părerea lui). În continuare, un pic de „flatare", care cred că este termenul pentru „flirt" şi nu numele unei băuturi portocalii carbogazoase, apoi „sexting" care, cu mai mult de 160 de caractere şi o serie întreagă de emojiuri cu aluzii, reprezintă un eveniment mult mai provocator decât era în epoca întunecată a tehnologiei de la începutul anilor 2000.

Bărbaţii se familiarizează, de asemenea, cu un „şarpe" complet diferit de cel de pe vremea lui Nokia 3210, mulţi dintre ei alegând să folosească progresele în evoluţie rapidă ale telecomunicaţiilor pentru puterea de a... trimite poze cu propriile penisuri. Băieţi, destul de amuzant, o poză nesolicitată cu o ciupercă de tip buton înclinată spre vârful unei carcase de arici nu ne face să cădem de pe scaune de emoţie! Cred că vorbesc în numele multor femei când spun asta, dar faceţi alegeri mai bune – iluminare, poziţii, filtre – ca să nu păreţi un „Paris" de rahat cu penisul ăla. Apoi, dacă respectivul cârnat în formă de coadă de cocoş nu a provocat daune pe termen lung retinei receptorului, se poate ajunge la o cuplare. Ar putea fi pentru un pahar de băutură sau pentru o partidă de sex într-un tufiş, dar cel mai important lucru de reţinut este că rămâne SUPER ocazional. Doar după zece sau mai multe întâlniri de acest gen ai voie să treci la următoarea rundă... Total neangajată, seamănă foarte mult cu perioada de probă la un nou loc de muncă – oferă tuturor un fel de permis de ieşire din închisoare. Şoc – nici această fază nu este simplă şi există mai multe variabile de luat în considerare, cum ar fi cât de Instagramabilă este persoana respectivă, încălţările de la alţi potenţiali pretendenţi şi ceva ce declanşează acea senzaţie. Odată ce, şi numai odată ce ai trecut în siguranţă de acest nivel, te poţi declara ÎN SFÂRŞIT... exclusivistă. Ceea ce se pare că NU este acelaşi lucru cu a fi prieten şi prietenă/prietenă şi prietenă/prieten şi prieten, dar îţi permite să te culci cu altcineva fără să fii clasificată ca un homar murdar şi trişor. Felicitări! Da, drumul până la „oficializare" este pe cât de lung, pe atât de dureros, iar când vine momentul să pună „marea întrebare" şi să se angajeze în acea relaţie serioasă, îmi imaginez că cei mai mulţi spun „da" pentru că sunt pe cale să-şi încaseze pensia şi nu au alte opţiuni. Din fericire, explorarea mea în lumea relaţiilor a avut loc cu câţiva ani înainte de apariţia echivalentului de întâlniri din filmul „Jocurile Foamei". Din păcate, asta nu a însemnat că şansele au fost vreodată în favoarea mea. Fişa mea cu iubiţi se putea citi ca o imitaţie din serialul „Prietenii tăi" – „cel cu iubita", „cel cu probleme erectile", „cel cu râsul de delfin", „cel cu buricul ciudat", „cel care s-a dezbrăcat în public". Pur şi simplu, nu puteam să trec de acele prime întâlniri care ar fi dus la găsirea sufletului meu pereche, acea persoană care să mă ajute cu adevărat în zilele grele. (Dar şi în zilele de reciclare – de ce există atâtea coşuri de gunoi de culori diferite?) La un moment dat, am crezut că mă apropiasem, dar atunci când lucrurile au progresat spre o legătură mai „fizică", am descoperit că avea o pilozitate pe spate care rivaliza cu cea a lui Sasquatch[18]. Oricât de minunat ar fi fost să combin îmbrățișarea cu exersarea abilităților mele de împletit franțuzește, nu era genul meu. Surprinzător, având în vedere fetișul meu pentru animale sălbatice. Am vrut să găsesc acea verigă lipsă care să mă completeze, nu veriga lipsă a evoluției. Se pare că acei ani de așteptări nerealiste se manifestaseră în niște standarde destul de ridicate de autosabotaj și într-o reticență totală de a negocia asupra unor aspecte mai puțin importante care stăteau în calea unui potențial parteneriat. Cred că descrierea psihologică include cuvântul „pretențioasă".

Tocmai când începusem să simt că era ceva în neregulă cu fiecare dintre ei, bum! Intră în scenă, din stânga, domnul Corect. Înalt, brunet, cizelat, chipeș și cu ochii la fel de albaștri precum coșul meu de reciclare. Nu glumesc, arăta ca Superman, încrucișat cu un prinț Disney. Destul de ciudat, prima noastră întâlnire nu a avut loc într-un mijloc de transport în comun, la mijlocul luptei cu forțele răului sau la un colț de stradă din Beverly Hills, eu purtând o pereche de cizme din acelea cu tocuri foarte înalte. Nu, a fost așa cum încep cele mai bune povești de dragoste și care, desigur, nu sunt de la Hollywood: într-un club de noapte dubios, dragostea noastră fiind amplificată de notele afrodiziace și aromatice ale cocktailurilor. În timp ce fumul de țigară se ridica și muzica lui Ches-

---

18   Bigfoot sau omul-maimuță, făptură considerată de unii reală, iar de alții, imaginară, înaltă de până la trei metri și cu corpul acoperit de păr des.

ney Hawkes răsuna la maximum, ochii noștri s-au întâlnit. El, în blugi și cămașă, cu două borcane de gel VO5 care făcuseră sacrificiul suprem pentru a-i aranja părul negru ca abanosul în poziție „de luptă". Eu, într-un top negru, cu o fustă din denim și aproximativ 8.000 de curele. Incapabilă să mă mișc din cauza magnetismului lui și a greutății accesoriilor pe care le purtam, simțeam că parcă eram singurele persoane din încăpere. S-a apropiat, iar eu am încercat să dansez super cool, sperând că mirosul de la bronzul meu fals, transpirat și plin de dungi nu îl va descuraja. El era Steve, un student la fizioterapie care îmi observase încheietura ruptă de la o petrecere cu spumă în Malia[19], cu două săptămâni înainte, și o folosise drept prilej perfect pentru a începe discuția.

– Ulna? a spus el încet.

– Păi, nu, ci Sophie! am răspuns eu cu sfială.

– Nu, încheietura mâinii tale. Ți-ai rupt ulna?

– Oh… nu, scafoidul, am spus eu și m-am strâmbat, stânjenită.

CE IDIOT NENOROCIT! S-a amuzat copios, în timp ce eu doar am zâmbit ușor. S-a dovedit că era nu numai DE TREABĂ, dar și amabil, interesant și nu mi-a menționat sânii nici măcar o dată. M-am simțit diferită – să fiu în prezența lui, mi-a făcut inima să bată mai repede, palmele să-mi transpire și am simțit senzații ciudate în stomac, deși, recunosc, toate acestea erau și simptome ale prea multor shot-uri de sambuca. A fost dragoste la prima vedere? Nu sunt pe deplin sigură… Dar cu siguranță a fost poftă, și nu dezgust, așa că aș lua-o ca atare. Pentru noi, timpul a stat în loc.

---

19 Oraș în insula Creta, Grecia.

În timp ce Chesney se confunda cu Darude, iar Da-rude cu „Sweet Child O' Mine", a trupei Guns N' Roses, am decis deja că dacă voi procrea vreodată, el ar putea fi tatăl copiilor mei. Da, eram 52% sigură că el era „alesul", iar în acel moment eram doar o fată, stând în fața unui tip prost îmbrăcat... cerându-i un alt VK Apple. Al naibii de magic!

Apare genericul.

3

Căsătoria

Iubirea şi căsătoria merg împreună ca o... aşteptare socială, impusă în mod oribil. Se pare că în momentul în care eşti într-o relaţie care durează mai mult decât un ciclu menstrual există ideea că trebuie să-ţi imobilizezi partenerul proaspăt dobândit ca într-un campionat de wrestling. Sunt mulţi cei care consideră că trebuie adoptată o poziţie fermă încă de la primele întâlniri şi sunt alţii, în principal reginele Catherine Howard şi Anne Boleyn[20], care ar argumenta retrospectiv împotriva luării unor decizii pripite, optând în schimb pentru a cunoaşte cu adevărat caracterul şi defectele unei persoane înainte de a-ţi pierde capul. Este persoana ta cineva pe care o poţi iubi şi cu care poţi trăi pentru totdeauna? Căsătoria este o cheltuială uriaşă şi o mare pacoste. În zilele noastre, într-o lume mult mai liberală decât pe vremea lui Henric al VIII-lea, mai este acest lucru relevant? În afară de o rochie drăguţă, şase prăjitoare de pâine identice şi feţe de masă de lux, ce aduce o nuntă unui cuplu? Pentru că, dacă asta este tot ce căutaţi, puteţi obţine aceeaşi bucurie la John Lewis[21], dar cu avantajul suplimentar al unei politici de re-

---

20 Soţii ale Regelui Henric al VIII-lea al Angliei (1491-1547).
21 Magazin pentru casă, cu mobilă, electronice, haine şi accesorii.

*turnare fără obiecţii. Nu este nevoie să fii căsătorit pentru
a trăi cu cineva, pentru a face copii sau pentru
a fi permanent stresat de gaşca sa de prieteni.
Aşadar, doar ca întrebare... De ce mulţi încă
mai fac pasul cel mare?*

La 18 luni după ce soarta şi-a întins bagheta miste-
rioasă şi magică peste un local de noapte cu podea li-
picioasă din Leeds, Steve şi cu mine eram în mare parte
exemplul tipic pentru persoanele care se pregătesc să
coabiteze, conform principiului „fericiţi până la adânci
bătrâneţi". Ne-am împachetat aventura noastră amoroasă
din nord şi ne-am mutat în sudul Londrei, pentru a ne în-
deplini obiectivele de carieră foarte ambiţioase, de a face
cafea pentru alţi oameni pentru un salariu minim. După ce
am cerşit, am împrumutat şi am furat destui bani pentru a
ne permite cumpărarea primei case, am reuşit să găsim o
„cutie de chibrituri" drăguţă, într-un oraş cu grădini pline
de frunze. Nu aveam o grădină... dar am fost asiguraţi de
oameni cu mai mulţi bani decât noi că erau cu siguranţă
destule grădini prin zonă. Viaţa era bună! Aveam locuinţa
noastră şi ne bucuram de vârsta de 20 de ani (OK, aproa-
pe 20) în agitaţia din Big Smoke[22] – aşa că imaginează-ţi
surpriza mea când el a decis să zguduie edificiul proaspăt
ridicat cu o întrebare FOARTE importantă...

– Eşti sigur? am întrebat cu suspiciune, smucindu-i
faţa spre a mea cu ambele mâini, inspectându-i scrupulos
chipul, în căutarea unor semne revelatoare de pizmă, ne-
siguranţă sau consum de alcool.

– Bineînţeles că sunt! Tu eşti? a zis el şi a râs, radiind
de fericire.

---

22 Londra.

Sophie McCartney

– O excursie all-inclusive în Thailanda... Şi tu plăteşti? LA NAIBA, DA!

Sinceră să fiu, nici măcar nu mă gândisem la o cerere în căsătorie – până când nu le-am dat vestea vacanţei noastre exotice şi extrem de romantice prietenelor mele la nişte cocktailuri în Soho[23] pe care salariul meu de căţea de birou nu şi le putea permite (există o morală în povestea cu părăsirea universităţii cu un „Foarte Bine" în Relaţii Publice).

– Doamne, o să mă ceară de soţie!

Prietena mea Lorna nu mai putea de emoţie, planificând deja mintal petrecerea burlăciţelor şi calculând câte paie pentru băuturi în formă de penisuri vor fi necesare.

Nu, nu avea de gând să mă ceară în căsătorie... Nu-i aşa că nu? AŞA-I CĂ NU?! Ba da, cu siguranţă că da! Era singura explicaţie logică pentru care doi oameni, într-o relaţie serioasă, într-o Anglie ploioasă, s-ar urca vreodată într-un avion şi ar pleca în vacanţă, într-o ţară mult mai caldă. În acel moment, mi-am dat seama că... îmi doream să o facă. Dar eram prea tânără pentru căsătorie, nu? Aveam 23 de ani. Ideea era ridicolă; oare oamenii din afara secolului al XVII-lea, mai ales cei care nu sunt „de familie", fac aşa ceva? Cum rămâne cu tot ceea ce spusesem la 18 ani? Dar sinele meu de 18 ani era un mare fan al rimelului şi al sclipiciului de corp, aşa că, probabil, nu era cel mai demn de încredere, în ceea ce priveşte sfaturile sănătoase de viaţă. Da, cu cât mă gândeam mai mult la asta, cu atât conceptul părea mai puţin ridicol în capul meu... Nu aveam de gând să mă mai dau după alţi bărbaţi şi eram

---

23 Cartier cosmopolit al Londrei, cunoscut pentru restaurante, magazine şi viaţă de noapte.

perfect fericită cu un singur „prepuț" pentru tot restul vieții mele. Poate ar trebui să ne căsătorim... Așteaptă. Ce? Cum de am ajuns deja în punctul ăla de „contemplare a logisticii unei cuști de porumbei"? Chiar nu mi-a luat prea mult timp să cedez în fața atracției tradiției, a siguranței și a jumătate din veniturile lui. Poate că ar trebui să rămân mai mult timp fermă? Să fiu mai independentă și să încorporez în situație niște viziuni feministe împământenite antipatriarhat? SAU aș putea fi o prințesă Disney din viața reală în ziua MEA specială! Și, nu, nici măcar nu am de gând să mă corectez și să spun „a noastră" – el ar fi acolo pentru a ține inelele și pentru a mă sprijini după prea mult vin spumant Cava, de proastă calitate, ca un mire transformat în raft de bibliotecă. M-am întrebat totuși... cât de mult ar fi contat o bucată de hârtie în relația noastră? Cu siguranță, nu m-ar fi făcut să-l iubesc mai mult. Sau, nu știu, poate că m-ar fi făcut... Un lucru era sigur: știind că nu va mai fi la fel de ușor pentru el să evadeze în toiul nopții, era cu siguranță o perspectivă atrăgătoare.

Așa că am plecat cu avionul, cu 13 escale în țări de care nu mai auzisem niciodată, până când, în cele din urmă, am ajuns – îmbătrâniți de călătoria în regim economic, în frumoasa... și ploioasa Thailandă. Începuse sezonul musonic – se pare că este o perioadă excelentă pentru a obține o ofertă ieftină... Dar ar fi oare ocazia perfectă pentru a obține un contract pe viață?

Mi-am trăit viața pe o margine umedă și alunecoasă pe toată durata acelei vacanțe, fiind în permanență în alertă pentru propuneri. Cu excepția ploilor torențiale, ar fi fost locul ideal pentru logodnă – plaje albe, palmieri, pasiune la fel de fierbinte ca mâncarea. De fiecare dată când îmi rostea numele, mă așteptam să fie urmat de: „Vrei să te căsătorești cu mine?" În schimb, era: „Îmi mai dai o rolă de hârtie igienică?" Sau: „Ai luat Dioralyte[24]?" Sincer, de fiecare dată când se apleca din cauza unei crampe, credeam că mi-a sosit în sfârșit norocul – săracul băiat, încerca doar să nu facă pe el. Plimbările romantice – unul lângă altul – pe plajă au fost năruite de o dezamăgire amară – eu fluturându-mi genele la el, în expectativă, el întrebându-se dacă nu cumva aveam convulsii. Ar fi fost momentul meu de vis, în afară de faptul că nu a fost. Ioc. *Nada*. Nimic. Singura acțiune în ring a fost cea a unui bărbat care consumase un Pad Thai dubios, vechi de opt ore, de la bufet. Abia zece zile mai târziu, în timpul unei escale de șase ore în aeroportul din Kuweit, mi-am dat seama că… probabil acest lucru nu avea să se întâmple și era bine. Nu-i așa? Nu, bineînțeles că nu, pentru că, pe lângă faptul că mă simțeam dezamăgită, știam că voi pleca acasă cu vești deprimante și pentru alte persoane, în principal, pentru omul cu porumbei și pentru Lorna, care făcuse o comandă de paie din China. Gândindu-mă mai bine, mi-am zis că, în mod cinstit, probabil că era prea devreme – existau câteva imagini și mirosuri mintale care aveau nevoie de timp ca să se risipească. Când am plecat în următoarea noastră călătorie, cinci luni mai târziu, o excursie înainte de Crăciun la New York, nivelul meu de așteptări era zero, așa că m-am dus înarmată cu o inimă împietrită și cu o geantă plină de Imodium. De data aceasta, niciunul dintre noi nu avea de gând să fie prins cu mâinile goale.

Acum, iată care este chestia cu propunerile – sunt

---

24 Tratament pentru diaree.

foarte multe așteptări din partea bietului suflet care face cererea, mai ales în era social-media. Oamenii trăiesc pentru poveste, nu-i așa? Este primul lucru pe care îl întreabă după ce îți inspectează degetul pentru a se asigura că inelul nu este la fel de mare ca al lor sau ca acela pe care l-au oferit. „Cum a făcut-o? S-a așezat în genunchi? Dă-ne toate detaliile!" Drama, presiunea, superioritatea…

Ceva ce nu știam înainte de călătoria noastră în SUA era că Steve era de fapt un mincinos mai bun decât credeam, pentru că, fără să știu, plănuia să mă ceară în căsătorie. Acum, să spun cum am dat-o în bară…

În ziua în care Bitchy McBitchface[25] s-a supărat pe el pentru că nu a asamblat o comodă pentru care a avut la dispoziție zece ore, în timp ce eu eram la muncă, el a condus până la Liverpool pentru a-i cere tatălui meu consimțământul. Cam de școală veche, nu-i așa? Și ceva ce încă nu înțeleg – de ce ar fi fost nevoie de acordul tatălui meu? În mod special, cele mai multe fete le-au arătat taților lor proverbialul „V" de la „Victorie!" încă de la vârsta de 11 ani: „Pot să mă duc în oraș cu prietenii mei? Nu? Bine, atunci eu plec pe fereastra dormitorului meu, așa că ne vedem la 3 dimineața într-o piscină de vomă de WKD Blue." În mod foarte suspect, tatăl meu, marele John, a fost de acord – probabil văzând o oportunitate de a scăpa de povara financiară de a fi nevoit să-mi strecoare o bancnotă de 20 de lire, de fiecare dată când mergeam în vizită.

Am plecat cu avionul spre America, eu neștiind nimic din toate astea, iar el trecând cu grijă de controlul de securitate al aeroportului cu o față care părea că spune cam așa: „Am cinci kilograme de cocaină ascunsă în fund." Se

---

25 Joc de cuvinte de la bitch: „cățea", „târfă" și face: „față".

pare că într-adevăr se făcea contrabandă cu ceva... dar cu diamante.

După 48 de ore de vizitare a obiectivelor turistice, de cumpărături și de făcut un milion de fotografii cu taxiuri galbene, mi-a spus că vom ieși la un restaurant foarte frumos în Meatpacking District. Așa că, bineînțeles, am făcut ceea ce ar face orice fată care se respectă și am pornit în misiunea de a vedea câte cocktailuri Cosmopolitan aș putea bea, înainte de a avea nevoie de un pahar plin cu cărbune activ. Se pare că nu chiar atât de multe. Când am ajuns la restaurant, nu mai aveam capacitatea de a vedea, așa că nu i-am observat chipul incredibil de nerăbdător, nici pe chelnerul de lux super atent care pândea lângă masă, gata să arunce un inel cu diamant în paharul meu plin cu spumă. Nici nu am fost conștientă de cât de tare strigam peste masă: „BABE! BABE! CERE-LE MAI MULTĂ PÂINE!" sau că îmi pierdusem complet capacitatea de a-l auzi răspunzând că mâncasem deja echivalentul a 12 franzele. După ce a fost nevoit să mă asiste sau, mai bine zis, să meargă cu mine la toaleta femeilor pentru o vomă tactică, momentul a dispărut cu desăvârșire; așa că, la sfârșitul nopții, singurul lucru ocupat a fost toaleta.

Ca dovadă a sentimentelor sale față de mine, nu a fost deranjat de acțiunile mele din noaptea anterioară și încă era foarte hotărât să pună marea întrebare în Big Apple[26]. Dacă ar fi avut altă atitudine, aș fi fost atât de furioasă, încât aș fi pus pe loc capăt relației. Din fericire, Steve este o persoană mai bună decât mine, pentru că, în dimineața următoare, în ultima noastră zi petrecută în oraș, mi-a cumpărat chipsuri și m-a invitat la o plimbare

---

26 Adică New York.

romantică de iarnă în jurul Central Park. A fost atât de frumos, ca o scenă dintr-un film de la Hollywood în care mă imaginam mereu – doar că, în această versiune, a trebuit să mă opresc la fiecare câteva sute de metri pentru a vomita într-un coș de gunoi. Magic. Când ne-am oprit la faimosul Gapstow Bridge, eram atât de ocupată să inspir adânc pe nas și să expir pe gură, încât nu l-am observat la pământ – potențial tâlhărit și înjunghiat, cu toată atenția pe care i-o acordam. În timp ce vorbeam pe nerăsuflate despre o scenă din „Singur acasă 2", în încercarea de a ne convinge pe amândoi că sunt absolut bine, am auzit niște cuvinte complet neașteptate...

– Sophie... Vrei să te căsătorești cu mine?

Șocul a fost atât de mare, încât aș fi putut să vomit, dar, din fericire, nu mai aveam nimic în stomac, așa că am reușit să articulez cel mai sentimental răspuns pe care creierul meu deshidratat l-a putut concepe...

– Taci din gură!

Da, tocmai îi spusesem bărbatului visurilor mele, care în acel moment se afla într-un genunchi, expunându-și inelul pentru ca toată lumea să-l vadă, să tacă. Apoi, am continuat să-i spun să tacă de încă 13 ori (nu că ar fi numărat și că mi-ar fi ținut pică ani de zile), înainte de a-mi da seama că nu-i dădusem de fapt un răspuns... Răspuns care era, desigur, da! Dacă era fericit să mă accepte în starea în care eram, atunci chiar că mi-am făcut rost de o partidă de neuitat.

Așa că ne-am logodit! Era cazul să planificăm nunta. CE DISTRACTIV! A SPUS O PERSOANĂ CARE NU A FOST LOGODITĂ NICIODATĂ. Planificarea nunții, fără nicio umbră de îndoială, este una dintre cele mai stresante experiențe prin care pot trece două ființe umane. În medie, divorțul are loc la opt ani după schimbul de jurăminte – ca să fiu sinceră, sunt al naibii de uimită că oamenii reușesc să ajungă până la altar fără să se blocheze reciproc pe Instagram și să se mute în părți opuse ale planetei. Am o sugestie pentru FBI, CIA, MI6 etc. – dacă vreți cu adevărat să torturați psihologic un terorist ca să vă dea informații, dați-i un plan de dispunere a locurilor pentru 150 de persoane care nu se plac între ele și o listă cu cerințele lor dietetice. Vor cânta ca niște afurisiți de canari! Sincer, multe dintre conversațiile pe care le-am avut cu diverși membri ai familiei au decurs astfel…

– Mătușa Pam este vegetariană, dar preferă să evite ciupercile, așa că mai există altceva în meniu ce ar putea să mănânce?

– Da… Apă.

De ce cred oamenii că pot trata nunțile altora ca pe un restaurant de lux, făcând comenzi speciale de mâncare, ca și cum ar trece prin McDonald's Drive-Thru. Să dau câteva opțiuni, bine?

a. Mănânci ce ți s-a dat și nu te plângi de asta.

b. Îți aduci un baton de cereale în poșetă și nu te plângi de asta.

c. Nu participi la eveniment și nu te plângi de asta.

În cele din urmă, având și invitați din categoria „Nu pot să mestec carne de vită cu dinții mei falși", meniul de nuntă a constat din pui și două feluri de legume.

– Clive a întrebat dacă poate să vină cu noua lui pri-

etenă, pe care a întâlnit-o săptămâna trecută la Tesco[27].
Este în regulă?

– Scuze, mamă, cine naiba e Clive?

Sincer, persoanele care au fost strecurate pe lista mea de nuntă, ca şi cum ar fi fost un concert secret VIP al lui Justin Bieber au fost nenumărate. Totul devine atât de politic! În condiţiile în care cei mai mulţi miri depind de capacitatea localului şi de buget: dacă numele tău nu este pe listă, atunci nu vei intra. Deci, pe cine tai de pe listă, fără a face părinţii din ambele părţi să plângă şi să te scoată din testament? Ei bine, în primul rând, alegerea evidentă este de a scăpa de cei mai zgomotoşi, care sigur vor lovi în obiecte în timpul discursurilor – nu, nu cavalerii de onoare, ci copiii. Da, regula extrem de controversată a interzicerii copiilor la nuntă a creat tabere şi a provocat duşmănii între prieteni încă de la începuturi. Oamenii se simt FOARTE jigniţi atunci când le interzici să participe cu cei mici la ziua TA cea mare – lucru pe care l-am găsit întotdeauna derutant pentru că, în mod normal, părinţii spun tot timpul că abia aşteaptă să scape de copiii lor pentru câteva ore. Angajaţi-vă o bonă, îmbătaţi-vă şi fiţi siguri că singurele fluide corporale pe care le veţi curăţa de pe voi vă vor aparţine.

Următoarea categorie pe lista de eliminare… Partenerii prietenilor, cei pe care nu i-ai cunoscut niciodată. Apoi, mai sunt „oaspeţii-problemă", cei pe care chiar nu vrei să-i inviţi, dar ai fost şantajat emoţional de anumiţi membri influenţi ai familiei.

– A sunat Nigel, prietenul tatălui tău, şi a promis că nu va consuma absolut niciun drog timp de 48 de ore înaintea nunţii; poate să vină?

---

27   Retailer britanic.

Da, acei membri ai familiei care ar trebui să fie cu adevărat în închisoare, dar care, cumva, până în acel moment, au reușit să păcălească sistemul. Au voie să vină doar cu condiția să fie în permanență supravegheați de bunica ta și să stea la marginea tuturor fotografiilor, astfel încât să poată să fie decupați, în funcție de gravitatea inevitabilei lor condamnări penale.

De asemenea, trebuie să-i iei în considerare și pe cei pe care îi iubești foarte mult, dar care vor bea zece pahare de alcool și vor porni într-o dezlănțuire de distrugere în stare de ebrietate. Există ceva în combinația periculoasă dintre băuturi gratuite și faptul că nu ai mâncat nimic până după-amiaza târziu, dar ești obligat să stai ore întregi la discursuri, situație care se pretează atât de bine la a te îmbăta complet și a distruge ziua cea mare a cuiva. De exemplu, prietena mea Jess – o persoană perfect rațională și drăguță atunci când este trează – a fost atât de beată la nunta fratelui ei, încât, din nu știu ce motiv, în toate fotografiile, a decis să se agațe de penisul soțului ei, ca și cum ar fi fost un detonator portabil al unui dispozitiv exploziv. Crede-mă când spun că a fost o bombă pe care NIMENI nu a vrut să o detoneze. A pus un cu totul alt înțeles în spatele ideii de „a avea și a ține". Nu numai că plătești mii de lire sterline pentru ca alți oameni să se facă de râs, dar plătești până la refuz ca oamenii să te facă de râs. Așa este, discursurile! Cavalerii de onoare, numiți așa în mod ironic, sunt acolo cu singura intenție de a-l pune la punct pe mire și de a o face pe mama noii sale mirese să plângă de groază la poveștile despre cuceririle sexuale din trecut ale ginerelui său și despre obiceiurile de masturbare îndoielnic de exotice. Ah, amintiri prețioase, viitoare întâlniri de familie stânjenitoare și un cont bancar puternic descoperit... Dar oare chiar merită? Vedeam mereu reviste de nunți cu toate acele viitoare mirese fericite, frumoase și radiante și, după un an de planificare, nu puteam decât să presupun că era din cauză că fumează orice ar fi fumat Nigel. Sunt atât de multe decizii de luat, iar dacă, la fel ca mine, ești o persoană care găsește că luarea deciziilor este o provocare, planificarea nunții se poate simți ca un episod de coșmar nesfârșit din „The Crystal Maze"[28]. Sincer, întregul proces m-a făcut să mă îndoiesc că mariajul este cu adevărat ceea ce se preconiza a fi. În medie, Steve și cu mine aveam o ceartă la fiecare 33 de secunde, nu mai vorbisem cu mama mea de peste patru săptămâni din cauza unui dezacord, legat de o husă de scaun, iar tata își pierduse complet mințile, în legătură cu importanța unui platou de *canapé* bine echilibrat. În loc să ne fi unit în jurul legăturii dragostei și a fericirii, ne destrămam cu toții la cusăturile unei ținute formale foarte scumpe. Apropo de asta, mi s-a părut incredibil de stresant să-mi cumpăr rochia – se pare că găsirea „rochiei" este la fel de dificilă ca găsirea „alesului". Sincer, credeam că o să îmbrac una, că va apărea un cor de îngeri și că prietenii mei vor plânge, la vederea frumuseții și strălucirii mele uluitoare. Nu a fost nimic din toate astea. La rochia numărul 756 pe care am probat-o, eram gata să mă căsătoresc într-unul dintre cearșafurile mamei mele, cu un voal croșetat, așa cum am exersat în copilărie. În cele din urmă, și puternic influențată de Ariel, am optat pentru o rochie din dantelă,

---

28   „Labirintul de cristal", emisiune-concurs, în care echipele trebuie să parcurgă anumite probe din patru zone tematice ale unui labirint pentru a câștiga.

cu coadă de sirenă, drăguță, dar nu am simțit niciodată că mi-ar fi fost „destinată". De asemenea, a dovedit că nu învățasem absolut nimic de la vârsta de șase ani, deoarece cum naiba urma să mă duc la toaletă?

O altă parte extrem de politică a întregului proces o reprezintă selecția și inaugurarea ceremonială a gărzilor de corp ale miresei, înaltele preotese ale petrecerii de nuntă – altfel spus, domnișoarele de onoare. Este marele lor moment, posibilitatea lor de a străluci și de a se plimba pe acel culoar ca niște Pussycat Dolls îmbrăcate în voaluri chiffon pastelate. Dar cum le alegi pe membrele formației din gașca ta de fete de încredere și foarte iubite? Și pe care dintre ele o alegi ca lider al haitei? Întotdeauna vei jigni pe cineva, nu-i așa? E o problemă controversată. În schimb, ai putea ruga niște puștoaice drăguțe să fie florăresele tale, în afară de… Of, stai! Le-ai interzis participarea la nunta ta. Oricât de dificil ar părea, acest lucru poate fi gestionat în mod eficient dacă te îmbeți bine și rogi pe oricine se află cel mai aproape de tine în acel moment. „Te iubesc al naibii de mult!"

Odată ce au fost alese, nu totul este floare la ureche pentru domnișoarele de onoare; da, ele au parte de momentul lor de glorie în ziua cea mare, dar acesta vine cu un mare sacrificiu – planificarea petrecerii burlăcițelor. Cea mai bună parte despre a fi mireasă este că nu poți avea absolut niciun rol în acest coșmar logistic nenorocit (dacă ai un pic de bun-simț) – doar alege, apoi pleacă și lasă-le să se ocupe de cele 7.000 de e-mailuri de la femei prea entuziasmate și pline de idei. Un lucru este sigur, vei sfârși întotdeauna într-un studio de dans, de deasupra unui magazin de kebap, învățând rutina de la piesa „Single Ladies". Nu este ceea ce ai fi ales, dar nu contează, pentru că nu e vorba despre tine – trebuie doar să mergi și să te implici până la capăt. Ori ești, ori nu ești. Am decis să-mi iau rămas-bun de la celibat în același weekend în care Steve a fost la petrecerea de burlac – în niciun caz nu puteam să stau acasă și să-mi frâng degetele, în timp ce el și 30 de prieteni plecau la o petrecere de trei zile în Europa de Est. Nu, aș fi trăit cele mai bune momente din viață învățând un dans Beyoncé, în timp ce el își trăia viața lui… primind un dans în poală. La naiba! Mi-e frică să mă gândesc ce se întâmplă de fapt la petrecerile burlaci-lor. La întoarcere, partenerii află cu siguranță versiunea AP-13[29] a evenimentelor. Vrem măcar să știm? Viitorul soț al prietenei mele a sfârșit prin a mărturisi totul, după ce regula „fără atingeri" într-un club de striptease l-a băgat în apă foarte fierbinte. Săracul băiat a încercat să meargă „fără contact", dar o dansatoare exotică întreprinzătoare avea alte planuri… și a folosit Apple Pay pentru a-l ușura de 600 de lire sterline. Apoi a trebuit să se ducă acasă și să-i spună logodnicei sale că a „golit" contul comun pen-tru nuntă plătind o altă femeie care să-și scuture sânii în fața lui. Ba, mai rău, a fost dat afară, înainte de a obține dansul. Vremuri grele. Totuși, nu doar bărbații intră în be-lele; noi, femeile, avem un talent de a ne comporta la fel de prost ca și omologii noștri masculini… Diferența este că nu suntem suficient de proaste pentru a fi prinse. Deși nu au existat incidente de fraudă cu carduri de credit, pe-trecerea mea de burlăciță a fost plină de abateri, cu multe paie în formă de penisuri, o fată fabuloasă, un incident

---

29   Acordul Părinților pentru copii sub 13 ani: limbaj violent, agresivitate, scene sexuale și consum de droguri.

Sophie McCartney

apropiat de înec, deturnarea unui iaht în stare de ebrie-
tate, pierderea câtorva unghii de la picioare, multe râsete
şi, desigur… oh, oh, oh… dansul ăla nenorocit!

Odată ce petrecerile de burlăciţă şi de burlac au tre-
cut şi toată lumea s-a întors cu toate membrele şi sprân-
cenele intacte, se coboară la vale spre ziua cea mare!
Prăjituri, băutura adusă de acasă, DJ… Ţi-ai ales playlis-
tul pentru ringul de dans? Cum rămâne cu primul dans?
Steve şi cu mine nu aveam ataşamente romantice faţă
de vreun cântec anume, iar a zice că gusturile noastre
muzicale erau oarecum diferite era puţin spus – ne-am
certat două ore pentru a stabili dacă piesa „Stan", a lui
Eminem ar trebui sau nu să facă parte din ziua noastră
specială. Îl iubeam foarte mult, iar până în acel moment,
contribuţia lui fusese alegerea lunii de miere (potenţial, o
afacere de chilipir în Caraibe, în sezonul uraganelor), aşa
că să vină la mine cu un tip ţipător într-o vestă albă care
vorbea despre un superfan ucigaş a fost ca o pânză roşie
pentru o mireasă deja foarte pretenţioasă. „STEVE – CUM
AR TREBUI SĂ DANSEZE BUNICA MEA?!"
Cred că există, de asemenea, o teamă, atunci când te
apropii atât de mult, că lucrurile ar putea merge groaz-
nic de rău în ultimele clipe. Eram convinsă că Steve va
fugi sau că mă va părăsi la altar. L-am făcut să promită
că, orice s-ar întâmpla, va merge până la capăt în ziua re-
spectivă, pentru ca eu să salvez aparenţele, că am putea
anula căsătoria după aceea – ştiind în secret că nu va reuşi
niciodată să mă facă să semnez actele. În noaptea dinain-
tea marii zile, eram din nou acasă la părinţii mei, o epavă
nervoasă, împărţind patul cu sora mea mai mare – care

își adusese și pisica cu ea pentru această ocazie specia-lă. Știu că oamenii ascultă muzică de relaxare, sunete de balene, valuri care se sparg pe o plajă pentru a adormi, dar pot afirma categoric că a asculta o pisică vărgată care își face nevoile într-o grămadă de pietriș parfumat nu se află pe această listă, dintr-un motiv foarte bun. Dimineața a constat în pregătiri, aranjamente, realizând că a alege să mă dau de două ori cu spray pentru bronzare a fost o idee proastă, stresată masiv cu privire la TOATE aspectele și trăgând la sorți cu domnișoarele mele de onoare, cu privire la cine mă va ajuta să mă duc la toaletă, în timp ce purtam costumul dantelat de comprimare a intestinelor. Toate acestea, desigur, se întâmplau în timp ce un foto-graf de nuntă se afla la capătul patului cu un obiectiv te-lescopic și spunea: „Prefă-te că nu sunt aici!" Mi-ar fi fost mai ușor să ignor herpesul.

De ce este dimineața nunții tale atât de terifiantă, din punct de vedere intestinal? În teorie, ar trebui să fie una dintre cele mai fericite zile din viața ta… Nu ești în situația în care trebuie să răspunzi la comentariile despre faptul că nu mai întinerești. Ar trebui ca totul din jurul tău să fie foarte vesel și minunat – te căsătorești cu dragostea vieții tale. Atunci, de ce simți teamă, nervozitate și greață? Ca-tegoric, am fost în pragul absolut al disperării. Dacă nu va fi acolo? Cea mai mare teamă a mea era ca o stripteuză est-europeană să vină pe culoar, gravidă și cu un dispo-zitiv care să-l imite pe Eminem. „Hei, Steve, ți-am scris… Dar tu încă nu ai sunat!"[30]

Din fericire, pentru binele tuturor, el a fost acolo, iar în timp ce jurămintele au ieșit emoționate din gurile noas-

---

30 Aluzie la melodia „Stan" a lui Eminem.

Sophie McCartney

tre, stresul și tensiunile din ultimele 18 luni s-au topit. Certurile, politica, scaunele și meniul au pălit în nesemnificativ... Eram doar noi doi, promițând să ne susținem unul pe celălalt, la bine și la rău, la boală... și la mahmureală, să ne iubim și să ne prețuim, până când moartea – sau o ceartă despre părinții cu care ne vom petrece Crăciunul – ne va despărți. Dar ce? În acel moment – nici măcar nu credeam că este posibil – dragostea pe care o aveam pentru proaspătul meu soț a crescut. Nu știu de unde s-a strecurat, ca un ninja al romantismului, deoarece, cu siguranță, nu mă așteptam la asta – dar, da, din senin, am mai găsit încă zece procente pe care nu știam că le avem. Sunt unii – cinici și mizerabili critici ai căsătoriei – care spun că mariajul este doar o bucată de hârtie și întreabă ce diferență poate face ea într-o relație? Însă, pentru noi, căsătoria ne-a consolidat legătura și ne-a dus la un alt nivel.

Din nefericire, a dus-o și pe prietena mea Jess într-un alt loc, de data aceasta, nu la grenada din pantalonii soțului ei, ci la Urgență, după ce s-a împiedicat de bastonul bunicii mele în timp ce dansa pe „Stan". Am reușit să mă mențin din punct de vedere emoțional pe tot parcursul zilei, până în momentul în care ne-am luat la revedere de la invitați și ne-am îndreptat spre apartamentul nostru pentru a „oficializa lucrurile", moment care, din nefericire, a coincis perfect cu debutul depresiei de după nuntă. Foarte agitată de faptul că mi-am dat jos rochia și am realizat că nu voi mai fi niciodată o mireasă sexy, ca o sirenă Disney, am plâns timp de trei săptămâni la rând, lăsându-l pe Steve să se întrebe dacă a luat decizia corectă de a deveni definitiv „parte din lumea mea". OK, deci unde mă aflu? După ce am ieșit de cealaltă parte a procesului sfânt de căsătorie, mă întreb dacă totul este așa cum ar trebui să fie. Merită anxietatea, certurile și anticlimaxul? BANII ĂȘTIA NENOROCIȚI? Personal, mă hazardez și spun că, pentru mine, da, totul este așa cum trebuie să fie. Mi-a plăcut să mă căsătoresc (în cele din urmă) – stând acolo în fața familiei și a prietenilor noștri, făcând publice acele jurăminte pe viață. A cimentat ceea ce aveam. Ne-a făcut să ne simțim de neînvins, de neoprit și uniți. Întreabă pe cine vrei și îți va spune că mariajul este mai mult decât o nuntă, mai mult decât o zi, într-o rochie frumoasă și asumarea unui angajament înfricoșător cu voce tare. Este o muncă al naibii de grea, ce necesită compromisuri și timp pentru a ne arăta unul altuia – zi de zi, dar zi de zi, că am vorbit serios în fața altarului. Este haotic, este banal, s-ar putea să ne neglijăm unul pe celălalt, iar pasiunea s-ar putea foarte bine să se piardă. Uneori funcționează, alteori nu – uneori ne pierdem, alteori ne regăsim. Ceea ce este important de reținut este faptul că începe o călătorie de împărtășire… a inimii, a sufletului, a grijilor și a datoriilor din vremea studenției. Mulțumesc și pentru asta, Steve! La fel de apreciată este și participarea cu jumătate din suma de 9.000 de lire sterline, risipită pe băutura transformată în râuri de urină și împrăștiată pe pereții toaletelor!

Sophie McCartney

Sex neprotejat

Ouăle nu sunt punctul meu forte – omletă, fierte moi, poșate și, probabil, cea mai terifiantă provocare dintre toate... fertilizate.

Vine un moment în viața de adult, când ajungi la o răscruce care îți schimbă viața. Să faci sau să nu faci un copil? Asta-i întrebarea. Această enigmă te poate propulsa fie spre un moment orbitor de claritate, fie te poate devora cu totul, aruncându-te într-o criză existențială care te lasă într-un mare conflict, în ceea ce privește cât de pregătită ești să renunți la libertate, la bețiile excesive și la somn. Totuși, încotro te îndrepți? Pe o cale sigură și familiară sau faci un salt periculos și te arunci cu capul înainte, în lumea necunoscută și înfricoșătoare a părinților?

Când a venit primul nostru copil, nu eram deloc pregătită pentru bulversarea colosală a stilului nostru de viață lipsit de griji. Plânsul continuu, nopțile nedormite, cererea neîncetată de mâncare, învățarea de a folosi toaleta... sau nu. Da, Millie, cățelușul nostru beagle de zece săptămâni și-a pus cu adevărat amprenta asupra vieților noastre... canapea, covor și saltea king size! Eram niște clișee ambulante, oameni vinovați de a face ceea ce făcuseră înaintea noastră atâtea cupluri nesigure de abilitățile lor de părinți: încercarea de a avea grijă mai întâi de specia canină. Dar ea nu era un câine oarecare... Nu, nu! Era un câine de vânătoare care fura tampoane, role de la hârtia igienică, făcea ravagii ca Houdini[31], al cărui unic scop în viață era să jefuiască tomberoanele, ca și cum ar fi fost Indiana Jones, în „Căutătorii arcei pierdute". Situația era foarte asemănătoare cu traiul din *Omida mâncăcioasă* – dacă ar fi eclozat cu două picioare mai puțin, i-ar fi crescut blană și ar fi avut capacitatea de a elibera încăperi cu un vânt. Luni a mâncat un dispozitiv (un iPad, mai exact); marți a mâncat două... perechi de pantofi; miercuri a mâncat trei perne de culoarea prunei; joi a mâncat patru coșuri de rufe din paie; vineri a mâncat cinci „Terry's chocolate orange"; iar sâmbătă a ajuns direct la veterinarul de gardă, pentru 1.500 de lire sterline.

Oricâte probleme ar fi fost, era bebelușul meu și am iubit acea pufoșenie din tot sufletul, așa cum numai o mamă iluzionată putea să o facă. „Nu e obraznică, Steve, e un spirit liber!" Când ne-am dus să o luăm, era singura dintre pui care era trează, stând liniștită într-un colț al țarcului. A venit repede spre noi, privindu-ne cu ochii ei mari și căprui, plini de dragoste și dând din coada neagră și drăguță, cu vârful alb; m-a cucerit imediat. Optând pentru un beagle, în detrimentul majorității celorlalte rase din cauza drăgălășeniei lor, trecusem masiv cu vederea marea majoritate a trăsăturilor lor dominante, cum

---

31 Iluzionist american, născut în Austro-Ungaria în 1874, actor și producător de film.

Sophie McCartney

ar fi încăpățânarea, lăcomia și vânturile îngrozitoare. Mi-a luat trei luni să realizez că ea era persoana mea, dar în formă de câine. Primele noastre încercări de disciplinare și de afirmare a dominației noastre părintești au fost întâmpinate de gheara din mijloc, așa că ne-am îndreptat rapid către școala de dresaj pentru căței – șase săptămâni stânjenitoare, în care am privit câinii altora făcând ce li se spunea, în timp ce ea alerga de colo-colo, cocoțându-se peste tot și furând lucruri. Sunt destul de sigură că ne-au lăsat să trecem examenul final doar ca să scape de noi – ca dovadă a acestui lucru, avem o fotografie uimitoare cu ea mâncând cocarda de absolvire, ca un „la revedere" al ei față de instituție. În loc să mă pregătească pentru a fi mamă, mi-a descoperit toate defectele potențiale ca părinte și a evidențiat ce mamă jalnică aș fi fost. Permițându-i în mod regulat să profite de slăbiciunile mele – o fraieră pentru ochii triști și total obsedată de nevoia ca ea să mă iubească – am fost o adevărată fățarnică. Acestea fiind spuse, în ceea ce privește un experiment controlat, proprietatea asupra cățelușului și-a îndeplinit pe jumătate scopul: am iubit-o, ne-am jucat cu ea, ne-am amintit să o hrănim și să o spălăm și spre deosebire de aventura noastră eșuată cu plantele de casă am reușit să o ținem în viață (în ciuda eforturilor ei de a digera lucruri necomestibile).

Oare, îngrijirea unui copil ar fi mai ușoară decât a unui cățeluș? Se presupune că un copil ar trebui să aibă cel puțin un an, înainte de a putea mânca luminițele din pomul de Crăciun, de a-și consuma propriile fecale sau de a sfâșia o rață, mai repede decât un ospătar la un restaurant chinezesc. Da, acum știam exact ce fel de mamă urma să fiu pentru un bebeluş uman – gata să ţip, la vederea unui scutec plin, cu nevoi emoţionale şi cu zero scrupule în a recompensa comportamentul rău cu gustări. Acum, la puţin timp după căsătorie, există două certitudini în viaţă. Prima este că vei descoperi un lucru devastator despre noul tău soţ sau noua ta soţie, după ce este prea târziu pentru a mai putea face ceva în privinţa asta (Steve, de exemplu, are un sistem de credinţă în Moş Crăciun îngrozitor de diferit de al meu – a crescut crezând că părinţii îi trimit cadouri Moşului, în avans, pe care el le livrează apoi copiilor... Ce?! Nu are niciun sens, omule! Cum rămâne cu spiriduşii din atelier? Amprenta de carbon a acestuia? NEBUNIE!) A doua este că oamenii vor simţi nevoia să te întrebe foarte deschis despre când plănuieşti să începi să faci sex neprotejat şi să-ţi foloseşti fluidele corporale pentru a face oameni. „Scuze, şi acum ce?" Foarte ciudat, foarte intim şi nu e treaba ta. De multe ori, mă întreb dacă problema constă în incapacitatea de a purta conversaţii cu cei din jur, odată ce vremea a fost deja discutată sau dacă oamenii sunt pur şi simplu afectaţi de insensibilitate şi ignoranţă. Oamenii au tendinţa de a se avânta acolo tropăind cu boncancii lor uriaşi, ignorându-i complet pe cei care nu se simt pregătiţi, care se străduiesc, care nu pot sau pe cei care au pierdut... Dar cum rămâne cu cei care, pur şi simplu, nu îi doresc şi nu ar trebui să dea explicaţii fiecărui Tom, Dick şi Harry care vrea să cunoască la modul concret cât de des au loc „intrările şi ieşirile". Maternitatea reprezintă o perspectivă înfricoşătoare şi nu este pentru toată lumea. Nu e o caracteristică definitorie a feminităţii, este un capitol – unul în care unele femei aleg să se arunce cu capul înainte, în timp ce altele sunt mai mult decât fericite să sară complet peste el, alegând să citească înainte acea parte a poveștii lor, mulțumite pe deplin de propriile alegeri și narațiuni. Eu nu m-am aflat în niciuna dintre aceste tabere, stând undeva între intrigată și oripilată. Întreaga perspectivă de a spune de fapt „da, hai să facem asta!" mi s-a părut complet străină (eram, de asemenea, îngrijorată că *acea creatură* va ieși din mine). Într-un fel, încercarea de a face copii se simțea aproape ca o fatalitate... ca o soartă care nu avea cum să fie evitată. Îl iubeam pe Steve, iar ideea de a vedea mici versiuni ale noastre alergând pe lângă noi, deși terifiantă și un pic narcisistă, era, în mod real, următorul pas interesant în relația noastră. La un an după ce ne-am căsătorit, am renunțat la slujbele noastre și am călătorit în lume timp de un an – am trăit cele mai frumoase momente din viețile noastre, așa că era probabil momentul potrivit pentru a trece la a face ceva. Când am decis în cele din urmă să facem pasul spre parenting, în ciuda practicii noastre cu câinele, încă nu eram pe deplin pregătită. Mai ales dacă e vorba de primul copil, este ceva complet necunoscut și e ÎNFRICOȘĂ-TOR. De asemenea, nu există „momentul potrivit", atunci când vine vorba de a găsi spațiu în viața ta pentru copii. Este cu totul diferit pentru bărbați – ei nu trebuie să-i nas că și să-i crească... Este un pas mic pentru bărbat și un copil cu cap de gigant care iese din vagin pentru femei. Ce se întâmplă dacă ar fi ceva în neregulă cu copilul meu (bine, al nostru...)? Dacă am crescut antihristul? Dacă nu l-aș iubi? Și dacă nu mă va iubi, crescând și încercând să se distanțeze de mine, așa cum a făcut Macaulay Culkin cu părinții lui? Dacă NU ar fi un bebeluș drăguț, dar eu nu aș putea să realizez acest lucru și aș trimite cu mândrie poze cu un cartof cu bărbie dublă, cu o fundă roz lipită pe cap, la concursul „Bonny Baby" al ziarului local? Dacă aș avea un băiat, atunci în mine ar crește un penis. UN PENIS! Nu eram sigură ce părere aveam nici despre asta. Și să nu mă faci să încep cu noțiunea unui lucru real care să trăiască în mine, să ia drepturi de ocupant abuziv și apoi să încerce să-și croiască drum prin ușa mea din față (de jos), ca Jack Nicholson, în *The Shining*. „Trebuia să fi folosit un Johnny!"

Reușind să-mi las temerile legate de Belzebut deoparte, am decis că era timpul să încercăm. Aș fi putut să mă conving de un milion de ori, dar a trebuit să privesc imaginea de ansamblu a vieții… Dacă nu procream, la 85 de ani cine avea să meargă la cumpărături la Tesco pentru mine?

Așa cum se întâmplă de obicei, am ajuns să avem doi bebeluși și, până acum, lumea nu s-a prăbușit într-o groapă infernală și plină de foc, păzită de pedestrași demonici. Cu toate acestea, călătoria prin care cele două bucățele de bucurie – Jack (DA, AM CRESCUT ÎN MINE UN PENIS!) și Evelyn – au intrat pe lume nu a fost atât de ușoară, pe cât am anticipat. Legea lui Sod[32] spune că dacă ești o adolescentă lipsită de griji și arunci în vânt precauția contracepției, atunci este prosibil să fii o zeiță fertilă. Ca femeie adultă, asediată de stresul lumii moderne, cu obiceiul de a analiza totul în mod excesiv și cu o dependență puternică de cofeină, atunci poate fi uneori o poveste ușor diferită.

Cine ar fi crezut că a face oameni este atât de complex? Este cu adevărat halucinant că existăm ca specie

---

32 Axiomă britanică ce afirmă că eșecul este direct proporțional cu efortul depus și cu nevoia de succes.

şi că primii oameni de acum mii de ani nu au renunţat pur şi simplu, nu au luat-o razna într-o Ibiza pleistocenă, pentru ca apoi să dispară. Există un limbaj complet nou de descifrat, iar după o căutare rapidă pe câteva forumuri pentru copii, am fost mai confuză decât atunci când am urmărit „Line of Duty"[33]. Serios, erau atât de multe cuvinte şi acronime de care nu mai auzisem NICIODATĂ. „Bazal", de exemplu, am presupus că era undeva în Elveţia – nu, de fapt, este un mod de înregistrare a temperaturii corpului pentru a urmări fertilitatea. „Folicular" am presupus în mod greşit că este un motiv pentru care bărbaţii folosesc şampon cu cofeină, dar nu! Se pare că este perioada dintre prima zi a menstruaţiei şi ovulaţie. PISO nu este o marcă de frigider de lux, ci, conform noii mele dobândite ESCG (Educaţie sexuală creată de Google), un „plan de întâlnire a spermei cu ovulul". Un alt concept… „zi după ovulaţie"; în caz că nu ştiai – a nu se confunda cu un serviciu de livrare (deşi dacă aş fi putut primi un copil trimis prin curier a doua zi mi-ar fi fost mai uşor). Am fost o virgină de concepţie completă (VCC). Dacă e atât de greu să-i faci, cât de greu e să-i creşti! Îţi petreci atât de mult timp din viaţa ta de tânără adultă încercând să nu rămâi însărcinată, încât există o presupunere că în momentul în care elimini contracepţia, uterul tău va ceda mai repede decât voinţa ta de a ţine dietă în faţa unei pungi de Kettle Chips sărate şi delicioase, dar nu este întotdeauna aşa. Mă uit în urmă la abordarea mea extrem de precaută de la începutul vieţii mele, de tânără de 20 de ani, când foloseam pilula, un prezervativ şi o poză cu un bebeluş, cu aspect de cartof pe noptieră, şi mă umflă râsul. În realita-

---

33   „În numele legii", serial poliţist britanic.

te, este mai uşor să faci o prăjitură Baked Alaska[34] decât un copil. Îngheţată fierbinte, oameni buni! Tratează acest lucru cu toată seriozitatea. Problema în acest caz este însăşi concepţia. Cu toţii suntem hrăniţi cu ideologia conform căreia procesul de reproducere este o experienţă frumoasă, presărată cu un strop de vrăjitorie, gen Harry Potter. Ei bine, să spun ceva... Nu era prea multă magie în casa lui Hufflepuff – doar kituri de ovulaţie şi o listă cu cele mai bune tactici de inseminare de pe Google. Da, atunci când vine vorba de încercarea de a avea un copil, există o concepţie greşită despre elementul „distractiv", cu excepţia cazului în care se întâmplă să te bucuri de realizarea unui grafic cu modificările mucusului cervical – un hobby care, din păcate, vine la pachet cu mai multe condiţii. Steve a crezut că vor fi luni de sex de top – nu că eu voi ieşi din baie într-un halat cu glugă, cu un sentiment oribil de mizerie şi presimţiri rele, în timp ce mă aplecam să-i dau sărutul meu de Dementor... şoptindu-i seducător la ureche: „Sunt la ovulaţie." Săracul băiat tresare şi acum la simpla menţionare a unei bezele şi să nu-l întrebi NICIODATĂ dacă vrea un desert cu frişcă.

Da, sex ciudat! Decăderea celor mai multe cupluri care se îmbarcă în aventura sexuală britanică. Ideea unei partide neîncetate este super atrăgătoare la început, dar, după câteva luni, activitatea se transformă – mai ales când culmea romantismului este considerată doar recunoaşterea reciprocă, înainte de dezbrăcare, doar de strictul necesar pentru a face treaba. Şosetele şi obiectele din partea de sus a corpului trebuie să rămână întotdeau-

---

34 Tort de îngheţată, cu miezul îngheţat şi crustă de bezea fierbinte.

Sophie McCartney

na la locul lor pentru a finaliza această parte distrugătoare de suflet a procedurii. Ceea ce a fost cândva o expresie amoroasă și intimă a iubirii dintre parteneri poate deveni o corvoadă, la fel de neutră ca algebra – iar acest lucru își pune amprenta chiar și pe cele mai sănătoase relații. Îmbrățișările de după actul sexual sunt înlocuite cu practici asemănătoare cu cele ale liliacului, de a se atârna de picioarele patului, spontaneitatea este înlocuită cu poziții planificate cu precizie: „Nu, iubito, pivotează… PIVOT!" Ca să nu mai vorbim de presiunea suplimentară a fornicației funcționale – a juca pentru un motiv real – și, după atâția ani de practică în repetiția „dezbrăcată", momentul spectacolului poate duce adesea la trac de scene sexy pentru ambele părți. De asemenea, trebuie să te confrunți cu faptul că toți ceilalți sunt experți, în ceea ce privește modul în care jumătatea ta ar trebui să te fecundeze cel mai bine…

– Misionarul este cel mai bun, permite tuturor înotătorilor puternici să intre cu adevărat acolo!

– Mulțumesc pentru sfat, bunico! Acum, pleacă!

– Bine, dragă, dar cum rămâne cu cățelușul?

– Îl lăsăm afară…

Nu știam că există o fereastră de timp atât de mică, în care poți să rămâi însărcinată; este vorba de aproximativ șase zile pe lună și chiar și atunci este foarte posibil ca fertilizarea să nu aibă loc. Unde erau aceste informații în liceu? Privind retrospectiv, probabil că școala pe care am urmat-o nu dorea ca noi toate să știm cât de mici erau șansele de a rămâne însărcinate – asta, din punct de vedere statistic – altfel, discoteca și școala de băieți ar fi fost un adevărat carnagiu. Îmi pot imagina poziția severă a directoarei noastre în această privință. „Uitați-vă la Mary, fetelor, era virgină și tot a fost prinsă. Păziți-vă mințile și sânii!" Fecioara Maria a fost al naibii de norocoasă că prima venire nu a implicat niciun contact și că s-a bazat pe intervenția divină, în loc de cea uterină.

Pe noi, cele care nu am fost alese, ne așteaptă o viață de bețișoare de pipi, înghițituri de multivitamine și smoothie-uri. Dar nu doar noi, fetele, suferim... În timpul perioadelor de încercare, cafeaua lui Steve a fost eliminată, consumul de alcool a fost diminuat, chiloții au fost înlocuiți cu boxeri, iar statul lângă cuptorul cu microunde a fost strict interzis.

După tot efortul depus pentru a optimiza condițiile de acuplare pentru parteneri, cele două săptămâni de „sunt sau nu sunt?" îți pot da serios peste cap existența. Căutarea obsesivă pe Google a simptomelor foarte timpurii ale sarcinii, în timp ce vânezi cu disperare o dovadă de viață, poate fi atotcuprinzătoare. „Vânt cu miros îngrozitor... Oare, sunt însărcinată? Incredibil de enervată de soț... Sunt gravidă? Am mâncat trei Big Mac și două Dairy Milk... Am rămas însărcinată?"

Așadar, atunci când vine în vizită, mai puțin preferata rudă a ta, mătușa Flo, care nu dă doi bani pe parada ta de sarcină-fantomă, poate fi absolut devastator; în primul rând, pentru că nu ești însărcinată, iar orele de acrobații în timpul zilei și uretra arzândă au fost în zadar; în al doilea rând, creșterea în greutate este numai a ta (cu un pic de ajutor de la McDonald's); în al treilea rând, ai doar o săptămână pentru a te regrupa mintal, înainte ca întregul roller-coaster emoțional să pornească din nou.

De fiecare dată când nu „treceam" testul de sarcină

atât de așteptat, sentimentele de eșec și inferioritate ie-
șeau la suprafață – vedeam femei însărcinate prin împre-
jurimi și simțeam un amestec de gelozie, furie, dar și de
uneltiri... Ar fi oare acceptabil din punct de vedere social
să întreb o persoană complet străină cum a reușit? Era
vorba de o anumită poziție ori poate o tehnică... prea în-
drăzneață? Sau poate că ar fi mai bine să fie pe dos...?!
Aveau vreun cod secret pe care mi-l puteau împărtăși, ca
o recomandare din partea unui prieten?

Acum, iată adevărata magie a lui Harry Potter: să vezi
cele două linii roșii de pe bățul de pipi, în loc de una sin-
gură și dezamăgitoare. În funcție de circumstanțe, aceas-
ta poate fi una dintre cele mai speciale, mai solide, mai
romantice ocazii pe care un cuplu le poate avea... dacă
nu cumva tocmai v-ați certat serios într-o țară străină, dis-
pută care te-a înfuriat atât de tare, încât lichidele corpului
ți-au fiert la propriu. Da, primul nostru „moment magic"
a avut loc în ceea ce a fost o vacanță destul de frumoasă
în însorita Algarve din Portugalia, până când am deschis
ușa mașinii de închiriat într-un stâlp de iluminat care a
apărut literalmente de nicăieri, provocând mai multă fric-
țiune decât lipsa lubrifiantului. Doar în timp ce stăteam
la un bar într-un pitoresc oraș pietruit – cu fața în direcții
opuse și pretinzând că nu ne cunoșteam unul pe celă-
lalt – mi-am dat seama că eram atât de furioasă pentru
că eram probabil în perioada premenstruală. După cinci
minute confuze de numărat și renumărat pe degete, mi-
am dat seama că menstruația mea lipsea de aproximativ
o săptămână. În niciun caz! Acum, cu toții avem defecte,
iar unul dintre ale mele este că nu vreau niciodată să
sparg gheața după o ceartă – sunt fericită să las tăcerea să

dureze o veșnicie (sau până când el își cere scuze, pentru ceva ce este din cauza mea). În această situație, din cauza unor circumstanțe atenuante, eu urma să fiu cea care, cu părere de rău, a inițiat tratativele de pace. Așa că am pornit în căutarea unui test, lucrurile fiind încă suficient de neclare pentru a mă putea bucura, înainte de a ajunge la farmacistul incredibil de sever al orașului, în vârstă de 700 de ani, care a părut destul de acuzator, în timp ce eu stăteam acolo, pronunțând „TEST DE SARCINĂ" și participând la un joc oribil de șarade cu orientare sexuală. Înarmați cu un test și cu un pachet de antibiotice de o eficacitate îndoielnică, ne-am întors la hotel. Chiar nu mă așteptam la un rezultat pozitiv, astfel încât, după ce am urinat jumătate pe băț și jumătate pe mână, l-am aruncat pe raftul din baie și m-am întors în dormitor pentru a-mi continua agresivitatea pasivă. Nu mă simțeam nici pe departe însărcinată, așa că în mintea mea extrem de științifică era evident că nu eram – probabil că doar confundasem datele sau calculasem greșit cu degetele mele de abac, care nu erau de încredere. Au trecut vreo cinci minute, iar eu mâncam o cutie miniaturală de Pringles de la hotel, contra unui preț exagerat, când Steve mi-a amintit că ar trebui să mă duc să verific rezultatul, înainte de a-mi face programul de seară, care includea Pina Colada. M-am plimbat cu nonșalanță prin baie, fredonând „Singin' in the Rain", am luat bețișorul și am văzut… o singură linie. Nu eram însărcinată. Am ieșit din baie, i-am aruncat testul lui Steve și m-am pregătit pentru încă o lună de încercări, dar într-un context mai puțin tropical. El s-a uitat la test, cu o privire confuză pe față și a spus:

– Dar ce este linia asta?

– Înseamnă că nu există niciun copil... i-am răspuns eu, cu un glas exasperat.

– Îmi dau seama că asta înseamnă... Dar cum rămâne cu cea slabă de lângă ea?

– Ce vrei să spui prin „slabă"? am țipat eu, grăbindu-mă spre el pentru a-i smulge din mâini bățul.

Trebuia să strângi din ochi ca s-o vezi, dar era acolo...

ERAU DOUĂ LINII.

După ore întregi în care am tradus pe Google broșura de instrucțiuni în portugheză a testului, m-am întins în pat, încercând toată noaptea să procesez informațiile pe care doar ce le primisem. Însărcinată. Am continuat să le parcurg în mintea mea, din nou și din nou. De fapt, eram „însărcinată", exact așa trebuie să se fi simțit Maria, după ce Îngerul Gabriel i-a dat vestea cea bună. M-am întrebat, de asemenea, dacă Iosif cumpărase și el, în mod nechibzuit, o sticlă de șampanie, consumând-o pe toată, înainte de a leșina și de a sforăi în timp ce ea bea un Fanta Lemon. Eram însărcinată în doar patru săptămâni – după calculele doctorului Google – bebelușul nostru era doar de mărimea unei semințe de mac, dar, printr-o incredibilă reușită a ingineriei biologice, avea deja toate cele necesare pentru a se dezvolta într-o ființă umană reală... A fost absolut uluitor și ciudat – foarte ciudat. Ce căuta acolo? Care erau motivele lui? Mâncasem creveți la prânz, urmați de un pahar de vin de Porto – îi priise? Chiar dacă această sămânță era, în teorie, o colecție minusculă de celule, fascinația mea față de ea începuse cu adevărat. Ce îi va rezerva viitorul și cum rămâne cu numele? Indiferent de ceea ce s-a întâmplat după aceea cu sarcina, o reacție în lanț se declanșase, modificând complet cursul viitorului meu şi istoricul căutărilor mele pe internet. Poate că încă mai trebuia să dezvolte o inimă dar, precum un domn Grinch însărcinat, a mea crescuse deja de trei ori. Eram cu toţii implicaţi. La momentul respectiv, actul de a face un copil părea ceva DUR, dar, privind retrospectiv, am fost atât de norocoasă cu sarcinile mele, mai ales cu cea a lui Jack, pentru că nu a durat atât de mult, pe cât ar fi putut să dureze. Sora lui, fiind o fată tipică, a fost mai complicată şi a intrat în scenă după ceea ce a părut a fi o viaţă întreagă de încercări constante, kituri de ovulaţie şi lacrimi. Cu fiecare lună care trecea, rămâneam cu un sentiment oribil de nelinişte... Dacă Jack fusese o întâmplare? Dacă îmi folosisem toate ovulele bune? De ce a fost atât de greu să concepem a doua oară, când am făcut totul la fel ca la prima sarcină? A fost o călătorie întunecată şi plină de încercări, o călătorie în care eu, când aveam 18 ani, nu credeam că mă voi aventura vreodată dar, în cele din urmă, eforturile noastre au fost răsplătite şi voi aprecia întotdeauna norocul că am avut acest final fericit. Este uimitor modul în care călătoria fertilităţii diferă de la femeie la femeie şi cum, mai mult sau mai puţin, toate suntem făcute aproximativ la fel, deşi experienţele noastre variază atât de mult. Eu am fost cu siguranţă vinovată de faptul că mi-am luat ovulele ca atare, presupunând că sistemul meu reproducător va fi pregătit şi aşteptând, după ani de zile în care a fost reprimat de hormoni, minutul în care voi decide să dau drumul pe lume urmaşilor. Unele femei sunt suficient de norocoase încât rămân gravide imediat; pentru altele, este nevoie de luni, chiar ani; unele sunt disperate să conceapă şi se confruntă cu cicluri după cicluri de fertilizare in vitro – suferinţă după suferinţă. Mai sunt şi cei care nu vor putea niciodată să aibă un copil al lor, în timp ce multe femei, indiferent de barierele contraceptive existente, descoperă că viața pare să găsească o cale, indiferent de situație. Planificare, așteptare, dezamăgire, certuri, suferință și căutarea unor modalități de a schimba echilibrul pH-ului vaginal – dorința de a-ți pune toată dragostea într-o altă ființă umană este pe cât de mare, pe atât de cuprinzătoare. Da, poate că maternitatea nu este o caracteristică definitorie a feminității sau chiar a maturității, dar pentru cele care se regăsesc adânc scufundate în ea este o carte pe care, odată începută, nu o poți lăsa niciodată cu adevărat din mână. „Jocul gemeților", întregul proces de a face copii poate fi dificil și total neplăcut; dar, știi ce? Este absolut în regulă să recunoști asta! Este în regulă să spui că ți-a displăcut încercarea de a face un copil. Nu vei merge în iad pentru asta... De fapt, viitorii tăi copii, când vor înțelege cum funcționează lumea, păsările și albinele, îți vor mulțumi că nu te-ai distrat deloc, când a fost vorba de crearea vieții lor de adolescenți agitați. Bravo, prietene, că ai excelat deja în primele etape ale vieții de părinte!

5

De la sex la sarcină

*Însărcinată, gravidă, borțoasă, grea, gazdă pentru...
Oricum ai vrea să o descrii, viața ta s-a schimbat ÎN ÎNTRE-
GIME. Odată cu un rezultat pozitiv al testului, vin foarte
multe sentimente amestecate, ceva ca un fel de FIEF al
sarcinii: Fericire, Isterie, Ezitare și Foame. A fost momentul
extrem de așteptat pe care l-am dorit aproape toată viața
mea de adult – un motiv perfect pentru a mânca o întrea-
gă cutie de înghețată Ben&Jerry's la ora 2 dimineața.*

*Este un moment atât de frumos și de special.
Bucuria pe care o ai când ceri ca partenerul să-ți
aducă în mod frecvent carbohidrați este de neegalat: BE-
BELUȘUL ARE NEVOIE! Totuși, poate fi umbrită de unele
preocupări postconcepție destul de serioase.
A existat un angajament major față de ceva ce nu ești
pe deplin sigură că îți va plăcea, similar cu o vizită
la coafor și solicitarea unei freze noi. Ești îngrijorată de
ceea ce vor crede oamenii, ai o stare de rău de la stomac
și va dura luni de zile ca fătul să crească. Da, oricât de
incitantă ar fi perspectiva întâlnirii cu superbul tău ga-*

meț, călătoria în sarcină este lungă, obositoare și adesea
pavată cu elemente de igienă intimă.

Bine ai venit în Lumea Panicii! Ce se întâmplă dacă intervine un avort spontan, o problemă cu copilul sau cu mine? Ce se întâmplă dacă mor sau, așa cum mă temeam inițial, dacă port în pântece un antihrist ucigaș care va ieși din uter și apoi va devora lumea? Acel băț cu urină schimbă totul (sperăm că în bine, lăsând la o parte apocalipsa).

După ce ai stabilit care este data nașterii și cât de departe ești de termen, este timpul să descoperi ce bucurii îți rezervă primul trimestru. Poți să faci ca mine, după primul rezultat pozitiv, adică o programare la medic. Altcineva poate crede că este extrem de ciudat că profesioniștii din domeniul medical te cred pe cuvânt – nimeni nu verifică și nici nu cere dovezi ale sarcinii până când fătul nu are în jur de 12 săptămâni. Foarte încrezători – vreau să spun, ai putea fi nebuna nebunelor și să te prezinți la ecografie cu o pisică băgată în pulover. În afară de testul care susținea că sunt gravidă (dar dacă era un fals pozitiv?!), unul dintre primele mele simptome de sarcină a fost roșeața areolelor mamare, care se pare că au fost înlocuite cu niște „pișcoturi" de burger ca cele „proaspăt luate de pe grătar". Pentru o mulțime de doamne, bilele de foc ale sânilor mari sunt unul dintre primele indicii ale sarcinii. Urcarea și coborârea scărilor, sânii proaspăt umflați, purtarea sutienului, nepurtarea sutienului, dormitul pe față, dormitul pe o parte, dormitul pe spate... Ai înțeles esențialul. Săracul meu soț – a fost cel mai aproape de a vedea (în viața reală) sânii de star porno, dar, dacă ar fi îndrăznit să pună un deget pe ei, i-aș fi tăiat mâinile, le-aş fi îngheţat, apoi le-aş fi folosit drept comprese pentru sutienul meu. Sâni complet interzişi distracţiei, ca nişte sâni de călugăriţă. O altă mare lovitură pentru mine a fost greaţa „de dimineaţă" care, apropo, are nevoie de un rebranding în greaţa „oricât al naibii de mult are ea chef". Groaznic, iar cu Jack a început la 13 săptămâni – şi a durat neîncetat până la 27 de săptămâni. Efectiv, a fost o mahmureală persistentă, dar fără niciunul dintre elementele de distracţie de a ieşi în oraş, de a te îmbăta, de a te lupta cu uşa de la intrare şi apoi de a adormi pe podea, cu câinele în braţe. În cazul lui Evelyn, m-a lovit cam în acelaşi timp cu faptul că mi-am dat seama că mi-a întârziat menstruaţia – saliva excesivă nu numai că a fost un indiciu, dar a provocat şi vechea dezbatere „scuipi sau înghiţi". La scurt timp după ce a început să curgă saliva, conţinutul stomacului meu s-a revoltat în mod necontrolat; iar asta a ţinut luni de zile. Într-un minut eram bine, iar în următorul, vomitam pe mine, în timp ce mergeam cu 110 km/h pe M62. Mi-am petrecut săptămâni întregi cu capul în toalete, tufişuri, canale, găleţi sau în puţuri de foraj. Într-un moment deosebit de îngrozitor, a fost atât de rău, încât nu am putut să mă duc singură la serviciu, ceea ce l-a determinat pe Steve să mă ducă, în mod foarte cavaleresc, cu maşina lui. Oricât de frumos ar fi fost acel gest, niciunul dintre noi nu s-a gândit să mute toate recipientele pentru bolnavi din maşina mea în a lui, aşa că, după zece minute de călătorie, când a apărut nevoia de a-mi vărsa maţele, nu existau opţiuni impermeabile. Căutând cu disperare ceva mai lat decât cizmele pe care le purtam, până la gleznă, singurul lucru la vedere a fost cutia de Rice Krispies pe care o luasem cu mine, pentru a servi drept hrană pentru toată ziua. Acum, pare logic că ar fi trebuit să golesc cerealele din punga interioară în cutie, apoi să vomit în plasticul impermeabil. Ceea ce am decis, de fapt, în panica momentului, a fost să scot punga de plastic și să vomit în cutia de carton extrem de permeabilă. Cum nu am spus nimănui de la serviciu despre faptul că eram însărcinată, nu puteam să intru în birou fluturând cutia mea îmbibată de vomă, așa că am lăsat-o în mâinile pricepute ale lui Steve pentru a scăpa de ea. Nu bănuiam că va uita să facă acest lucru și că va rămâne exact unde o lăsasem. Destul de amuzant, când m-a luat de la serviciu, mai târziu, în acea zi, aroma de vomă veche de nouă ore nu mi-a ajutat constituția slabă. Așa se face că răzbunarea este un fel de mâncare ce se servește cel mai bine la 37,6°C, deoarece, încă o dată, mașina lui sport neagră s-a transformat în Batmobile. Foarte probabil una dintre cele mai proaste experiențe din cariera mea de gravidă. Totuși, această situație ar fi putut să fie evitată, dacă aș fi avut la îndemână o bomboană vegană cu ghimbir... Apropo, cel mai puțin util sfat pentru grețuri matinale. Nu am tras niciodată pe nas cocaină, dar îmi imaginez că arsura este similară cu aceea de a avea carbohidrați picanți, parțial digerați blocați în nări. Oricine oferă un chips în timpul unei astfel de perioade digestive extrem de dificile merită toată furia hormonală, care este pe cale de a fi vărsată. Există un motiv pentru care femeile internate în spital cu hiperemeză gravidică severă nu sunt conectate la o linie intravenoasă de biscuiți McVitie's... adaugă doar un element festiv, de vin cu aromă de fructe, bolnavului. Odată cu primul trimestru, apare și o relație de dragoste-ură cu mâncarea. Este o senzație de boală sau o senzație de foame? Poate deveni cel mai mare duşman al tău, dacă nimic nu stă în stomac, sau cel mai bun prieten, dacă te lupţi cu foamea eternă. Poftele mele au fost complet diferite în fiecare sarcină; cu Jack, dacă era un chips, mă apucam de el ca un câine de cartofi prăjiţi. În timp ce o purtam pe Evelyn, grepfruturile, ardeii roşii şi tot ce era acrişor îmi plăceau la nebunie, împreună cu – total întâmplător – castraveţi mari şi suculenţi... Din păcate pentru soţul meu, al lui nu era inclus. Am descoperit că a fi însărcinată este foarte asemănător cu a fi un supererou: aceleaşi haine elastice şi darul unor puteri reale, cum ar fi capacitatea de a creşte oameni, de a te dubla în mărime şi de a detecta o pungă de chipsuri de la 80 de kilometri distanţă. Lucrând mai mult decât un câine care detectează droguri într-un aeroport australian, nasul de gravidă accentuează totul – oare, lumea a mirosit întotdeauna atât de... groaznic? Pentru cineva care doreşte să ştie ce să cumpere de Crăciun unei persoane însărcinate, un tricou cu „Ce este acest miros ciudat?" ar trebui să fie o idee foarte bună. Combină toate cele de mai sus cu sentimentul de copleşire totală şi cu un val de progesteron şi estrogen şi este uşor de înţeles că femeile însărcinate pot fi ocazional un pic mai nervoase – mai ales atunci când sunt chestionate, cu privire la validitatea sentimentelor lor...

"NU-MI MAI SPUNEŢI CĂ E DIN CAUZA HORMONILOR MEI NENOROCIŢI!" De la narcisist la narcoleptic, totul pare un efort mult mai mare, atunci când corpul tău înmulţeşte celulele mai repede decât o foaie de calcul Excel. Cu greu îţi poţi ţine ochii deschişi; în oraş, la prânz, în parc cu prietenii sau într-o seară de ieşit în oraş – beţia este înlocuită cu somnolenţa. Acum mi se pare un moment bun pentru a observa diferența dintre prima sarcină și cea de-a doua... Pentru că prima dată, dacă mă simțeam obosită și voiam să mă întind și să mă odihnesc, o făceam pur și simplu. Asta a fost tot, sfârșitul poveștii. Un mic somn minunat pentru o mamă. La a doua sarcină, în momentul în care capul meu atingea perna, eram readusă la realitate de un copil într-un scutec plin de rahat care, dacă ar fi putut vorbi coerent, ar fi spus: „O să dormi când o să fii moartă, femeie!"

Când ești deja mamă, nu ai timp să stai degeaba, să te bucuri de glorie și să fii mângâiată și hrănită ca un labrador însărcinat. Există muncă de făcut – mormane de rufe, cumpărături nesfârșite de alimente, dusul și luatul de la grădiniță, vomă tactică în tufișuri – toate acestea în timp ce un copil mic atârnă de șoldul tău și îți mănâncă părul. De asemenea, nimănui nu-i pasă atât de mult... Zilele de glorie ale faptului de a fi „specială" au dispărut cu adevărat. Mai ții minte când oamenii îți țineau ușa la magazin, îți ridicau toate obiectele grele și era absolut acceptabil să fii o scorpie totală cu oricine în prezența ta? „Adu-mi un Snickers nenorocit. ACUM! Noroc, bunico!" Al doilea copil, gen „Grease 2" din lumea continuărilor! Pe tine nu te vrea nimeni. Ai făcut-o deja o dată, la ce te mai aștepți? Un premiu „Pride of Britain" în formă de placentă? Ești răvășită de oboseală și nici nu primești complimente de sarcină, așa cum ai primit prima dată. „Oh, Susan este strălucitoare!" Oh, la naiba, asta e... Pentru că Susan a dormit 12 ore și a avut parte de un masaj în timpul maternității. Între timp, noi, bieții profesioniști experimentați, ne târâm de parcă am fi Ozzy Ozbourne, lipsiți de somn, plini de Vicks VapoRub[35] şi de sudoare, după ce am luptat cu mici fiinţe umane în scaunele de maşină.

"Săptămâni" este un cuvânt cu care ajungi să trăieşti în toată această perioadă şi chiar şi ceva timp, după ce copilul tău vine pe lume – până când un prieten vine cu o explicaţie foarte necesară. "Dragă, nu are 418 săptămâni, are opt ani." Las-o baltă! Săptămânile, vezi tu, echivalează cu reperele şi, de asemenea, foarte aleatoriu, cu produsele proaspete pe care embrionul în creştere este menit să le echivaleze. Instagram este plin de oameni fericiţi, dar cu un aer delirant, care ţin cu dragoste fructe de mango în braţe. Dar, indiferent câţi copii ai, marcajul de 12 săptămâni este un moment deosebit de important în călătoria ta, deoarece pentru mulţi oameni este prima ocazie de a vedea cu ochii lor acea mult căutată "dovadă de viaţă". Un băţ acoperit de urină poate spune "pozitiv", iar acele umflături pot face găuri în sutienul tău mult prea strâmt, în cazul în care nu eşti cu adevărat convinsă că organismul tău spune adevărul. Cu amândoi ai mei, am fost absolut convinsă că erau sarcini-fantomă, asemănătoare cu cele pe care le au câinii. Eram sigură că peste o săptămână aş fi purtat păpuşi în gură şi aş fi ros ziare pe sub masă.

Pentru mine, ecografia a fost prima şansă ca cineva să-mi confirme că nu sufeream de un fel de iluzie canină. Pe lângă entuziasmul de a-ţi vedea copilul pentru prima dată, eşti şi speriată… Oare, vei reuşi să treci de consultaţie fără să scuipi "câţiva" litri de lichid peste un medic nesuferit? Să beau doi litri de apă, înainte de ecografie? Oare, se amuză? Într-o zi bună, cele mai multe femei în-

---

35 Unguent mentolat pentru copii, folosit în caz de răceală, tuse, nas înfundat.

sărcinate pot, în cel mai fericit caz, să consume o cantitate infimă de lichid înainte de a nu mai putea sta în picioare și de a avea transpirații – asta înainte ca cineva să te lovească în burtă cu un aparat cu ultrasunete. Cu Jack, îmi amintesc că stăteam întinsă în camera întunecată, chircindu-mă și așteptând cu respirația tăiată, în timp ce organele mele interne erau presate mai tare decât Bill Clinton, în timpul scandalului sexual din urmă cu mulți ani. În cele din urmă, după ceea ce mi s-a părut a fi o viață întreagă, în mijlocul abisului negru și șuierător de pe ecran, l-am văzut... o imagine granulată alb-negru a fasolei noastre nenăscute: săltând pe pereții uterului meu, făcându-ne cu ochiul (un semn a ceea ce avea să vină) și cu o bătaie puternică a inimii care pulsa de viață. Era real. Lacrimile au alunecat pe fețele noastre – la Steve, de emoție pură, la mine, că trebuia să merg la toaletă.

Odată ce ecografia s-a terminat și, sperăm, vestea este fericită și liniștitoare, poți să îți iei fotografiile cu bulina granulată și să plângi în mașină timp de o jumătate de oră. Se întâmplă, chiar se întâmplă! Va trebui să crești un om și apoi să-l scoți cumva prin vaginul tău ca și cum ar fi o pisică înțepenită în copac. Mulți oameni aleg să le spună prietenilor și familiei despre sarcină după 12 săptămâni, după acea fluturare reconfortantă și cu adevărat miraculoasă a vieții și după ce, statistic, amenințarea de avort spontan este mai mică. Nefiind în stare să ținem secrete – sau urină, în cazul meu – Steve și cu mine le-am spus alor noștri cam pe la șase săptămâni. Apropo, ce discuție ciudată este asta... Să recunoști în fața tatălui tău că ai avut un pic de... Ei bine... „Ce mai face tatăl tău?" (că tot a venit vorba, cea mai ciudată întrebare). Având în vedere că amândoi aveam 27 de ani, ambele seturi de părinți probabil că știau că exista o posibilitate ca noi să încercăm câte ceva, dar era totuși un scenariu destul de inconfortabil pentru toți cei implicați pentru a-și confirma suspiciunile. Reacția tatălui meu la prima mea sarcină a fost neprețuită. I-a strâns mâna lui Steve și a spus „Bravo", de parcă tocmai anunțase că a trecut examenul pentru permisul de conducere, luând și plăcuțele de înmatriculare. A plâns puțin, cam cinci minute după aceea, fie din cauza emoției, fie din cauză că și-a dat seama unde fusese de fapt mâna ginerelui său. Cea mai mare supărare a mea când le dai oamenilor vestea cea mare este atunci când partenerul anunță: „Suntem însărcinați!" Stai puțin, omule, chiar SUNTEM? Ai un orgasm și o noapte mișto, apoi, iubire, întoarce-te la mine când totul se termină!

De asemenea, reacțiile oamenilor la marile noastre vești mi s-au părut ciudate. Unii au fost încântați, alții nu au fost nici pe departe impresionați, iar apoi au fost cei care abia așteptau să mă îngrozească. De aceștia din urmă trebuie să te ferești, pentru că te vor trimite în modul de panică prenatală la scară largă cu discuții despre: a. cât de groaznic este să fii însărcinată; b. cât de oribili sunt copiii și c. cum un copil gigantic, acoperit de fluide corporale, își va face loc prin tine ca un taur printr-o mulțime panicată.

Odată cu al doilea trimestru, vine și un răgaz de la unele dintre cele mai debilitante efecte secundare ale sarcinii. Ura! Boala începe să cedeze, nivelul de energie începe să crească, iar sentimentele vechiului tău sine pot să reapară… dar în haine mai nasoale. Foarte enervant, mai ales cu primul copil, este faptul că e nevoie de destul de mult timp pentru ca abdomenul tău să „crească", ceea ce duce la o situație extrem de dificilă: „Te-ai îngrășat sau ești însărcinată?" Ceea ce înseamnă, de asemenea, că nu ești suficient de mare pentru haine de maternitate adecvate, dar în același timp ești prea mare pentru hainele tale normale – ceea ce te obligă să porți colanți și un pulover, indiferent de anotimp. Când, în sfârșit, vei fi suficient de mare pentru a intra în hainele oficiale de maternitate, mai sunt doar câteva luni și mai are rost să investești în blugi elastici? Știm cu toții că odată ce copilul a ieșit, corpul tău, complet neîmbrăcat, revine imediat la forma sa veche, nu-i așa?! Deci ce rost mai are? De asemenea, în al doilea trimestru m-am simțit... total nesusținută... pentru că sutienele de maternitate sunt al naibii de incomode. Un mare retailer de pe stradă m-a făcut să plâng în timpul unei probe, deoarece doamna care mă atingea cu un centimetru a descoperit că purtam un sutien cu sârmă. Serios, mafia m-ar fi lăsat să scap mai ușor decât doamna de la Marjory (care avea în jur de 60 de ani și o diplomă în „creșterea propriilor copii, obținută în urmă cu 40 de ani") – care nu a pierdut timpul și mi-a ținut o prelegere despre un fel de putregai al sânilor din secolul al XVII-lea, despre vrăjitorie și despre o întreagă gamă de probleme, legate de fluxul de lapte și de canalele blocate. Aparent, singurele mele opțiuni erau niște sutiene de maternitate hidoase și deloc sexy, care arătau de parcă ar fi aparținut unui muzeu plin de pânze de păianjen al hainelor de castitate. Partea cea mai bună a acestor suporturi de bolovani supradimensionați și plini de pasiune era că se transformau și în sutiene de alăptare, cu bucățele care se desprindeau pentru a dezvălui un sfârc senzual și extrem de congestio-

Sophie McCartney

nat. Steve a fost foarte entuziasmat când le-a văzut pentru prima dată, credea că am fost la Agent Provocateur[36] și că i-am pregătit niște numere perverse de genul jocului copilăresc „cucu"... până când a venit timpul să le probez; atunci a devenit evident că erau mai mult de genul celor care provoacă dezgust. Nu doar sânii și burta se extind pe parcursul acestui trimestru – dar și picioarele tale decid să se implice în acțiune, adoptând capacitatea de stocare a apei, asemenea cămilei. Genunchii mei au fost complet eradicați de această măsură extremă de stocare, îmbinându-se perfect cu regiunea inferioară a pulpelor, creând glezne incredibil de atractive. În mod alarmant, mi-am petrecut multe seri cu picioarele înțepenite și așteptând să văd cât timp durează ca ele să-și revină și, dacă picioarele păpușilor nu erau suficient de sexy, ale mele au decis să se lase și ele complet în voia sorții, întinzându-se ca margarina pe pâinea prăjită, astfel încât singurele încălțări în care puteau intra copitele mele plate și grase erau o pereche de cizme Ugg, de la începutul anilor '50 sau niște șlapi. Bietul meu libidou a primit și el o palmă, și nu în sensul sadomaso, singurele țipete din dormitor fiind cauzate de niște crampe foarte obraznice la picioare.

Pe lângă unele elemente mai puțin plăcute ale acestui stadiu al sarcinii, se întâmplă și unele lucruri destul de uimitoare, cum ar fi faptul că poți auzi bătăile inimii bebelușului, în cadrul întâlnirilor programate. Un cal în galop sau un tren scăpat de sub control? Ar putea fi acesta un indicator al sexului copilului? Steve și cu mine am hotărât că nu vrem să știm sexul niciunuia dintre copii

---

36 Brand britanic de lenjerie intimă de lux.

– dar asta nu m-a împiedicat să caut obsesiv pe Google interpretările bătăilor inimii, loviturile în burtă și diagrame chinezești de predicție. Bineînțeles, există o modalitate precisă din punct de vedere științific – ecografia la 20 de săptămâni, o altă piatră de hotar în care poți afla, într-ade-văr, esența creației tale, cunoscută și sub numele de iden-tificarea anomaliilor cromozomiale. Aceasta mi-a provo-cat mai multă îngrijorare decât cea de la 12 săptămâni; este un adevărat carusel de emoții – entuziasmul de a avea încă o șansă de a-ți vedea copilul, dar și perspectiva înfricoșătoare de a descoperi o problemă. La una din eco-grafiile lui Evelyn, nu reușisem să găsim o dădacă pentru Jack, așa că având deja nivelul de anxietate de dinaintea ecografiei la cote maxime am decis să mărim miza, luând cu noi un copil hiperactiv și foarte vocal. Situația a fost cu atât mai stresantă, cu cât își umpluse scutecul cu plăcinta cu pește din noaptea precedentă și, bineînțeles, uitasem să luăm schimburi, pentru că eram părinți de peste 24 de luni și încă eram la fel de dezorganizați ca la început. În timp ce Steve a ghicit în mod incorect că era băiat, după ce a văzut ceea ce el susținea cu mândrie a fi un penis (cu-noscut și sub numele de cordon ombilical), eu încercam să împiedic un copil mic să-și bage degetele în priză și îmi ceream scuze în mod repetat pentru miros.

La un moment dat, între 16 și 24 de săptămâni, se va produce senzația inconfundabilă, cea care îți va întoarce stomacul pe dos, de a simți pentru prima dată cum copi-lul tău lovește cu piciorul… Sau este vorba de un vânt? De câte ori nu l-am pus pe Steve să stea cu capul pe burta mea, așteptând să simtă micuța undă de viață dinăuntru, doar pentru a descoperi că era spiritul curryului din seara precedentă care îşi făcea simţită prezenţa... Mai sunt doar câteva săptămâni, dar acele mici mişcări se transformă brusc în copite foarte clare şi foarte reale în stomac, în cutia toracică şi în vezica urinară. Frumos, magic... şi iar îmi vine să vomit! Acela a fost momentul în care sarcinile au părut în sfârşit reale. Exista o persoană vie în interiorul meu, pe care puteam să o simt, cu care puteam să vorbesc, de care puteam să mă îndrăgostesc şi pe care puteam să dau vina pentru mirosurile dubioase. Chiar minunat!

Odată uşurată în călătoria sarcinii, atenţia poate fi îndreptată spre ceea ce ar putea fi necesar să ştii, înainte de sosirea persoanei responsabile de acele izuri. Este de-a dreptul hilar cât de nepregătiţi am fost – ceva ce a devenit mai evident după ce fetele de la serviciu mi-au organizat o petrecere pentru bebeluş şi am avut o cădere nervoasă completă, la vederea unei perechi de mănuşi antizgârie-re. De ce ar încerca copilul meu să mă zgârie ca o pisică furioasă? E normal? Acest lucru, combinat cu faptul că am crezut că meconiul (primul scaun al nou-născutului) este un tip de metal, m-a făcut să realizez că o educaţie mai temeinică, în materie de parenting, în afară de internet, nu ar fi o idee rea.

Participarea la cursurile NCT (Narky Childbirthers Together[37]) mi-a deschis ochii şi mi-a închis picioarele – deşi, probabil, era prea târziu pentru asta. După 20 de minute de vizionare a unui videoclip despre travaliu, care arăta de parcă ar fi trebuit să fie depozitat într-un dosar de probe al poliţiei, singurul lucru pentru care eram pregătită să

---

37   Împreună la naşteri irascibile.

iasă vreodată din mine erau lacrimile fierbinți de isterie. „Nu pot, Steve, pur și simplu, nu pot!" Grupul meu era format dintr-o colecție interesantă de suflete – cele la modă, cele mai în vârstă, cele mai tinere și, desigur, cele care se dădeau atotștiutoare, strângându-și îngâmfate exemplarele din cartea *What to Expect When You're Expecting (La ce să te aștepți când ești însărcinată)*. În regulă, cap pătrat, se poate spune că toți am făcut educație sexuală la domiciliu! Stând într-un semicerc, cu etichete de nume care se desprindeau de pe noi, cu fețe posomorâte și ronțăind biscuiți, părea că am fi fost la un grup de sprijin pentru cei cu condamnări, care au condus sub influența alcoolului. Liderul nostru neînfricat a fost o doamnă minunată, pe nume Jane, care a venit cu obiective, cu recuzită și cu... o placentă tricotată. Partea mea preferată a experienței a fost jocul de rol în care doamnele noastre se deschideau asemenea unor flori rafinate, gata să nască acei copii frumoși pe care lumea îi aștepta. În acel moment, nu o mai văzusem pe a mea de ceva vreme, dar eram destul de sigură că nu mai semăna cu o mușcată tânără, ci își schimbase culoarea, îi crescuseră dinți și amintea mult mai mult de o capcană pentru penis. După 15 minute, în care am dat una către cealaltă sticle cu lichid amniotic și după alte 30 de minute petrecute în toalete spălându-ne mâinile, a urmat un program agitat de îmbrăcat păpuși și dislocat umeri, de identificat rahatul bebelușului, de tradus limbajul antic al plânsului și o sesiune drăguță în care am scris toate lucrurile frumoase pe care partenerii noștri le-ar putea face pentru noi după ce am născut. În fruntea listei mele – vasectomia.

Odată ce te-ai lămurit cum vor ieși, al doilea trimestru

Sophie McCartney

reprezintă, de asemenea, momentul în care s-ar putea să te gândești cum îi vei numi – în afară de „cucui" sau „fasole". În această perioadă au loc dezacorduri masive cu cei apropiați, pe măsură ce se intensifică negocierile cu privire la „poreclă". Orice nume de foști iubiți este complet exclus, la fel ca numele indivizilor cu care ai fost în liceu și pe care îi credeai niște cretini. Copiii obraznici ai prietenilor sau ai vecinilor sunt de asemenea excluși, la fel ca numele dubioase ale membrilor de familie înscriși în recensământul din 1801. La un moment dat, Steve și cu mine am avut o discuție aprinsă pe tema numelui Paula – nu aveam nimic personal împotriva lui, în afară de faptul că nu mai trăiam în anii '80, iar Paula Abdul[38] nu mai era atât de cunoscută. Sincer, aveam impresia că facem doi pași înainte și unul înapoi.

De asemenea, trebuia să ne gândim la toate lucrurile de cumpărat și la modul în care bebelușul va fi transportat. Cei mici au nevoie de atât de multe lucruri – pătuțuri, leagăne, schimburi, scutece, pulovere cu un milion de lungimi diferite ale mânecilor, scaune mici (pentru a putea să vomite peste tot), cârpe pentru a-i șterge, sterilizatoare de biberoane și așa mai departe... Copilul încă nu a sosit, dar necesarul său este mai pretențios decât al lui Mariah Carey. Începând cu elementele de bază, ne-am gândit că achiziționarea unui cărucior ar fi un prim obstacol destul de ușor de depășit. Oh, cât de mult ne-am înșelat! În primul rând, nu sunt cărucioare. Nu, sunt „sisteme de călătorie". Nu contează că vrei ceva ușor de manevrat – aparent, ai nevoie de un mijloc de transport

---

38 Cântăreață, dansatoare, coregrafă și actriță americană, născută în 1962.

incredibil de high-tech, care arată ca într-un film din seria „Transformers", iar dacă ne luăm după prețul lor, mai mult ca sigur, ca un Decepticon[39]. Unele dintre ele erau mai scumpe decât mașina mea. ISOFIX? Nici măcar nu știam ce înseamnă, dar speram din tot sufletul că va repara gaura cavernoasă și hemoragică din contul meu bancar. Până nu de mult, singurele dăți când auzisem cuvintele „cu fața la spate" fuseseră în legătură cu pozițiile sexuale. Conform internetului, acesta este, de fapt, cel mai sigur mod de a călători în mașină și siguranța în care copiii mei vor călători până la împlinirea vârstei de 18 ani – într-un scaun înălțător cu spătar și ham în cinci puncte. Ar fi interesant să meargă așa la primele întâlniri – cu siguranță, nu ar face sex, dar, pe de altă parte, dacă ar avea un accident, coloana vertebrală le-ar fi în siguranță. Dar nu este vorba doar de cărucior și de scaunul de mașină! Trebuie să te gândești și la huse pentru picioare, saci de dormit, umbrele de soare și suporturi pentru pahare. Un sfat: alege un cărucior/un obiect cu roți care să poată să fie strâns fără a fi nevoie de o diplomă în inginerie mecanică – nu există ceva mai rău decât laptele matern care îți curge pe picioare în parcarea Tesco, în timp ce arunci înecată în transpirație o grămadă de metal de 2.000 de lire sterline în portbagaj. Există atât de multe opțiuni... Pentru mulți, este de-a dreptul copleșitor! Principalul meu criteriu a fost să se potrivească cu tapițeria, dar pentru Steve a fost la fel ca alegerea unei mașini noi. Dar benzile de rulare ale anvelopelor? Are frâne ABS? Și cum se comportă pe un drum umed? Să-i privești pe noii tătici în parc, lăudându-se cu mândrie cu abilitățile de off-road ale noilor lor

---

39 Adversarii din seria „Transformers".

achiziții, cu tot cu detalii din piele și aliaje strălucitoare, este ca și cum ai urmări un episod din „Pop Gear"[40]. În calitate de proaspăt părinte, te lași păcălit să cumperi o grămadă de articole inutile. „Nu, nu știu ce face chestia asta, Steve, dar în revista pentru copii am citit că avem nevoie de ea, așa că o cumpărăm!" Desigur, am fost visul oricărui comerciant – un aparat de pregătit lapte praf Perfect Prep Tommee Tippee care costa mai mult decât o mașină de espresso, în ciuda planurilor de a alăpta; o pernă asemănătoare unei anaconde pe care să-mi așez copilul atunci când îl alăptez; camere de supraveghere peste tot, astfel încât, atunci când cei mici plâng noaptea, să fie auziți în boxe și volumul să fie dat la mic; pompe de sân... În mod hilar, când vine vorba de al doilea copil, nu te obosești să scoți din pod toate vestele sacre pătate de rahat ale primului copil decât cu o săptămână înainte de naștere. O saltea nouă? Categoric nu – vor fi bine pe patul câinelui.

Al treilea trimestru este momentul în care lucrurile încep să se încălzească. La propriu – sâni, părți transpirate și tot. De ce este totul atât de fierbinte, în afară de aspectul tău fizic? M-am săturat, noutatea a trecut și nimeni nu mi-a spus că buzele mele vaginale se vor umfla, ca și cum ar fi fost injectate înainte de „Insula Iubirii". Nu greșesc dacă spun că la ambele sarcini, de la 27 săptămâni încolo, nu am avut cele mai bune momente. Comentariile verbale au dispărut și au fost înlocuite cu tresăriri vizibile, în timp ce corpul meu intra în metamorfoza finală. A doua oară a fost deosebit de rău, deoarece mușchii abdomenului

---

40 Analogie cu „Top Gear": emisiune auto a BBC.

meu, deja întinși, care obișnuiau să se îndrepte toți într-o singură direcție, au decis să meargă pe drumuri separate. Fără ca nimic să rețină copilul sau greutatea pe care o luasem mâncând 200 de... 200 de kilograme, toată circumferința burții mele a fost lăsată să se extindă complet nerestricționată. Vorbesc de atracția gravitațională a lui Jupiter, dar în loc de sateliți și praf spațial atrăgeam femei în vârstă în magazinele Marks&Spencer, care mă întrebau dacă gemenii mei urmau să se nască în curând. „Nu, draga mea, singurul meu copil trebuie să se nască în zece săptămâni. Nu mai încerca să-mi atingi burta. Acum, te rog frumos să te duci naibii!"

De asemenea, am avut de înfruntat și o serie întreagă de alte delicii ale sarcinii târzii, printre care mâncărimile. Oh, Doamne, mâncărimile! Sâni, burtă și unele locuri mai puțin acceptabile din punct de vedere social pentru a te scărpina în public... Așa este, deoarece natura nu se amuzase suficient de întinderea mea, a fost adăugată și o aftă. Plus nevoia de a face pipi la aproximativ fiecare 14 minute, spasme în zona spatelui și un pelvis care se despărțea încet și care mă făcea să umblu ca și cum aș fi avut o infecție vaginală – mă simțeam cu adevărat binecuvântată. Aș putea, de exemplu, să dorm, indiferent de circumstanțe? Bineînțeles că nu, iar dacă o altă persoană mi-ar fi spus încă o dată că „este doar corpul tău care se pregătește pentru sosirea copilului", mi-aș fi pierdut complet mințile. E o minciună, căci eram și constipată. Un mod mult mai logic de abordare a maternității ar fi să le permitem femeilor însărcinate să doarmă cât mai mult posibil în perioada premergătoare iminentei nașteri, astfel încât, până la sosirea bebelușilor noștri, să fim odihnite şi să avem mai puţine şanse de a pune copilul jos şi de a nu şti unde anume l-am lăsat. Cu toate acestea, discuţiile despre perna pentru gravide au atins cote maxime... „Este atât de mare, Steve, abia aştept să... Da, asta este! E atât de confortabilă. Minunat, acum poţi să te duci naibii în camera de oaspeţi şi să mă laşi singură să mă răsfăţ cu această pernă de maternitate de un metru şi jumătate. Mulţumesc!"

Odată, cu acest trimestru vine, şi partea cea mai aşteptată a călătoriei tale de sarcină – momentul special până la care ai numărat zilele, iar când în sfârşit soseşte, abia dacă pare real. CONCEDIUL DE MATERNITATE! Este cel mai minunat sentiment din toate timpurile, să le faci cu mâna de „la revedere" tuturor fraierilor din biroul tău, care nu trebuie să treacă prin dureri îngrozitoare şi apoi să ţină pe cineva în viaţă şi în afara închisorii pentru următorii 18 ani. Cât de departe pot merge unii oameni, doar pentru a obţine un pic de timp liber de la serviciu! Poţi să stai întinsă şi să mănânci prăjituri, să faci cumpărături, să urmăreşti seriale pe Netflix, să ai o şedinţă de răsfăţ prenatal sau să mergi la prânz cu prietenele tale însărcinate. Cu excepţia în care ai deja copii. În acest caz, pe ordinea de zi se află următoarele opţiuni: să înfuleci brioşe pe jumătate mâncate, să faci cumpărături pentru rezerve nesfârşite de miniprăjituri cu orez, să te uiţi la aceleaşi episoade din „Hey Duggee"[41], să speli petele de urină de pe covor şi să mănânci doar în restaurante care servesc mâncarea, alături de creioane colorate.

În timpul ultimelor săptămâni de sarcină, semnele

---

41   Serial britanic educaţional de animaţie, destinat copiilor cu vârste între doi şi cinci ani.

de aranjare a „cuibului" pot începe să se materializeze. Neștiindu-mă exigentă în problema curățeniei, Steve a crezut că am fost înlocuită de niște extratereștri, atunci când a venit acasă și m-a găsit dând cu aspiratorul. Nu știa că, de fapt, micul corp din interiorul meu era cauza noilor nevroze legate de igienă. În același mod în care corpul tău începe să se pregătească mintal pentru un viitor fără somn, al treilea trimestru începe să te pregătească pentru un travaliu fără demnitate. Încercând să mă pregătesc pentru „bebeluș", dar neputând să văd sau să ajung la tufișul meu de gravidă, nu exista decât o singură opțiune și un singur bărbat pentru această sarcină. Așezat pe scaunul de toaletă, cu ochelari de protecție pe cap și fluturând un Gillette Mach3, în loc de o foarfecă de tuns gardul viu Black+Decker, bietul meu soț a trebuit să experimenteze ce i se poate întâmpla mai bun unui bărbat... o leziune prin efort repetitiv la încheietura mâinii. I-a luat aproape două ore să se descurce cu tunsul părului pubian, iar la un moment dat eram absolut convinsă că mi-a scos clitorisul.

Cu toate acestea, unul dintre cele mai rele lucruri care s-au întâmplat a fost masajul perineal. Dacă nu știi ce este, consideră-te una dintre cele mai norocoase persoane. O măsură preventivă pentru a reduce probabilitatea de a se rupe sau de a avea nevoie de o epiziotomie (adică incizie chirurgicală a regiunii vulvare) în timpul travaliului, presupune practic întinderea pielii dintre vagin și fund și NU era ceea ce soțul meu avea în minte când l-am întrebat dacă ar vrea să încerce această procedură. Acum, acest lucru poate fi făcut solo, dar dacă atingerea părului pubian este problematică e foarte puțin probabil ca băgatul unui deget în fund să se regăsească pe lista ta de trucuri de petrecere. Jane de la curs a făcut ca totul să pară atât de ușor, aproape romantic... O cameră întunecată, o lumânare parfumată, Enya, pe fundal... apoi „băgați" un deget înăuntru și masați, până când simțiți că arde, în formă de „U". Ar fi trebuit să-mi dau seama că va fi o călătorie grea pentru noi când i-am spus să aducă uleiul PERIneal și el a intrat cu o sticlă de sos Nando's Peri-Peri. Cu siguranță, nu era momentul pentru delicii să-ți lingi degetele. După cinci minute, singurele lucruri care s-au întins au fost limitele căsniciei noastre.

În timpul sarcinii, totul se rezumă la data scadenței – petreci fiecare minut numărând zilele până când vei spune în sfârșit „bun-venit" pachețelului tău de bucurie și „la revedere" capacității de a strănuta, fără a-ți încleșta în mod excesiv maxilarele. Problema cu datele de naștere este că acestea sunt, în mod enervant, incredibil de inexacte, doar 4% dintre copii născându-se în ziua în care ar trebui să vină pe lume. Potențial mai enervant decât acest lucru sunt oamenii care vor jubila, spunându-ți că bebeșușul nu vine niciodată la termen. Când a venit și a trecut data scadenței lui Jack, corpul meu se destrăma – avusesem partea mea echitabilă de capcane în timpul sarcinii și nu puteam suporta mai mult. Încercasem să-mi conving corpul să se angajeze în negocieri de reașezare a colului uterin, să mai scadă puțin din timp pentru bună purtare, dar nu a fost de acord. Deci, ce se întâmplă când copilul tău întârzie atât de mult, încât cineva trebuie să cheme executorii judecătorești? În mare parte, un bombardament de sfaturi nesolicitate de la cunoscuți și de la persoane complet străine, despre „cum să faci lucrurile să meargă în mod natural". Toți, așa s-ar părea, sunt experți în ceea ce privește modul în care să scoți copilul afară, deși evită să îți răspundă la întrebări. „Ce zici de o drumeție?" Era destul de greu pentru mine să mă ridic doar pentru a face pipi la fiecare cinci minute sau pentru a merge la frigider – arătam de parcă aș fi fost un figurant în „The Walking Dead"[42]. Așa că, nu, o plimbare de 16 kilometri frecându-mi picioarele unul de altul și având senzația că cineva introduce o minge de bowling în fundul meu – nu e o sugestie tocmai grozavă! De asemenea, oamenii par să-și piardă orice simț al limitelor în preajma femeilor gravide. În supermarketuri, se mai găsesc unii să-și dea cu părerea: „Ce zici de un pic de…" Apoi urmează un fluierat nepotrivit. Ce? Să chemi noaptea o pisică înăuntru? Nu. Sex. E un pic cam îndrăzneț, nu-i așa? Sunt, de asemenea, neîncrezătoare, cu privire la știința din spatele acestei variante, pentru că dacă aș fi un copil mic și fără apărare și aș vedea o viperă cu un singur ochi care mă lovește din singurul punct de ieșire, atunci aș sta și eu pe loc. Există multe probleme legate de această soluție pentru ambii participanți – principala fiind cea logistică. Dar, cu toate acestea, este una dintre acele povești vechi care – recunosc cu părere de rău – pare să aibă ceva adevăr. După câteva căutări pe Google pe această temă (nu apăsa NICIODATĂ „video"), am constatat că mulți oameni susțin că au avut parte de un mare succes. Uite cum stă treaba – s-ar putea paria pe faptul că singurul moment în care jumătatea ta își va pierde răbdarea va fi atunci când fătul va

---

42 Serial american care prezintă povestea ce are loc după o invazie de zombi și care urmărește un mic grup de supraviețuitori ce traversează zona metropolitană Atlanta, în căutarea unui cămin, departe de agresori.

avea 40 de săptămâni, tu vei fi acoperită de praf de Doritos și vei plânge că nu îți mai simți genunchii. Nu-mi păsa dacă Steve credea că „a face treaba" ar fi sfârșitul lumii – la aproape două săptămâni de întârziere, eram pregătită pentru atacul apocaliptic al penisului!

„Ce zici de un curry foarte fierbinte?" Un alt favorit. Ai mâncat vreodată ceva picant care să-ți lichefieze intestinele, cu 24 de ore înainte de a depune mult efort pentru a scoate ceva din corpul tău? Am petrecut zile întregi pe o minge elvețiană, lovind pământul, dar nu a ieșit mare lucru din mine. Oamenii au spus că ananasul, care este fructul meu preferat, într-o Pina Colada sau pe o pizza are efect... Dar se pare că partea lemnoasă din mijloc este cea care trebuie înghițită. Moașa mea, singura persoană cu adevărat calificată în materie, mi-a sugerat uleiuri pentru aromaterapie. Mi-a dat un preparat foarte puternic, numit „bomba", pentru a-l pune în baie... Părea că promite, dar nu a mers conform planului. Nu numai că nu am născut un copil, dar acel mamifer marin a trebuit să sufere indignarea de a fi eșuat în ceva negru. După ce am dat pe gât patru litri de ceai din frunze de zmeur, singurul lucru care mai rămăsese de încercat era... temuta procedură numită „măturare". O femeie pe nume Bev, cu mâini înmănușate de mărimea celor ale lui Shrek, a trebuit să-mi învârtă colul uterin ca și cum ar fi fost aluat de pizza. Simțeam gustul latexului – mă simțeam ca și cum ar fi încercat să-mi scoată ochii din interior.

Acum privesc înapoi la ambele mele călătorii de sarcină cu emoții amestecate. Există o parte din mine care se gândește: „Slavă Domnului că s-a terminat" pentru că, în general, am fost o gazdă destul de nefericită pentru prețioasa mea încărcătură nenăscută... bolnavă, transpirată și sălbatică în preajma carbohidraților. Cu toate acestea, există, de asemenea, o parte din mine care este puțin tristă că aventurile noastre „teribiliste în doi" s-au terminat, deoarece este cu adevărat cea mai de nedescris, specială și uimitoare experiență. Este, de asemenea, unul dintre cele mai extreme teste fizice și mintale prin care va trece corpul tău – unul care te va lăsa epuizată, bolnavă, emoționată, speriată și marcată. Au fost momente în care soțul meu se uita la mine cum mă aruncam într-un tufiș sau cum mă aplecam de două ori, în agonie, cu spasme la nivelul spatelui, cum își dorea să poată lua totul de la mine ca să nu mai trebuiască să trec prin asta. Chiar dacă ar fi fost posibil, precum Arnold Schwarzenegger în „Junior" (cel mai ciudat film pe care l-am văzut VREODATĂ), nu l-aș fi lăsat niciodată pentru că, pentru mine, sarcinile mele sunt insigne de onoare – privilegii, și nu drepturi. Fiecare trimestru a fost la fel de „încercat", fiecare săptămână a părut dureros de lungă și chiar dacă ar fi fost vreo zi fără complicații nu există o sarcină „ușoară". Nouă (aproape zece) luni de asigurare a continuității speciei umane nu sunt deloc de neglijat; este una dintre cele mai grele munci dintre toate și este răsplătită pe măsură, cu cel mai mare cadou dintre toate... o geantă Gucci frumoasă, prețioasă, de neînlocuit... GLUMESC. Bineînțeles că este un copil... Bineînțeles că este...

Pierderea sarcinii

Aş face un deserviciu nu numai mie, ci şi nenumăratelor femei dacă în aceste pagini nu aş include o parte a călătoriei sarcinii despre care nu se vorbeşte la fel de mult ca despre concepţie, greţuri matinale, incontinenţă urinară sau naştere… Şi anume, pierderea copilului.

Acum, dacă vrei să sari peste această parte, atunci te rog să treci direct la capitolul următor. Poate că ai trecut şi tu prin experienţa pierderii unei sarcini şi este încă prea crud să-ţi reaminteşti despre ea prin intermediul altcuiva sau poate că te temi că te-ar putea întrista şi nu îţi doreşti asta. Oricum ar fi, nu-ţi face probleme! Nu te judec. Pentru cei care doresc să citească mai departe, sper să încerc să sparg tabuul inutil din jurul avortului spontan, sperând să le dau putere celor care au trecut prin asta să vorbească liber despre propriile experienţe şi să nu mai simtă că poartă un secret ruşinos şi murdar.

Am avut ghinionul de a experimenta de două ori avortul spontan timpuriu, ambele încercări fiind foarte diferite una de cealaltă. La fel cum două sarcini nu sunt niciodată la fel, și procesul de pierdere a acestora variază enorm. Primul a fost între Jack și Evelyn – după cum probabil îți amintești, sosirea ei pe această planetă a durat ceva mai mult decât a fratelui ei, din cauza unei mici întârzieri în obținerea autorizației de planificare de la puterile în cauză. După ceea ce am simțit ca fiind o încercare nesfârșită și după, probabil, sute de lire sterline cheltuite pe kituri de ovulație, imaginează-ți entuziasmul meu când am realizat că menstruația mea a întârziat și că, ÎN SFÂRȘIT... Am fost atât de absentă fără a fi cu adevărat plecată, încât nu aveam nicio îndoială că rezultatul va fi pozitiv, așa că atunci când teste după teste și iar teste au ieșit negative nu puteam să înțeleg de ce. Trebuia să fiu însărcinată – nu exista o altă explicație logică, nu-i așa? Două săptămâni mai târziu, după ce mi-am îmbunătățit jocul și am cheltuit bani pentru un test Clearblue, în cele din urmă, a sosit rezultatul pozitiv pe care îl așteptam cu disperare. Plata unor bani grei pentru ceva pe care urinezi peste tot a venit, de asemenea, cu bonusul suplimentar de a-mi spune în câte săptămâni eram, ceea ce ar fi fost util... doar că nu eram însărcinată. Sarcina era afișată doar la una-două săptămâni după concepție, în loc de trei săptămâni și mai mult, dar indiferent de câte ori am încercat să-mi analizez ciclul și să stabilesc data concepției, cifrele pur și simplu nu se potriveau. Privind în urmă, acest semn de avertizare a fost un indiciu de rău augur pentru ceea ce avea să urmeze. Cu toate acestea, neavând probleme anterioare de sarcină cu care să pot să compar, am pus situația pe seama unei erori de ciclu și am continuat să-mi imaginez cum această nouă persoană mică se va integra fără probleme și cu zgomot în viața noastră.

Pe la șase săptămâni de sarcină, urma să ieșim în oraș cu niște prieteni, când o senzație de neliniște în stomac m-a făcut să mă grăbesc la toaletă. Norovirusul lovise, iar în loc de o noapte de distracție, vomitam pe gresie. M-am îngrijorat din două motive: primul, că pelvisul meu nu mai era ceea ce fusese, așa că la fiecare ridicare, pereții vezicii urinare cedau. În al doilea rând, niciun lucru nu stătea la locul lui – așadar, ce însemna asta pentru ghemul de celule care creștea în mine? În cele din urmă, un telefon panicat la medicul de familie m-a liniștit și m-a asigurat că bebelușul va fi bine și că atât timp cât vor fi tolerate câteva înghițituri de apă, din când în când, nu am de ce să-mi fac griji.

Din fericire, câteva zile mai târziu, simțindu-ne mult mai bine, Steve și cu mine eram ghemuiți pe canapea și ne uitam la Ant și Dec, în „I'm a Celebrity… Get Me Out of Here"[43], când am decis să fac al n+1 pipi din sarcină. Când să mă ridic în picioare pentru a merge la toaletă, pur și simplu, s-a întâmplat. Niciun avertisment, nicio durere, niciun indiciu că ceva nu era în regulă, până în momentul în care căldura sângelui s-a infiltrat în lenjeria mea intimă și a pătruns până la colanți. Este amuzant cum în unele zile nici măcar nu-ți poți aminti ce ai mâncat la micul dejun, dar când vine vorba de momente importante sau traumatice, acele amintiri se derulează cu regularitate în mintea ta, trăind intens în rezoluție orizontală de 4.000 de pixeli. Conversații cu accent de Newcastle răsunau la televizorul din fundal, în timp ce eu scoteam un țipăt pătrunzător care nu părea nici pe departe uman. Alergând spre toaletă și strigând după Steve, eram complet cu-

---

43 „Sunt celebru, scoate-mă de aici!".

prinsă de teroare și speram ca doar să fi făcut pe mine. A urmat un apel la Urgențe și o conversație confuză, în care am încercat să cuantific cantitatea de sânge pe care o pierdusem – toate acestea, în timp ce stăteam amorțită pe toaletă, cu mintea atât de paralizată de șocul evenimentelor care se desfășurau, încât nu procesam lucrurile așa cum ar fi trebuit. După ce am stabilit că nu exista vreun pericol imediat și că nu era necesară o deplasare la spital – atunci totul a devenit clar. Stând ghemuită și plângând în hohote, o durere sufletească pură îmi iradia prin corp. De ce mi se întâmpla mie? Cu ce am greșit? Dorind ca acel copil să reziste, perspectiva de a mă mișca era terifiantă – convinsă că și cea mai mică schimbare a greutății corpului meu ar înrăutăți situația și crezând naivă că gravitația, împreună cu soarta, ar putea fi schimbate de refuzul meu de a mă ridica în picioare.

În ciuda educației primite la Church of England, religia nu era un subiect prea important pe agenda mea zilnică – dar să spun ceva... în acea zi a fost. S-au spus rugăciuni, împreună cu promisiuni de a face acte de caritate, jurăminte solemne de a cumpăra „The Big Issue"[44] și promisiuni de a le deschide vestitorilor credinței care băteau la ușă – la naiba, chiar îi voi invita înăuntru pentru o ceașcă cu ceai. Iată ce nu trebuie să faci dacă te afli vreodată într-o situație similară: consultă-l pe dr. Dread – alias Google – singurul profesionist în domeniul medical care te poate duce de la un nas înfundat la moarte sigură în mai puțin de 0,0063 secunde. Trecând de la disperare pesimistă la false speranțe nerealiste, capul meu era un

---

44   Ziar britanic nonprofit de binefacere, ce ajută oamenii fără locuință și defavorizați.

dezastru total. Unele pagini web mi-au spus că sângerarea la începutul sarcinii poate fi complet normală, altele mi-au spus că soarta copilului meu era pecetluită, dar, ca să fiu sinceră, în adâncul sufletului meu, având în vedere cantitatea de sânge pierdută, știam că nimic nu ar fi putut supraviețui. În ciuda acestui lucru, am stat trează toată noaptea citind povești de succes împotriva tuturor obstacolelor, iar urletele mele s-au diminuat încet, până au devenit asemenea sunetelor plângăcioase ale unui animal rănit, în timp ce adormeam într-un somn agitat și chinuit.

A doua zi dimineață, am reușit să obținem o programare la cabinetul medicului nostru de familie, doar pentru a ni se spune că nu puteau face mare lucru, ceea ce era corect; însă ce m-a iritat a fost lipsa deconcertantă de simpatie – parcă m-aș fi prezentat pentru o simplă răceală. M-au îndrumat către Early Pregnancy Unit (EPU – Unitatea pentru faza incipientă a sarcinii) a spitalului local; cu toate acestea, nu am putut fi consultată decât peste două zile. DOUĂ ZILE?! Având în vedere cum mă simțeam în acel moment, mi s-a părut o condamnare pe viață. Nu, pur și simplu, aveam nevoie să știu pe loc ce se întâmpla și să termin cu purgatoriul așteptării, al întrebărilor... înnebunindu-mă singură cu iluzii că totul ar putea fi în regulă. Acele două zile păreau a fi de nedepășit. M-am închis complet, din punct de vedere emoțional, refuzând să le spun părinților, surorii mele, colegilor sau prietenilor. Jack a fost ca luminița de la capătul tunelului. El m-a ajutat să funcționez la un oarecare nivel elementar și mi-a dat un motiv să pot, ușor-ușor, să merg mai departe. Tot ceea ce se întâmpla la nivel mintal și fizic trebuia să fie pus în așteptare pentru ștersul la fundeleț, gustări, îmbrățișări și povești, înainte de culcare. Am fost atât de norocoasă că îl aveam și că trecusem printr-o sarcină reușită, când atât de multe femei treceau prin exact același lucru, dar nu aveau acasă acea persoană mică și mult dorită, care să le șteargă ochii și să le spună „Te iubesc, mami". Și Steve a făcut tot ce i-a stat în putință pentru a-mi ține moralul ridicat, încercând cu grijă să echilibreze optimismul cu așteptările. Amândoi știam, în mod realist, că sarcina se încheiase, dar niciunul dintre noi nu avea curajul să spună cu voce tare acest fapt dureros.

În momentul în care ne-am îndreptat spre spital, lacrimile mele, precum și sângerarea, se mai domoliseră. La EPU, am intrat într-un salon, unde mie mi s-au luat sânge, urină și istoricul medical, apoi am fost conduși într-o cameră întunecată, unde ne aștepta un medic pentru ecografie. Biata femeie își făcea meseria, dar, în mintea mea, era Moartea – în loc de o coasă în mână, ținea un transductor și o sticlă de KY Jelly. Ecografia inițială nu a putut găsi nimic în uterul meu, în afară de sânge, așa că s-a decis că o alta ar fi cea mai bună șansă de a localiza o sarcină atât de timpurie. Din păcate, nu s-a putut. Când mi s-a spus că organismul meu a finalizat complet avortul spontan pe cale naturală, doar o singură lacrimă a căzut dintr-un ochi, arzând ca un acid în timp ce aluneca pe fața mea și pe patul acoperit cu hârtie. În timp ce așteptam ca o moașă specializată să vină să vorbească cu noi, am fost trimisă în „trista" cameră specială, în care nimeni nu vrea să intre – deprimant de sumbră, cu o cutie de Kleenex pe masă, alături de câteva pliante despre pierderea sarcinii. Stând în tăcere pe scaunele albastre de plastic, Steve și cu mine ne-am ținut de mână, amândoi neștiind ce să spunem... Eu dorind cu disperare să ies de acolo și să mă întorc acasă la copilul meu, pentru a putea aprecia pe deplin miracolul apariției lui pe lume. Doamna a sosit pentru a mă informa că hormonii mei de sarcină erau aproape inexistenți, că natura făcuse ce trebuia și că organismul meu reușise să curețe totul de la sine – nu mai era nevoie de alte teste, rezultate sau explicații.

Ceea ce trăisem era, aparent, „foarte obișnuit" la începutul sarcinii. Aceste cuvinte m-au tăiat în carne vie. Obișnuit? Cotidian, banal, uzual? Pentru mine, nu a fost ceva obișnuit... A fost o experiență pe care am simțit-o crudă, dureroasă și diferită de orice altceva experimentasem până în acel moment al vieții mele. Pentru unii, ar fi putut să fie doar un ghem de celule, căruia încă i-ar fi bătut inimioara, dar pentru mine a fost ca și cum aș fi pierdut mult mai mult... Ca și cum viitorul unei persoane ar fi fost smuls din pântecul meu. Îmi imaginasem deja în ce se vor transforma acele celule. Dacă ar fi fost un băiat, ar fi semănat cu Jack? Cum se va integra în viața noastră, cum va fi redecorată camera lui... Sărbătorile în patru, în loc de trei, un ciorap de Crăciun în plus... Pierderea poate că a fost „banală" din punct de vedere medical, dar pentru mine a fost o durere foarte reală. Bineînțeles că am aruncat vina asupra mea... Oare, a fost ceva ce am mâncat sau am băut? Gastroenterită? L-am lipsit de nutrienți? Poate că unde am fost extrem de bolnavă timp de două zile, cu toate crampele stomacale, l-a desprins de la locul lui... Gânduri ridicole, dar, în momentul respectiv, acolo îmi stătea capul. Sute de întrebări îmi treceau prin minte și aveam nevoie de răspunsuri legate de ceea ce se întâmplase. Nu am plecat cu niciun răspuns convenabil.

La acea vreme, în Anglia, avorturile spontane timpurii nu erau investigate, până când femeia nu suferea trei. Această politică a lăsat, desigur, milioane de femei fără vreun fel de informații, întrebându-se dacă pierderile lor ar fi putut să fie prevenite sau dacă au fost doar evenimente nefericite. Așa că am fost trimisă acasă cu un bilet, care se voia a fi vesel: „Cu siguranță, ne vom întâlni în curând pentru o ecografie de 12 săptămâni pentru următorul copil!" Dar eu nu-mi doream un alt copil, ci doar pe cel pe care-l pierdusem. Am încheiat definitiv discuția, spunând doar câtorva persoane despre ceea ce se întâmplase, de fapt, și doar dacă era nevoie să știe. Forțându-mă să mă întorc la muncă doar cu o săptămână mai târziu, gastroenterita virală a reprezentat o acoperire perfectă pentru absența mea. Machiată ca o războinică, am trecut cu zâmbetul fals prin zilele acelea… O carapace a mea, funcționând doar atât cât era necesar. În ciuda faptului că la început am fost îngrozită de perspectiva de a încerca să am un alt copil, s-a dovedit că singurul mod în care puteam să trec peste această traumă era să-mi depun toate eforturile pentru a încerca să rămân însărcinată din nou… pentru a umple golul cu un alt scop. Există o teorie conform căreia, indiferent de motiv, fertilitatea ta este sporită după o pierdere, iar pentru noi, acest lucru părea să fie real, deoarece, câteva luni mai târziu, acele două linii roșii au apărut din nou. Sarcina mea cu Evelyn a fost, totuși, o experiență total diferită de aceea a lui Jack – a fost umbrită de anxietate și teamă, cu fiecare drum la toaletă așteptându-mă să văd lenjeria de corp plină de sânge și considerând fiecare mică înțepătură descurajantă, ca fiind începutul sfârșitului. Am fost o adevărată epavă nervoasă până la ecografia de 20 de săptămâni, când toate rezultatele testelor au fost normale. Trauma fusese înlocuită cu bucuria pe care am simțit-o atunci când, în sfârșit, fetița a venit pe lume, așa că mi-am continuat viața, crezând în mod prostesc că toată durerea mea fusese rezolvată în mod corespunzător. Abia în vara anului 2020 mi-am dat seama că, în mod sigur, nu fusese așa.

Era luna august, Covid-19 se dezlănțuia, iar Anglia era pe cale să iasă din ghearele unui alt blocaj național. Stând în dormitor, o durere puternică a iradiat de la sfârcul unui sân până la cutia toracică. Deși era puțin neobișnuit pentru mine, am considerat întâmplarea un semn de avertizare premenstruală, deoarece o sarcină nu era deloc pe ordinea de zi. Aveam deja doi copii și deși făcusem o campanie puternică pentru un al treilea copil, cu doar un an înainte, era ceva ce amândoi am fost de acord să evităm. Cum ne aflam într-o pandemie, nu era momentul ideal pentru a ne extinde familia – nu aveam nicio dorință de a rămâne blocată în casă cu soțul meu, împreună cu cei mici, înnebuniți din cauza izolării, iar pe deasupra, și cu un nou-născut. Verificându-mi telefonul pentru a vedea când urma să-mi vină ciclul, a fost o ușurare să văd că evenimentul era la doar câteva zile distanță – explicând frumos durerea de sâni. Cel puțin ar exista un motiv valabil pentru a îmbrăca pantalonii de bunică cu talie înaltă și pentru a impune o regulă strictă de distanțare socială cu soțul meu, de tipul „Păstrați doi metri față de cei din jur" și „Fără atingeri". Este amuzant cum, atunci când ai 20 de ani, perspectiva menstruației pare a fi un inconvenient sexual – în timp ce la 30 de ani, cu copii, este considerată o săptămână liberă pe care NIMENI nu ți-o răpește.

Șapte zile mai târziu. Tot fără ciclu. Panica era deja instalată. Sânii erau cu siguranță mai dureroși și mai mari – uitându-mă în jos la ei, era ca și cum Phil și Grant Mitchell[45] își stabiliseră reședința în sutienul meu. După ce i-am trimis un SOS (**S**ophie **o**f, e **s**tresată) lui Steve, acesta s-a întors acasă de la serviciu cu cel mai ieftin test de sarcină pe care l-a găsit și cu șase pungi de Kettle Chips, pentru că erau la ofertă, la 1£. Falsă economie, Steve, pentru că, indiferent de rezultat, ghici cine a fost trimisă să facă testul, conform instrucțiunilor. În camera de baie, cu copiii bătând la ușă în cea mai călduroasă zi a anului, am încercat să scot o picătură de urină.

– Lasă-mă în pace, mami e la toaletă!!! am bolborosit către copiii mei avizi de gustări, cu furia unui demon al iadului transpirat și neadaptat.

– Îmi cer scuze, o să stai mult?

O voce nervoasă s-a auzit prin ușă. Nu erau copiii, ci Dave, constructorul, care se afla la jumătatea lucrărilor de extindere a casei noastre. Fugind din baie, trecând pe lângă un bărbat de vârstă mijlocie destul de rotofei și refugiindu-mă în dormitor, am trântit ușa și m-am sprijinit de ea, pregătindu-mă mintal să-mi accept soarta. Nu era posibil, nu-i așa? Doar am fost atenți, nu-i așa? Nu, chiar nu era posibil…

Însărcinată.

Încă mai îmi este rușine să recunosc că mi-au curs lacrimi din ochi, și nu de fericire. Chiar dacă am fost cea

---

45 Din serialul britanic „EastEnders", ce spune povestea unor rezidenți din cartierul fictiv Walford, din estul Londrei.

mai mare susținătoare a ideii unui al treilea copil, această situație a fost diferită, pentru că nu a fost planificată. De asemenea, lucrurile se mișcau înainte pentru mine, în ceea ce privește cariera, plus virusul menționat anterior care făcea ravagii pe planetă. Mi s-a părut cel mai prost moment din lume. Steve a primit vestea mai bine decât mine, deși a fost întotdeauna în tabăra „nu" pentru un trio, ceea ce chiar m-a surprins. După ce, în sfârșit, mi-am revenit, la aproximativ șapte săptămâni, a apărut o problemă. Nu era mult sânge, dar suficient pentru a stârni în mintea mea o mică voce de anxietate care îmi spunea că ceva nu era în regulă. Dr. Google (nu învăț niciodată) mi-a spus că acest lucru ar putea fi perfect normal în timpul sarcinii timpurii – era închis la culoare și nu se asemăna deloc cu torentul de sânge din prima mea experiență, ceea ce m-a făcut să mă simt mai bine dar, totuși, eram neliniștită. Apoi, fără să mai apelez la medicul de familie, am dat un telefon direct la o moașă din comunitate, care m-a ascultat cu atenție, în timp ce îi relatam temerile. Din cauza Covid, nu erau permise ecografiile la EPU, dar, având în vedere că aveam sângerări și un avort spontan anterior, a reușit să aranjeze o programare pentru ziua următoare, ceea ce a reprezentat o ușurare imensă. Știi ceva? Nu am simțit că ar fi fost o problemă gravă în acel moment, mai ales pentru că sângerarea era minoră, în comparație cu ceea ce se întâmplase cu câțiva ani înainte. Dacă e să fiu sinceră, mă nelinișteam mai mult de perspectiva că ar putea fi mai mult de unul acolo… Gemeni.

Steve nu a avut voie să vină cu mine – restricțiile Covid nu au permis acest lucru – așa că a rămas acasă cu copiii, iar eu am condus singură până la spital. Nu prea știam la ce să mă aștept, dar nici nu mă așteptam la ce era mai rău; abia când eram întinsă pe pat, în camera de ecografie, cu luminile stinse, atunci am simțit că lucrurile se leagă. Privirea medicului a spus totul.

– În câte săptămâni ești? m-a întrebat, în timp ce își plimba transductorul peste abdomenul meu.

– Șapte... am răspuns eu nervoasă, cu vocea ușor ridicată, din cauza unui val brusc de teamă.

– Bine! a spus medicul, întorcând ecranul spre mine. Ceea ce văd aici este o sarcină mult mai timpurie, probabil de patru-cinci săptămâni.

Acolo, pe monitor, foarte clar în întunericul propriului meu uter, era un glob alb strălucitor... dar era complet gol. Citindu-mi expresia de panică, a încercat să-mi ridice moralul, explicându-mi că datele mele erau mai mult ca sigur greșite și că, probabil, lucrurile nu erau atât de avansate pe cât credeam. Dar datele mele erau corecte, de asta eram sigură – ca mamă ocupată a doi copii, căsătorită de mai bine de zece ani, ocaziile de a concepe nu erau prea multe. Ceva nu era în regulă. Singură, cu lacrimile alunecându-mi pe față, în timp ce bagheta internă era folosită pentru a confirma ceea ce arăta scanarea externă, m-a copleșit conștientizarea sfâșietoare că se întâmplase din nou. De data aceasta, însă, nu era nimeni care să mă țină de mână, care să-mi spună că totul va fi bine și nimeni care să-mi pună întrebările pe care creierul meu șocat nu era în stare să le pună. După aceea, a fost o călătorie înapoi, în aceeași sală de așteptare tristă pe care o trăisem cu aproape șase ani înainte, fiecare detaliu al acesteia fiind la fel de clar în mintea mea, ca și cum ar fi fost cu o zi înainte. O asistentă mi-a spus că ecografia nu a fost concludentă. Nu existau bătăi ale inimii și, în mod normal, până la șapte săptămâni există; cu toate acestea, situația nu este certă, motiv pentru care trebuiau să mai aștepte încă două săptămâni, înainte de a putea decide dacă a fost sau nu un avort spontan ratat. Până în acel moment, nu auzisem niciodată de un astfel de termen. Un avort spontan ratat? Se pare că este cunoscut și sub numele de avort spontan tăcut – atunci când un embrion nu s-a dezvoltat sau a murit, dar nu există simptome tipice, cum ar fi sângerări sau crampe. Trimisă la spital, eram în faza de așteptare… Fie sarcina ar fi progresat, fie aș fi pierdut-o. Cu greutatea lumii pe umeri, mersul de una singură înapoi prin spital până în parcare a fost chinuitor. Lacrimile îmi curgeau pe față, se adunau în masca de protecție, în timp ce oamenii mă priveau cu un amestec de simpatie și de alarmă. Spitalul era plin de lume, iar furia creștea în mine – de ce era bine ca toți acești oameni să fie acolo când eu tocmai trecusem printr-una dintre cele mai traumatizante ore din viața mea, fără ca cineva să mă sprijine? Nedreptatea îmi ardea adânc în piept. Înapoi, în mașină, un val de emoții s-a revărsat, iar până când l-am sunat pe Steve, eram complet de neînțeles printre secreții nazale, lacrimi și înghițituri de aer.

Săptămânile care au urmat au fost îngrozitoare; a fost cea mai cruntă așteptare. Mă uitam în permanență pe calendarul telefonului meu, încercând să mă conving că poate greșisem datele. Căutasem pe Google durata de viață a spermei, apoi încercasem să fac cercetările să se potrivească cu propria agendă, plină de speranțe false. Până să se termine prima săptămână, eram gata să mă programez la o ecografie privată, pentru că nu mai puteam tolera suferința de a aștepta să pierd sarcina. Când s-ar putea petrece? Dacă se întâmpla în fața copiilor sau în mijlocul unui supermarket? Eram prea speriată chiar și pentru a ieși la plimbare. O prietenă moașă m-a convins să rezist și să aștept programarea la spital, altfel aș fi irosit bani și rezerve mintale doar pentru a mi se spune același lucru – cele două săptămâni erau vitale pentru un răspuns concludent. Se pare că răbdarea era o virtute. Așa că am decis totuși să le spun oamenilor ce se întâmplă... părinților, socrilor, surorii și câtorva prieteni aleși. Rețeaua mea de colege-mame a fost extraordinară; pe rând, mi-au adus la ușă ciocolată și flori, mi-au trimis mesaje și chiar au încercat să mă scoată din limitele celor patru pereți. Totuși, a fost uimitor cât de mult a contat faptul că am vorbit despre asta. M-am simțit instantaneu ușurată. S-a dovedit că cel puțin trei dintre prietenele mele apropiate trecuseră prin experiențe similare de avort spontan ratat. Când le-am întrebat de ce nu au spus nimic, toate au răspuns cam la fel... Nu au vrut să spună pentru că simțeau că nu pot, era prea ciudat din punct de vedere social sau simțeau că îi împovărează pe alții cu durerea lor. Ce îi spui cuiva când îți zice că s-ar putea să piardă sau că și-a pierdut copilul? Înțeleg, nu e tocmai plăcut și nu reprezintă genul de conversație pe care ai avea-o cu cineva de la magazinul din colț. Dar noi, femeile, facem un lucru ciudat atunci când aflăm că suntem însărcinate – nu spunem nimănui... Păstrăm un mare secret, în principal, pentru că teama că ceva nu va merge bine și că va trebui să-i supărăm pe oameni cu veștile proaste este prea greu de suportat. În realitate, avem cea mai mare nevoie de cei mai apropiați oameni atunci când lucrurile nu merg conform planului – dacă nu le spunem, cum ar putea să ne ajute când lucrurile iau o întorsătură proastă? Există, de asemenea, un nivel ciudat de rușine, în legătură cu avortul spontan; este un subiect tabu despre care nu se vorbește suficient – ceea ce este total aiurea, având în vedere că afectează una din patru femei. Ne simțim ca și cum am fi făcut ceva greșit, credem că nu suntem potrivite pentru a fi mame, că nu suntem demne de viața care ar trebui să crească în noi. În cele mai multe cazuri, suntem vinovate doar că am căzut victime ale naturii, ale șanselor, ale unei diviziuni celulare calculate greșit. Dacă ne gândim bine, având în vedere șansele mici ca sperma să întâlnească ovulul, în orice lună, pe lângă lista abundentă de lucruri care ar putea merge prost, în primele etape de după fertilizare, este un miracol că ființele umane sunt încă aici.

În cele din urmă, cele două săptămâni au trecut și a venit timpul pentru ecografia de control. Nu mai avusesem alte sângerări, sânii mei continuau să se extindă – la fel, ca și talia mea (la al treilea copil, peretele abdominal cedează destul de repede). Au fost pofte, greață și oboseală extremă. Pe hârtie, aceasta era o sarcină normală care progresa. Începusem să mă întreb dacă nu cumva îmi înrăutățisem viața mergând la ecografia timpurie – oare, îngrijorarea și supărarea au fost în zadar? O altă lovitură, având în vedere că în acel moment, Boris Johnson lansase programul „Eat Out to Help Out"[46], încurajând întreaga țară să iasă din nou în oraș și să

---

46 „Mănâncă în oraș ca să ajuți" – schemă de ajutor a guvernului britanic ce urmărea crearea de locuri de muncă în industria ospitalității, după pandemia de Covid-19; implica subvenția din partea statului de până la 50% în restaurantele, cafenelele și localurile participante, la zece lire de persoană.

împrăștie niște microbi, în interesul stimulării econo-
miei, a fost faptul că Steve tot nu putea veni cu mine la
programare. În ciuda faptului că existau șanse foarte
mari ca veștile proaste să apară la orizont, tot ar fi trebuit
să mă duc singură. Însă, în acel moment, emoțiile mele
păreau un pic mai stabile – aveam nevoie doar să știu, ca
totul să se termine cât mai repede posibil. Ori albă, ori
neagră.

Întinzându-mă pe pat, eram pregătită pentru strân-
gerea de mână și pentru veștile proaste pe care le anti-
cipasem așa că atunci când am auzit cuvântul „progres"
ieșind din gura medicului, acesta nu a eliberat speranța
și fericirea la care m-aș fi așteptat, ci confuzie și panică
pură. Acolo, în interiorul globului alb plutitor, se afla un
punct microscopic, ceva ce nu fusese vizibil la ultima eco-
grafie. Cel mai amenințător aspect, în mod notabil, era
faptul că lipseau bătăile inimii. Am avut o ecografie de
reasigurare cu Evelyn la doar șase săptămâni și am văzut
imediat o sclipire de viață care bătea rapid, așa că știam
că, la aproape zece săptămâni, ar fi trebuit să fie mai mult
decât o minge fantomatică plutitoare. Dar nu era nimic.
Însă problema aici era cuvântul „progres". Sacul crescuse,
dar pentru că acum puteau vedea un indiciu al unei po-
tențiale vieți sub forma punctului (fără îndoială, ratat pri-
ma dată), medicul nu a putut să ia decizia, din punct de
vedere moral – trebuia să-i acorde o ultimă săptămână
pentru a vedea dacă se dezvoltă din punct de vedere car-
diac. În mintea mea, acest lucru a fost absolut devastator.
Pur și simplu, nu era posibil ca asta să fie o sarcină viabi-
lă – următoarea ecografie era peste câteva săptămâni și
mă așteptam să văd ceva care să semene vag cu un copil

în formă de bob de rinichi săritor – nu o pată goală, fără viață. Era, de asemenea, o groază inimaginabilă, perspectiva de a trebui să suport încă o săptămână de întrebări și să retrăiesc același iad mintal ca în cele două săptămâni care trecuseră. Eram, de asemenea, cuprinsă de un scenariu pe care încă nu-l contemplasem pe deplin – ce s-ar întâmpla dacă această sarcină ar continua, dar ar exista o problemă care să atenteze la viața copilului care creștea în mine? Datele mele erau exacte, iar faptul că embrionul se dezvolta atât de lent, fără bătăi ale inimii, mă îngrozea mai mult decât perspectiva pierderii sarcinii. Acesta nu era un copil care să se dezvolte în siguranța pântecului meu, așa că, în mintea mea, existau foarte puține șanse ca acesta să se dezvolte afară.

Au trecut șapte zile de angoasă mintală, fără ca organismul meu să dea vreun semn că ar fi renunțat la prețioasa sa încărcătură. Steve m-a condus înapoi la spital și m-a așteptat din nou în parcare, în timp ce mă îndreptam spre ceea ce speram să fie a treia și ultima ecografie. Așa a fost. La 11 săptămâni, nu se înregistrase nicio schimbare, inima nu mai crescuse și nici nu bătea. Lacrimi sărate îmi curgeau din ochi, dar, de data aceasta, erau mai mult de ușurare... În sfârșit, se terminase, iar acum se putea face ceva. Nu a fost niciodată un copil adevărat, nu a trăit niciodată cu adevărat și deși plângeam pierderea și ideea a ceea ce ar fi putut să fie trebuia, de asemenea, să-mi continui viața și să mă concentrez asupra copiilor mei de acasă, care avuseseră o mamă destul de îngrozitoare și distanțată emoțional pentru cea mai mare parte a unei luni. Ecografia a arătat că existau urme de sângerare în uterul meu, semne că organismul meu începea în cele din urmă să se adapteze la situație – în sfârșit, făcea ceea ce ar fi trebuit să facă cu săptămâni în urmă. Privind înapoi, unul dintre sentimentele mele legate de ceea ce s-a întâmplat este furia... Furia că nu am știut ce se întâmplă, că organismul meu m-a păcălit să simt și să cred într-o sarcină care nu a fost niciodată adevărată. Nu era nicio viață acolo, dar m-a păcălit să simt că a existat timp de săptămâni întregi. Sânii, greața, oboseala – totul a fost o mare înșelătorie.

Medicul a recomandat inducerea avortului spontan; era cea mai rapidă metodă și, având în vedere pandemia, nu ar fi necesitat o ședere peste noapte în spital. Când am fost scoasă din sala de ecografie și condusă înapoi în sala de așteptare, pe hol era o doamnă care aștepta să intre. Era aranjată perfect, cu părul și machiajul imaculate, purta un costum elegant din două piese – dar era singură, cu ochii plini de teroare absolută. Mai târziu, în timp ce mă aflam în secția de zi de ginecologie, aceeași femeie a fost adusă în patul de lângă mine și, înainte ca perdelele să se tragă în jurul ei, i-am zărit din nou ochii – dar înconjurați de un machiaj murdar. Nu mai era aranjată perfect, ci sfărâmată în milioane de bucăți. Este o imagine care mă bântuie și astăzi. Procesul de inducere a avortului spontan a fost mai rău decât mi-am imaginat. Au fost folosite dispozitive interne pentru a începe, ceea ce s-a simțit ca o nouă încălcare a intimității, după toate împunsăturile pe care le îndurasem deja. A trebuit să rămân în secție timp de aproximativ o oră după aceea, pentru a se asigura că nu apare nicio reacție la medicamente, înainte de a fi externată. Ferocitatea cu care corpul meu a expulzat „produsele de concepție" m-a luat complet prin surprindere.

Nu semăna deloc cu pierderea relativ lipsită de durere de la prima experiență. Fusesem avertizată, cu privire la sângerare și la ce să mă aștept atunci când am ieșit din intervenție – dar chiar nu mă așteptam la durerea imensă și la contracțiile asemănătoare travaliului, pe care codeina și paracetamolul nu au reușit să le stingă. O hemoragie excesivă m-a dus din nou în spital după doar câteva ore, dar, din fericire, datorită unei asistente uimitoare, Steve a fost lăsat în spital. Nu i-am reținut numele, însă, dacă se întâmplă să citească aceste rânduri, îi mulțumesc din toată inima! Actul ei de bunătate și refuzul de a lăsa o femeie pe care nu o cunoscuse niciodată să avorteze singură în sala de așteptare a unui aglomerat departament de Urgențe înseamnă mai mult decât voi putea exprima vreodată în cuvinte.

Urmările au fost confuze, supărătoare, emoționante și extrem de dificile. În mod groaznic, hormonii m-au chinuit săptămâni întregi, sânii mei dureroși și umflați batjocorindu-mă cu fiecare ocazie; aveam în continuare episoade de greață și o capacitate supraumană de a mirosi lucruri de la kilometri depărtare, dar care îmi aminteau de ceea ce nu mai eram. Sentimentele pe care le reprimasem de la primul meu avort spontan au reapărut; m-am simțit ca fiind cel mai rău lucru pe care îl primești gratis într-un magazin ieftin. Cu toate acestea, am avut parte de un sprijin extraordinar și chiar dacă exista distanțare socială, prietenii și familia au făcut tot posibilul să aibă grijă de mine. Doar eram liber profesionistă, așa că nu am fost presată să mă întorc la muncă. O slujbă stresantă în domeniul social-media nu se pretează prea bine la recuperarea după un eveniment traumatic – chiar este o traumă, să știi, cât și o durere fizică. Dacă treci prin asta sau dacă ai trecut prin asta, acordă-ți puțin timp pentru a fi blândă cu propria persoană – cu corpul și cu mintea ta. Îndepărtarea mea din social-media m-a ajutat să ignor zgomotele inutile; m-a îndepărtat de pozele cu cupluri fericite care anunță sarcini sau care leagănă nou-născuți – nu era ceva de care aveam nevoie în viața mea. Când am luat decizia de a reveni în lumea online, am decis, cu ezitare, să folosesc platformele pentru a vorbi despre călătoria mea – nu doar pentru mine (deși ar fi fost incredibil de liniștitor), ci și pentru alții care au parcurs același drum lung și dureros. Înăbușită de disconfortul societății de a vorbi despre pierderea copilului, mii și mii de mesaje, atât de la bărbați, cât și de la femei, mi-au inundat e-mailul. Chiar am fost oprită în parc, în timp ce plimbam câinele, de o străină care dorea să vorbească despre propria experiență. Ce minunat că doi străini au putut purta o conversație atât de sinceră unul cu celălalt despre un subiect atât de dificil! A fost o confirmare a faptului că a deschide subiectul și a vorbi deschis a fost într-adevăr ceea ce trebuia făcut – la urma urmei, o problemă împărtășită este o problemă pe jumătate rezolvată. Uneori, este mult mai ușor să împărtășești cuvinte dureroase cu persoane pe care nu le cunoști – mai ales cu cei care au trecut prin aceeași luptă – și să știi ce să spui în schimb. Noi, britanicii, suntem cunoscuți pentru reținerea noastră, pentru abilitatea de a trece peste lucruri, în loc să cedăm în fața emoțiilor. Ne ferim să recunoaștem un avort spontan, pentru că ne face să ne simțim stânjeniți, dar dacă s-ar discuta mai liber despre asta, poate că nu mi-ar mai părea atât de ciudat.

Mi se cer destul de des sfaturi, despre cum se trece peste un avort spontan. Adevărul este că nu cred că este ceva ce poți uita sau depăși cu adevărat; viața merge mai departe și, deși este un clișeu, timpul chiar le vindecă pe toate. Am păstrat bețișoarele de sarcină cu urină (scârbos, știu) de la ambele avorturi spontane – îmi place să mă uit la ele din când în când, ca dovadă că doar și pentru o scurtă perioadă de timp au existat în această lume. De asemenea, discuțiile chiar ajută – familia, prietenii, un străin pe internet sau în parc, un specialist în astfel de probleme, la celălalt capăt al telefonului. Dacă te simți pregătită și confortabilă, acest lucru poate face cu adevărat diferența. Acum sunt foarte filozofică, în ceea ce privește propria mea călătorie. Mă uit destul de des la Evelyn cu admirație – este incredibilă, unul dintre cei mai buni oameni și cu atâta viață, imaginație și tupeu – mă simt cu adevărat umilită să-i fiu mamă. Ea nu ar fi fost aici dacă nu aș fi suferit primul avort spontan și știu că aș fi simțit la fel și în legătură cu copilul care nu a existat niciodată, dar pur și simplu nu-mi pot imagina o lume fără fiica mea – așa că, pentru asta, sunt recunoscătoare.

Sfatul meu pentru cei care doresc să sprijine pe cineva care a trecut printr-un avort spontan ar fi următorul: „Ascultați!" Nu forțați persoana să vorbească dacă nu este pregătită; trimiteți mesaje pentru a spune că vă gândiți la ea și că așteptați momentul în care va dori să vorbească. Îi puteți duce ceva de mâncare sau puteți să aveți grijă de copil ori de câine pentru o zi. Știu că nu veți dori să jigniți și că veți încerca să vă arătați dragostea, dar încercați să evitați să spuneți lucruri precum „este normal" sau „vei putea rămâne din nou însărcinată" – deși, transmise cu bune intenții, aceste fraze pot face ca sentimentul de pierdere al unei persoane să pară banal.

Îți mulțumesc foarte mult că ai rămas alături de mine pe parcursul acestui capitol dificil; a fost la fel de greu de scris, pe cât a fost probabil de citit. Nu uita niciodată, indiferent de situația în care te afli – suișuri, coborâșuri, suferințe – cu toții suntem miracole înfloritoare! Așa că apreciază-te pe tine, apreciază-i pe cei dragi și pe bebelușii voștri (chiar și pe cei pe care nu ați apucat să-i țineți în brațe)!

7

Nașterea

*Dacă ești femeie și încă nu ai copii, poate că ai
auzit câteva povești de groază despre travaliu, care
te-au făcut să strigi: O EPIZIOTOMIE?! Vezi tu, femeile
cu experiență în arena bătăliei nașterii sunt ca urșii –
au un mare talent de a mirosi carnea temătoare și
proaspătă, gata de a fi speriată. Aceasta are menstruație
– prindeți-o! Sincer, în calitate de figură maternă
semiexperimentată, acest tip de comportament
scandalos și alarmist este... doar pentru distracție.*

*Da, nașterea – ultimul nivel. Să spun ceva... Nimic nu
te va pregăti vreodată pentru evenimentul propriu-zis, de
a aduce un copil pe lume. Nicio carte, niciun curs, niciun
film nerealist de la Hollywood... Deși, sinceră să fiu, Alien
ar putea fi o reprezentare mai corectă decât majoritatea.*

Până acum, am făcut acest act de nebunie pură de
două ori, așa că probabil te gândești: „Ei bine, nu poate
să fie chiar atât de rău dacă s-a întors pentru mai mult!"
Ei bine, a fost, dar iată care este treaba cu Mama/Fratele

Naturii – e o scorpie. Cum s-a întâmplat, nu sunt pe deplin sigură… vrăjitorie, șmecherie, o afacere de rahat la duty-free… Dar la un an sau cam așa ceva după ce l-am născut pe Jack, cumva, tot spectacolul nasol al primei mele nașteri a fost șters din memorie, ca o scenă din „The Born Identity"[47], și prea curând m-am întors la a zâmbi cu drag la bebelușii în formă de cartofi din parcurile publice. Ce escrocherie! Vicleană și manipulatoare, natura se folosește de hormoni pentru a păcăli părțile din creierul nostru responsabile de autoconservare, în special partea care spune: „Stai! A durut ca naiba data trecută, mai bine nu o mai facem din nou!" Fetelor, cea mai mare minciună pe care ne-o vom spune vreodată este că nașterea nu a fost atât de dureroasă. Este chiar mai rea decât atunci când îți spui că este în regulă să mănânci o pungă întreagă de Mini Eggs pentru că mai târziu vei mânca un măr și vei face șase abdomene. În ciuda faptului că data trecută am fost complet terminată – am rămas cu sângerare și am avut nevoie de copci – durerea, indignarea și calvarul de până atunci se transformă în mod ciudat în nimic altceva decât o amintire neclară a faptului că a fost „puțin jenant". JENANT?! Nu e ocluzie intestinală! E un om prins în capcană și se străduiește să iasă prin toate mijloacele posibile. De ce toate celelalte amintiri traumatizante ale vieții rămân, în timp ce grozăvia nașterii se estompează mai repede decât o vopsea ieftină? Îți spun eu: pentru că

47 Analogie între filmul „The Bourne Identity", 2002, care spune povestea unui bărbat, care a fost împușcat și îngrijit apoi de niște străini. Revenindu-și, nu își mai amintește nimic din viața de dinainte de accident, astfel că pornește în călătoria de a-și regăsi identitatea, nefiind conștient de pericolele care îl pândesc la tot pasul și born: „născut" în engleză.

Sophie McCartney

rasa umană depinde de noi, femeile, care suntem capabile să apăsăm butonul de resetare din fabrică pe partea rațională a psihicului nostru, uitând complet de atrocități în favoarea continuării speciei. Este un mic fenomen la care îmi place să mă refer ca fiind:

baby-amnezie
substantiv
Pierdere parțială sau totală a memoriei, care apare după grozăvia nașterii. Fata proastă este din nou însărcinată – trebuie să fie nebună de legat sau să sufere de un caz sever de baby-amnezie.

Un exemplu al acestei anomalii îl reprezintă existența fiicei mele pe aceste câmpii pământești. Este absolut uriașă, iar eu aspir să fiu la fel ca ea – o ființă îndrăzneață, încrezătoare, sigură pe sine, care poartă rochii de prințesă și arme Nerf. O lume fără ea ar fi un loc mai puțin vesel și existența ar fi mai lipsită de culoare. Acestea fiind spuse, trauma lăsată în urmă de sosirea fratelui ei cu câțiva ani mai devreme m-a făcut inițial să fiu sigură că va fi un copil unic – asta până când a apărut baby-amnezia… Atunci m-am transformat în Dory din „Finding Nemo" („În căutarea lui Nemo"), dorind ca sperma soțului meu să „continue să înoate, să continue să înoate". Motivul din spatele reticenței inițiale s-a datorat faptului că nașterea lui Jack a fost foarte, foarte dificilă. În momentul în care m-am căsătorit cu Steve, habar nu aveam că toți băieții din familia lui au ieșit de mărimea lui Dwayne „The Rock"

Johnson – ca şi cum toţi ar fi înghiţit shake-uri proteice şi ar fi tras de haltere la sală încă din momentul conceperii. Nu pot să subliniez îndeajuns cât de important este să întrebi orice potenţial pretendent, ÎNAINTE de a te angaja într-o viaţă cu el, dacă naşterea lui a ajuns în *Daily Mail*. Luaţi decizii în cunoştinţă de cauză, oameni buni! Eu nu mi-am dat seama că voi creşte un băiat sau că va fi suficient de mare pentru a merge la toate atracţiile de la Alton Towers[48] de la vârsta de un an, dar faptul că la cinci luni de sarcină semănam cu o anaconda care a înghiţit un cal ar fi trebuit să-mi dea de gândit. Merită menţionat faptul că un copil mare nu înseamnă neapărat o naştere dificilă – în cazul meu, au existat mai multe probleme care s-au combinat pentru a face lucrurile mai dificile decât ne aşteptam...

E şi o expresie militară celebră care spune că „o planificare adecvată previne o execuţie proastă", cu excepţia cazului în care dai naştere, adică... atunci pregătirea zboară pe fereastră mai repede decât un adolescent pedepsit, care se furişează pentru a merge la un club de noapte. Când vine vorba de travaliu, chiar şi cele mai bune planuri de genul „a te culca cu cineva" au o uşoară tendinţă de a merge prost. Cu Jack, planul meu a constat în principal în a-l împinge afară şi în a lua toate medicamentele la care aveam dreptul, din punct de vedere legal, o ambiţie realizată de o moaşă foarte înţeleaptă, care m-a informat că la ieşirea din spital după naştere nu primeşti o medalie pentru că eşti vreun erou. Acesta, prieteni, a fost stimulentul necesar pentru a ÎNCEPE petrecerea! Ca o notă serioasă, nu este nicio ruşine să iei medicamentele – nu

48 Parc de distracţii din regiunea Staffordshire, Marea Britanie.

Sophie McCartney

te face mai puțin mamă, pentru că nu ți-a plăcut în mod deosebit senzația de a fi ruptă în două. Suntem diferiți, cu praguri diferite de durere – tu doar fă-o pentru tine, iubito! Probabil că știi pe cineva care a făcut-o cu ajutorul iubirii unui partener foarte bărbos și a prafului magic – dar este experiența ta, așa că dacă vrei să te îndopi cu narcotice prescrise, fă-o! Nu suntem aici ca să judecăm.

Cu 12 zile peste termen și după un moment de incertitudine, în care nu au putut detecta o bătaie a inimii fătului, s-a luat decizia de a induce travaliul. Știi scena aceea din „Exorcistul", când fata stă întinsă pe pat și capul i se învârte la 360 de grade? Bine ai venit în videoclipul meu de naștere! Uau! Durerea a trecut de la 0 la 100 într-un timp foarte scurt. Când Steve a sugerat să încerce o abordare ceva mai naturală cu un aparat de electrostimulare TENS, înainte de a trece direct la medicamente puternice, am sugerat să-i leg penisul de un circuit electric în același timp, ca să putem compara durerea. Dacă nu ești tu cel care va naște, atunci TACI NAIBII DIN GURĂ! Nimănui nu-i pasă de părerea ta. Întoarce-te la mine după ce încerci să împingi un corp de peste 2,5 kg prin gaura greșită, apoi mai vorbim. Întruchipând spiritul unui adevărat britanic în fața unui bufet, această biată fată din Liverpool a decis să meargă până la capăt – încercând câte puțin din toate, înainte de a se întoarce pentru a doua oară. Gazul ilariant, cunoscut și sub numele de „gaz de râs", are nevoie de o revizuire a standardelor privind publicitatea; apropo – fata nu a râs nici măcar o dată… prea ocupată să se arunce în sus peste câțiva membri din domeniul sănătății care lucrau din greu. Îmi cer scuze pentru suferința lor.

Diamorfina[49] m-a scos din minți – mi-am pierdut câteva ore din viață și am o amintire foarte vagă a unei încercări de a mă da la personalul sanitar acoperit cu vomă. „Ai niște ochi foarte frumoși, dar nu-mi place cum miroase parfumul tău. Sună-mă." Din nou, îmi cer scuze. Sunt, de asemenea, destul de sigură că Stația Spațială Internațională a fost capabilă să transmită țipetele mele de înaltă frecvență pentru o anestezie epidurală de la 350 de kilometri deasupra Pământului. Ca să fiu sinceră, mă așteptam să mă doară – la urma urmei, se numește „travaliu" – dar eram total nepregătită pentru intensitatea și longevitatea lui... sau pentru mugetele pe care le-am emis. Nimeni nu îți spune că faza de „tranziție" presupune transformarea ta în vită.

După aproape 40 de ore de travaliu, zbătându-mă ca o balenă care se împerechează, cu un bebeluș încăpățânat și cu colul uterin blocat, speranțele mele de a avea o naștere naturală se stingeau mai repede decât șansele mele de a mai putea purta vreodată bikini. Camera s-a umplut treptat cu tot mai mult personal medical; doctori în vârstă de 20 de ani, cu aspect de prinți Disney, îmi scotoceau prin părțile intime de parcă și-ar fi pierdut Rolexul, în timp ce eu le făceam complice cu ochiul și parcă le spuneam... să scoată mai repede copilul! Discuții în surdină aveau loc în colțuri, în timp ce monitoarele erau verificate constant, până când, în cele din urmă, decizia privind modul în care urma să nasc nu mai era în mâinile mele... Și, din păcate, nici în vaginul meu. Se pare că, la fel ca mine, la o ieșire în oraș, singurul mod în care Jack urma să plece era să fie scos cu forța. Dar stați puțin, o cezariană nu era

---

49   Derivat semisintetic al morfinei, analgezic puternic.

Sophie McCartney

în plan! Mă înscrisesem pentru o naștere naturală (lăsând la o parte medicamentele) – în care el urma să iasă din regiunile mele inferioare și să ne fie prezentat ca într-o scenă din „Regele Leu". Noi doi nu am discutat cu adevărat ce s-ar fi întâmplat, în cazul în care aș fi fost dusă de urgență în sala de operație, prin urmare, ceea ce a urmat a venit ca un trăsnet. Se pare că epidurala nu prinsese, amorțindu-mi doar o parte a corpului, așa că atunci când a venit vorba de tăiere și extracție, încă puteam simți TOTUL. O groază absolută. Nu au inclus asta în CURSURILE DESPRE NAȘTERE, nu-i așa? Mulțumesc pentru placenta tricotată, Jane, dar ai uitat să menționezi că nașterea a devenit parte din „Saw"[50]!

Neavând timp pentru o rahianestezie, singura opțiune a fost o anestezie generală. Steve fusese o fortăreață de nezdruncinat privind emoțiile – păstrându-și calmul la suprafață, dar clocotind de mânie în interior – iar când l-au scos din cameră, teama i-a trecut prin mădulare și, ei bine… Eu mi-am pierdut complet cumpătul. Isterică și înmărmurită, mi-au întins brațele și m-au legat, mi-au turnat un lichid cu gust neplăcut pe gât și apoi s-au asigurat că lichidul a fost înghițit. Chestia asta m-a dus înapoi în zilele în carea beam sambuca, fiind la universitate. Era ca și cum totul se desfășura cu încetinitorul, dar, în același timp, și pe repede înainte… Profesioniștii din domeniul medical păreau niște linii neclare de albastru, în timp ce alergau prin sală, zgomotul metalic al echipamentului chirurgical îmi răsuna în urechi, iar când camera s-a întunecat, ultimele mele gânduri au fost: „Vă rog, nu-mi lăsați copilul să moară…"

---

50 „Saw – Puzzle mortal", serie de filme de groază.

Fie că era Dumnezeu care mă răsplătea pentru o faptă bună anterioară (puțin probabil), fie că făcusem o înțelegere, într-o stare pe jumătate lucidă, cu diavolul (mai probabil), când în sfârșit mi-am redeschis ochii, l-am văzut pe Steve... Ținea copilul în brațe, iar frica din ochii lui roșii și umflați fusese înlocuită de ușurare și de bucurie pură.

– Este băiat!

Emoționată și fără să pot să articulez mai mult, decât de niște sunete ciudate, nu am putut să spun nimic clar.

– Ghici cât cântărește? Are aproape cinci kilograme!

– CÂT?!

Asta m-a trezit imediat, nu-i așa? Nu e de mirare că nu am putut să-l scot din mine – cervixul meu nu a fost capabil să se extindă la diametrul unui megalodon. Mulțumesc lui Dumnezeu că nu a făcut-o, totuși... Ar fi fost ca o gaură neagră care s-ar fi deschis, întreaga lume fiind absorbită de forța gravitațională a colapsului meu.

Nu există o cale ușoară de a naște un copil, nu-i așa? Naturală sau cezariană, indiferent de modul în care copilul tău vine pe lume, poate fi o experiență profund traumatizantă. Am avut prietene, ale căror nașteri au fost mai lungi și mai dificile decât a mea și prietene care aproape că și-au născut copiii în parcările spitalelor – travaliile rapide nu par a fi mai bune decât cele „de maraton". Ceea ce este evident nu sunt doar cicatricile fizice pe care le lasă în urmă, ci și cele mintale. În mod incontestabil, corpul tău tocmai a trecut printr-o performanță de proporții supraomenești, așa că de ce nu suntem răsplătite pentru treaba atât de uimitoare pe care am făcut-o?

În săptămânile și lunile de după sosirea lui, m-am confruntat cu o luptă mintală clară, privind modul în care au decurs lucrurile... Fusesem complet jefuită de experiența mea de naștere planificată și asta m-a făcut să mă simt goală în interior. Săracul Jack, era ca și cum niciunul dintre noi nu era acolo când și-a făcut în cele din urmă apariția... Tatăl nu era nicăieri, iar mama era în stare de inconștiență, din cauza medicamentelor – sper că nu era o premoniție cu privire la modul în care se va desfășura restul vieții lui.

Visurile cu ochii deschiși despre cum ar fi fost să-mi văd copilul prima dată dispăruseră; nu a existat niciun moment demn de „Regele Leu", atunci când l-am văzut prima dată – nici girafe care să se încline în fața noastră și nici maimuțe care să arunce prin jur cu diferite chestii. A fost devastator din punct de vedere emoțional și m-a lăsat cu un sentiment de amărăciune. De ce nu am avut parte de același moment pe care l-au avut atâtea femei? Show-uri precum „One Born Every Minute" („Un născut la fiecare minut") au fost eliminate fără menajamente din listă, pe fondul refuzului meu de a vedea sau de a auzi de alte persoane care aveau nașteri perfecte. Acum, acest lucru pare complet ridicol – pentru că universul mi-a dat un băiețel perfect sănătos și toată lumea a supraviețuit. Faptul că a fost o cezariană, când noi plănuisem o naștere naturală, cu toată sinceritatea, a avut un impact enorm asupra călătoriei mele postpartum. Mi-a rodit în suflet ideea că nu am făcut-o „cum trebuie", că am eșuat în ceva pentru care corpul feminin, în teorie, a fost anume proiectat. Citești tot timpul despre asocierile negative legate de cezariană – ești „prea mofturoasă ca să împingi" sau ai ales „calea ușoară"... Serios? Alcatraz? Pe jumătate dezbrăcată, legată de o masă de operație care este prea îngustă pentru fundul tău dolofan şi iubitor de Mars, în timp ce regreţi ENORM că ţi-ai lăsat jumătatea să-ţi ciopârţească tufişul cu un Gillette neascuţit. În acel moment, nu eşti pretenţioasă, privilegiată, leneşă sau o persoană care trece prin cea mai bună perioadă din viaţa sa – eşti tăiată şi speriată de moarte. Cuvântul „natural" m-ar tăia la fel de adânc ca bisturiul care mi-a cioplit naşterea presupus „nenaturală" – mai ales când este rostit de persoane critice care au crezut că merită o insignă de onoare pentru că şi-au adus pe lume copiii prin canalul lor de naştere, şi nu prin „canalul lor de vinovăţie". „Oh, nu ai reuşit să naşti natural?" Acest lucru se spune întotdeauna cu o înclinare uşoară a capului. Nu... şi dacă aş fi făcut-o, atunci vaginul meu cavernicol, distrugător de galaxii şi spărgător de oase ar fi înghiţit tot, aşa că... EŞTI BINEVENIT!

Din cauza reţinerilor mele legate de cezariană, atunci când baby-amnezia a lovit şi mi-a dăruit-o pe Evelyn, în mintea mea nu exista absolut nicio şansă ca o altă naştere prin cezariană să aibă loc. Copilul urma să iasă pe ieşirea principală, fie că-i plăcea sau nu: „Bună ziua, NVDC!" (sună ca o trupă de băieţi din anii '90, dar, de fapt, înseamnă Naştere Vaginală După Cezariană). Ceva ce nu a fost cu adevărat luat în considerare în procesul meu de luare a deciziei a fost că poate că nu am fost concepută pentru a naşte copii – o problemă care a devenit mult mai evidentă la a doua sarcină. Dacă aş fi avut acces în prealabil la un glob de cristal care ar fi arătat că fiica mea de cinci ani va fi o rebelă extrem de încăpăţânată, imprevizibilă şi împotriva oricărei reguli, aş fi reevaluat încercarea de a o împinge printr-o gaură întunecată. Evelyn nu face nimic din ceea ce nu vrea să facă şi, cu siguranţă, NU voia să facă speologie ginecologică. În ciuda faptului că a venit pe lume cu o săptămână mai devreme decât era planificat, era fericită să fie hrănită intravenos cu tort și nu era pregătită să părăsească pântecele meu fără o luptă mare.

Din nou, am ales să nu aflăm sexul, dar ni s-a spus că dacă „de exemplu" ar fi fost fată, atunci probabil că ar fi fost mai mică și ar fi avut mai multe șanse să iasă pe ușa din față, în loc de acoperiș. S-a programat o examinare timpurie la 38 de săptămâni, pentru a vedea dacă putem face lucrurile să meargă – dacă nu reușeam, atunci nașterea ar fi fost indusă la data stabilită.

La aproximativ două zile după control, ceva a venit pe lume... Din păcate, a fost mai puțin „un bebeluș drăgălaș, pe care ai fi vrut să-l îmbrățișezi", mai degrabă, a fost „ceva care arăta ca un melc". L-am luat și l-am băgat sub nasul lui Steve și am zis: „IUBIRE!!! CE ESTE ASTA?! Oh, stai... Nu-ți face griji – cred că e doar mucusul meu!" Desigur, eram încântată, în timp ce mucusul se usca în coșul de gunoi din baie, pentru că asta însemna că se întâmpla ceva. A doua zi, când ce mă aplecam peste cadă cu Jack, mi-a curs lichid pe picioare... Și asta a fost! Mai întâi, dilatarea cervixului, apoi apele – era timpul! După ce l-am scos pe Steve din cârciumă, am alergat la spital, apoi am stat în maternitate timp de trei ore – mă simțeam ca acasă. Se pare că tocmai făcusem pipi pe mine. Ciudat! Zilele următoare au fost un coșmar; contracțiile veneau și plecau – la fel ca mine, din spital. În cazul unei nașteri vaginale, după o cezariană, în momentul în care ai un semn de travaliu, trebuie să fii evaluată din cauza posibilelor riscuri de ruptură a incizei făcute în timpul cezarienei. În trei ocazii diferite, ni s-a spus că bebelușul va sosi în acea zi, doar pentru a fi trimisă acasă câteva ore mai târziu, deoarece contracțiile dispăruseră complet. Se pare că Evelyn nu a primit mesajul că bebelușii trebuie să iasă din vagin, nu să se răsucească brusc acolo. Cinci zile mai târziu, după ce am plâns urât în maternitate, o moașă cu inimă bună a avut milă de mine și a reușit să-mi declanșeze travaliul activ și astfel să-mi distrug complet noii mei papuci. Iată un pont: atunci când îți faci bagajul de spital – nu te obosi să-ți cumperi papuci noi și eleganți sau altceva nou pentru eveniment. Ia ceva pe care câinele familiei a dormit deja și pe care l-a ros într-o oarecare măsură – adăugarea de fluide corporale suplimentare nu va face nicio diferență și vei fi fericită să îl arzi pe un foc ceremonial după aceea, în timp ce scandezi în mod repetat sacrul „niciodată".

Înainte de prima naștere, căutările mele pe Google constau în „Cum știi dacă ești în travaliu?" Ha-ha! De atunci am descoperit că este destul de ușor: dacă scuipi venin ca o cobră încolțită și amenințy să tai o moașă cu un cateter, ești în travaliu! În clipa în care capul micuț și osos al fiicei mele s-a înfipt în cervixul meu neînduplecat, ceața de baby-amnezia s-a ridicat în mod ironic și am realizat cu o claritate de nedescris cât de dureros a fost travaliul... Eram ca o Celine Dion furioasă: „TOTUL ÎMI REVINE ÎN MINTE ACUM! TOTUL ÎMI E CLAR!"

În încercarea de a face lucrurile diferit de data aceasta, am decis că pentru a-mi deschide colul uterin, mai întâi trebuie să-mi deschid mintea... cu abordări holistice ale nașterii. Ca să fiu sinceră, bazinele de naștere nu sunt genul meu. Nu prea îmi plăcea să fierb lent cu propriile sucuri și excremente plutitoare. „Îmi trebuie o sită, Steve!"

Totuşi, dacă asta însemna să scot copilul fără operaţie, puteam să fac un sacrificiu. Am rezistat cam 25 de minute. Calea naturală ar putea să dea înapoi. Am vrut totul – o echipă de asalt aerian care să coboare din tavan cu o anestezie epidurală, fete din anii '90 care să se plimbe cu cutii cu pudră şi seringi cu orice ar fi găsit la colţul străzii. La un moment dat, un medic mi-a oferit paracetamol lichid, în timp ce aşteptam anestezistul. „Îmi cer scuze… CALPOL[51]?!" Nu are niciun sens. În cele din urmă, cineva a sosit cu narcotice injectabile care nu erau cu aromă de căpşune, iar lumea a devenit din nou un loc mai bun. La scurt timp după aceea, a sosit epidurala şi perspectiva de a putea împinge un copil afară a devenit din nou posibilă. Ei bine, aşa am crezut atunci. Au trecut ore şi nimic nu părea să se întâmple, în afară de nevoia neîncetată a lui Steve de a mă mângâia încontinuu ca pe o pisică. Pisicilor aflate în travaliu nu le place să fie atinse. O lecţie pe care el, cât şi mâna lui, au învăţat-o pe calea cea grea. Cu toate acestea, colul meu uterin ajunsese la mult râvnitul indicator de dilatare de zece centimetri – dar nu căzuse niciun copil şi nimeni nu-mi spunea să împing. Mai era şi o problemă care se pregătea… în stomacul meu. Un număr doi era mai mult ca sigur la orizont, şi nu de genul celui de-al doilea copil. Scuzaţi-mi jocul de cuvinte, dar echipa medicală a respins acest lucru – se pare că era doar corpul meu care îmi spunea să împing. După ce am scos mai multe rahaturi decât copii la vremea mea, eram destul de convinsă de autoritatea pe care o aveam în această privinţă – doar că ei nu au fost de acord cu asta. În timp ce încercam să reţin înăuntru masa de cârnaţi şi fasole prost

---

51 Suspensie orală pentru copii, conţine paracetamol, scade febra şi îndepărtează durerea.

planificată din noaptea precedentă, au sosit din ce în ce mai mulți doctori și moașe. În colțurile încăperii se purtau conversații în surdină și un sentiment oribil de déjà-vu mă cuprindea. Însă am ajuns repede la etapa de împingere, iar Steve îmi spunea să continui și să mă strǎduiesc mai mult… Bǎieți, dacǎ citiți aceste rânduri, nu va fi un semn bun. De asemenea, o doctoriță înfricoșătoare a strigat la mine dintre picioarele mele – cu cine credea ea cǎ vorbește?! „Nu la mine ar trebui sǎ țipi, dragǎ! Coboarǎ de acolo și revino la vocea normalǎ!" Mi-a pǎrut puțin rǎu pentru ea la final, pentru cǎ m-a inspirat sǎ nasc ceva…. dar a fost plin de carne de porc și fasole. „DOAR ȚI-AM SPUS CĂ AVEAM NEVOIE LA TOALETĂ!"

După acea mică livrare neplanificată, nevoia de a împinge s-a disipat, iar anxietatea din camerǎ a crescut de zece ori – nimeni nu știa cum sǎ deschidǎ ferestrele. Cu picioarele desfǎcute și tot mai mulți oameni care soseau (posibil, chiar și o excursie școlarǎ în trecere care confundase zgomotele care ieșeau din camerǎ cu o grǎdinǎ zoologicǎ), lucrurile începeau sǎ devinǎ serioase… Atât ritmul cardiac al meu, cât și al bebelușului erau peste tot pe monitoare, iar temperatura mea urcase cam mult. Totul mergea prost și trebuiau sǎ scoatǎ copilul imediat. Dupǎ toatǎ anxietatea, durerea și munca grea, se anunța o altǎ operație de urgențǎ. Instinctul a preluat complet controlul – am renunțat mintal și m-am predat de bunǎvoie profesioniștilor. Atât timp cât salvau copilul, nu-mi pǎsa cum se întâmpla. Din fericire, au reușit sǎ-mi facǎ o anestezie spinalǎ, iar cea mai mare teamǎ a mea de a fi din nou pusǎ la pǎmânt nu s-a adeverit. Steve a putut sǎ rǎmânǎ, iar câteva minute mai târziu, de dincolo de cearșaful albastru, a apărut micuța noastră regină leoaică, Evelyn. O fetiță. Eram topită. A fost așezată pe pieptul meu pentru a fi legănată cu brațele mele tremurânde de la anestezie și de la șoc, dar eram absolut îngrozită de ideea de a o scăpa, iar astfel să se lovească la micuțul ei cap frumos (dar oarecum conic). Steve, plângând, a mers cu ea când a fost luată cu forța pentru a fi verificată de echipa medicală, lăsându-mă acolo pentru procedurile necesare care să mă reîntregească. Pierdusem o cantitate destul de mare de sânge – aparent, un risc al unei cezariene – iar medicii făceau și comentarii despre un miros urât care venea din interiorul meu. „Mulțumesc, băieți, sunt aici…" S-a dovedit a fi o infecție în uterul meu, explicația pentru care, încă o dată, lucrurile nu au mers conform planului. Recusută și în curs de recuperare, micul nostru cerc al vieții s-a reunit și am devenit oficial o familie cu patru membri.

Am simțit că am avut o șansă destul de mică și, în mod ciudat, nu am mai avut același sentiment de vinovăție pe care îl avusesem după nașterea lui Jack. După ani de zile în care m-am învinuit că nu făcusem lucrurile „așa cum trebuia", eram împăcată cu modul în care fiica mea venise pe lume. Ea a fost apelul meu de trezire atât de necesar. Am supraviețuit, iar acesta este cel mai important lucru. Doamnelor care sunt pe cale să nască prin cezariană, cât și doamnelor care au făcut-o, le spun atât: „Nu vă faceți un deserviciu!"

Cezariana nu reprezintă o soluție ușoară. Acceptă tot ajutorul care ți se oferă, plângi cât de mult vrei, dar, mai ales, acordă-ți încrederea pe care o meriți. Femeile, deși toate sunt proiectate aproximativ la fel, au diferențe fiziologice cu un impact masiv asupra nașterii. Corpul meu nu a fost construit pentru a împinge oameni afară, mai ales pe cei mari. Preferința mea pentru bărbații chipeși, cu umeri largi (Steve, cu plăcere!), combinată cu pelvisul meu îngust, în vremurile de odinioară ar fi dus la o condamnare la moarte. Așa că de ce m-aș simți vinovată că sunt în viață? E o adevărată prostie. Suntem prea duri cu noi înșine... În mod natural, prin cezariană, prin mamă-surogat, prin adopție ... copiilor nu le pasă cum au venit pe lume – le pasă doar de dragoste, de fericire și de gustări... De toate gustările.

Când vine vorba de a da sfaturi despre travaliu... Nu am niciun sfat, în afară de renunțarea la naștere! Mergeți cu o minte deschisă (un col uterin deschis ajută și el) și cu ideea de a accepta evenimentele care vor urma. Încă mă întreb: „Dacă nu s-ar fi creat atâtea așteptări în jurul momentului nașterii lui Jack, ar fi existat la fel de multe sentimente de eșec și nepotrivire?" Oamenii sunt imprevizibili, mai ales cei mici, iar lucrurile se pot schimba dintr-o clipă în alta – nu este întotdeauna rezonabil să urmărești o anumită strategie, cu privire la modul în care ar trebui să se întâmple lucrurile, pentru că vei rămâne doar cu sentimentul de dezamăgire că lucrurile nu au ieșit așa cum se dorea. Este înfricoșător ca naiba; este marele necunoscut – un moment crucial în viață care schimbă TOTUL. Nu ai cum să știi cum te vei descurca într-o anumită situație până când nu te găsești în ea. De asemenea, nu asculta chiar tot ce spune lumea – nașterea este ca un fulg de nea... individual; o naștere nu seamănă cu alta. Mai mult ca sigur că ceea ce i s-a întâmplat unei femei nu i se va întâmpla și alteia. Doar pentru că eu am avut un travaliu greu, nu înseamnă că se va întâmpla la fel şi la altă naştere; doar pentru că prietenele tale plănuiesc să nască prin hipnonaştere[52], nu înseamnă că şi tu trebuie să procedezi la fel. Doar pentru că ţi se oferă toate medicamentele, nu înseamnă că trebuie să le şi iei... Dar probabil că va fi singura dată legală când te vei afla în această situaţie. Carpe diem şi toate astea... În ceea ce priveşte sfaturile, totuşi, am câteva pentru parteneri.

1. A leşina: Nu o faceţi, este enervant.

2. A intra în panică: Nu o faceţi; şi acest lucru e enervant.

3. A respira: Nu o faceţi, este enervant.

4. A atinge: Nu o faceţi, este enervant.

5. A face glume: Nu o faceţi, este enervant.

6. A face fotografii: Nu o faceţi, este enervant.

7. A dormi: Nu o faceţi, este enervant.

8. A mânca: Nu o faceţi, este enervant.

9. A părăsi incinta: Nu o faceţi, este enervant.

10. A întreba „oare, ce este mirosul ăsta?": Nu o faceţi, probabil e un rahat.

Iar pentru cele care se tem că şi ele vor fi lovite de baby-amnezie în viitorul apropiat, mi-am permis să scriu o mică scrisoare pentru a-mi reaminti că nu trebuie să mă las atât de uşor influenţată...

Dragă viitorule eu,
Îndepărtează-te de acel copil cartof.

Ai deja doi copii: un băiat şi o fată; sunt sănătoşi şi fericiţi. Renunţă cât timp eşti în avantaj.

Totuşi, nu-ţi vei aminti cât de mult te-au durut fizic aceste două „binecuvântări" când au venit pe lume. Eşti

---

52 Naştere cu ajutorul hipnozei.

orbită de dragostea ta pentru ei, chiar dacă probabil unul dintre ei tocmai s-a lungit pe covorul din sufragerie, iar celălalt este lins de câine.

Du-te şi uită-te în oglindă la ceea ce a fost buricul tău – nu-l vezi? Asta pentru că acum se află sub straturi de piele. Caută-l... Gata, l-ai găsit. Acum evaluează-ţi cicatricea de la cezariană – ţi-a distrus şansele de a deveni model pentru Victoria's Secret... Dacă te simţi melancolică, du-te înapoi, în timp, într-un loc întunecat, când moaşa ta ţi-a spus: dacă nu ai făcut suficient pe tine, în timp ce ai născut, înseamnă că nu te-ai străduit destul. Chiar vrei să retrăieşti acele momente? Nu prea cred. Mergi la toaletă în privat (bine, cu copii mici şi un câine care te privesc) şi savurează cât de frumos este. Travaliul poate fi o experienţă frumoasă şi magică pentru unele femei. Dar tu nu eşti una dintre ele. Naşti copii Hulk, răi de tot, care se bucură să urmeze căi neconvenţionale în toate aspectele vieţii lor. Înţelegi aluzia. Copiii tăi sunt ca nişte pisoi nătângi care reuşesc să se strecoare în spaţii strâmte, dar nu se pricep prea bine să iasă. Acest lucru nu trebuie uitat.

Peste ani, nu-ţi vei mai putea aminti cu exactitate durerea naşterii, ci doar că te-a durut puţin. Aceasta este o MINCIUNĂ. Dacă te-ai lovit recent la degetul mic de la picior, imaginează-ţi durerea de o sută de ori mai mare şi în direcţia colului uterin. Demnitate. Ai un pic, foarte puţin din aceasta acum; încă un copil, şi o vei pierde definitiv. De asemenea, eşti josnică în timpul travaliului. Singura ta metodă de comunicare pare să fie prin intermediul obscenităţilor, combinate cu o serie de clipiri reci şi terifiante ca în codul Morse.

Sophie McCartney

Moaşele sunt persoane bune şi harnice. Dar tu nu te-ai purtat frumos cu ele.

Mult prea curând, nu îţi vei mai aminti durerea, secţiile de la urgenţă, pierderile de sânge, complicaţiile şi infecţiile. Vei fi atât de îndrăgostită de micuţa ta familie, încât vei dori să continui să faci mici versiuni ale tale şi ale soţului tău până când fie contul tău bancar, fie uterul tău se va prăbuşi. Emoţiile pentru aceşti micuţi sunt de neegalat, dar nu trebuie uitat următorul lucru... ACUM DORMI! Eşti capabilă să pleci din casă fără să arăţi ca şi cum ai fi evacuată, cu 20 de saci de lucruri şi destule franzele pentru a face o replică în mărime naturală a Turnului Eiffel.

Vor exista dureri şi tristeţe, ştiind că Evelyn va fi ultimul tău copil. După ea, nu vor mai exista primele zâmbete, primele sunete sau primii paşi poticniţi (până la primii paşi de beţiv adevărat). Singurele coapse dolofane vor fi ale tale. Asta va fi nasol. La fel ca realitatea că va trebui să triezi toate hainele lor micuţe şi să dai ce nu mai este necesar... 100 de veste pătate de rahat pe care le-ai păstrat, în caz că mai este nevoie de ele...

Dacă stau să mă gândesc bine... Naşterea nu a fost chiar atât de dureroasă. Da, a durut puţin şi a lăsat câteva cicatrici fizice şi emoţionale, dar nu a fost chiar atât de rea, nu-i aşa? Poate încă unul, şi gata...?

După naștere

După luni întregi de teamă, retenție de apă, frică de travaliu și tremurat de genunchi, ai născut un copil. Felicitări! Acum faci parte dintr-un club super special de femei care știu că acele cursuri prenatale sunt o porcărie absolută. Nu te ajută deloc. Ia-ți colul uterin tricotat, Jane, și bagă-ți-l pe gât!

Luni întregi, uneori zile întregi – uite ce ai realizat! Ai creat un omuleț frumos, care arată ca o încrucișare între socrul tău și un mops, și este acoperit cu chestia aia albă care iese din șuncă atunci când o prăjești. Odată cu sosirea unei noi vieți, vine și gustul celei mai pure, profunde și necondiționate iubiri pe care o poate experimenta orice om... pentru moașa care introduce supozitorul care ameliorează durerea. Se simte ciudat la început, dar crede-mă, ia-o ușor și simte dulcea, dulcea ușurare. Ești plină de viață, de dragoste și de droguri de calitate proastă, dar valul de emoții pe care îl simți pentru nou-născutul tău este de neegalat. Pupat de milioane de ori, este singura dată când vei pune cu plăcere gura pe ceva care a făcut un stagiu în vaginul tău. Și ce se întâmplă după ace-

Obosită și testată   135

ea? Rezidență permanentă în al nouălea cer? Pleci spre
apus cu senzorul ISOFIX care piuie tot drumul, pentru că
habar nu ai cum se montează scaunul auto? Ei bine, da,
dar nu la început, pentru că mai întâi trebuie să treci prin
niște formalități administrative postpartum...
Și nu mă refer la placentă.

Perioada de după naștere este perioada extrem de emoțională și incredibil de nedemnă de „ce naiba se întâmplă în realitate", după ce ai adus pe lume copilul. Traumatizată și fără experiență, în ceea ce privește manipularea urmașului tău, ești aruncată într-o lume complet nouă pe care nu știi, în niciun fel și sub nicio formă, cum să o abordezi. Chiar dacă ai avut un travaliu rapid, ești terminată fizic și psihic și, probabil, încă în stare de epuizare; așa că te întrebi care este următorul pas logic. Probabil, un somn decent de 12 ore, nu? Dormi, te trezești odihnită și te simți înviorată și cu chef de a te juca de-a părintele? GREȘIT. Ești mândra proprietară a unui difuzor de sunet uman ce se aude peste tot și care, având în vedere circumstanțele în care a venit pe lume, pare destul de neacceptabil de furios pe tine. Oh, scuze... Cineva a forțat atât de tare să iasă din corpul tău, încât intestinul a dislocat fiecare bucată de carne roșie consumată de la vârsta de 20 de ani.

Noroc că partenerul tău e acolo să te ajute... Stai, ce-i asta? Nu are voie să rămână peste noapte cu tine în spital? NU AM FĂCUT DESTUL?! Se pare că nu. Este ora 21 și o asistentă cu un aer sever a sunat la sonerie. Ies din salon. După Jack, șocul a fost ireal. S-a născut la ora 16, iar după ce am petrecut câteva ore pentru a-mi reveni după anestezie, până când am fost dusă într-un scaun cu rotile la maternitate, Steve a avut timp doar să ne dea, mie şi proaspătului său copil, câte un sărut de rămas-bun, înainte de a fi scos afară şi de a se îndrepta spre restaurantul cu mâncare chinezească. Pe de altă parte, principala mea concluzie a fost că după ce am descoperit în sfârşit ce era meconiul nu voi mai savura niciodată Marmite[53]. Eram complet singură în spatele cortinei fragile din spital şi nu puteam să-mi mişc partea inferioară a corpului, nici măcar să mă întorc pentru a-l ridica pe proaspătul campion încoronat de la WrestleMania, „în vârstă de mai puţin de şase ore", fără să simt dureri usturătoare. Fără să vreau să fac scandal sau să tot sun la fiecare zece minute pentru ajutor, am continuat să mă zbat, plângând în tăcere, în timp ce încercam să manevrez un membru care se zbătea pe sânii mei. Privind în urmă, cu ochi mai limpezi şi ceva mai puţin traumatizaţi, mi-am dat seama de ridicolul situaţiei. Eram trează de 40 de ore, tăiată şi încă somnoroasă de la toate medicamentele. Eram un părinte începător, aflat sub influenţa calmantelor – cineva chiar trebuia să-mi comande un nenorocit de Uber. Dacă cineva care citeşte aceste rânduri este pe cale să nască (îmi pare rău pentru capitolul precedent... şi, ei bine, pentru tot ce voi spune în acesta), permite-mi să-ţi dau câteva sfaturi foarte importante. Să ceri ajutor nu te face un ratat. Aşa că, te rog, dacă te afli într-o situaţie dificilă, promite-mi că vei folosi soneria mai repede decât un Simon Cowell furios, în emisiunea „Britain's Got Talent", care priveşte o persoană surdă interpretând un cântec al lui Mariah Carey. PROMIŢI?

Nu ştiam ce vrea copilul meu de la mine... Sânge?

---

53 Pastă neagră, groasă, din drojdie, sare, legume; un produs vegetarian.

Probabil, şi de la cordonul ombilical – „Hei, unde s-a dus paiul ăla mare?" – ar fi făcut viaţa mai uşoară, pentru că noi doi nu eram chiar de acord cu alăptarea încă de la început. A mai fost cineva căruia i s-a arătat la cursul prenatal un filmuleţ cu un nou-născut, cu ochii întredeschişi din cauza strălucirii vieţii din afara uterului, care se târăşte pe burta mamei sale şi se prinde fără efort direct de sfârcurile ei? Da... asta nu s-a întâmplat în cazul meu – retrospectiv, o binecuvântare, deoarece semăna cu o cârtiţă fără blană care se plimba cu motorul pe o femeie semiconştientă şi pe jumătate dezbrăcată. TERIFIANT. Nu, aşa cum mă temeam iniţial, ambii mei copii mi-au moştenit simţul ridicol de slab al direcţiei, aşa că în loc să se îndrepte spre sfârcurile mele gigantice au încercat cu furie să sugă nutrienţi de la subsuorile mele urât mirositoare, nebărbierite, posttratament.

Cu Jack, în cele din urmă, strigătele lui revoltate trebuie să fi făcut pe toată lumea să se supere atât de tare, încât o asistentă a apărut printre perdelele mele, cu cizme în picioare şi cu o găleată în mână, gata să mă mulgă. Oh, ce indignare... Totul, pentru aproximativ trei picături de lapte gros, gălbui şi închegat, pe care l-a înghiţit dintr-o seringă şi apoi s-a culcat imediat. TIMP DE CINCI MINUTE. Băiatul era aproape de aceeaşi mărime ca un curcan de Crăciun congelat, aşa că, bineînţeles, s-a uitat la shake-ul său de vanilie şi s-a întrebat unde naiba sunt Big Mac-ul şi cartofii prăjiţi.

Nu am înţeles niciodată cu adevărat cum funcţionează privarea de somn ca formă de tortură, până când am încercat să dorm într-o maternitate plină cu bebeluşi care ţipau. Mă simţeam de parcă toate mamele fuseseră capturate de forțele inamice și duse acolo, în încercarea de a divulga secrete guvernamentale. Să spun ceva: eram dispusă să recunosc orice, dacă asta însemna o noapte liniștită în patul meu.

Unul dintre puținele beneficii ale faptului de a fi permanent trează, mai ales în toiul nopții, este că ai mult timp pentru a-ți inspecta lucrarea făcută. Este șocant să vezi o ființă umană reală pe care ai creat-o. Să te gândești că a trecut de la un spermatozoid microscopic și un ovul la o persoană în carne și oase este absolut uluitor. Au o față perfectă pe care speri că se vor vedea doar zâmbete, urechi mici și păroase (sau sunt doar copiii mei vârcolaci?) pentru care te rogi să audă doar cuvinte frumoase și degete comestibile, gata să fie ronțăite. Inocența, deliciul și fragilitatea lor te zguduie până în măduva oaselor. Așa, pur și simplu, ai responsabilități și o altă viață decât a ta de protejat – ei sunt întreaga ta lume, iar tu ești a lor... adică, până când încep să țipe din nou și poți găsi o altă persoană pe care să o tortureze. În cazul meu, lăptăreasa mea personală, care a apărut din nou prin cortină, dar în loc să încerce să facă o a doua masă pentru cel mic a întrebat dacă nu ar trebui să încerce să-i dea cu seringa niște lapte praf. FORMULĂ? Ce ar spune brigada „sânul este cel mai bun”? După ce mi-am pierdut complet controlul ochiului stâng din cauza oboselii și cu mușcături de dragoste la subraț, nu mi-a păsat deloc și am acceptat cu plăcere oferta de ajutor și poate chiar ocazia de a trage un pui de somn. Bineînțeles, nu am închis un ochi. Doar am stat întinsă acolo, trează, panicată că era o moașă falsă care îmi furase copilul. S-a dovedit că era legitimă și l-a returnat o jumătate de oră mai târziu, ca el să-și poată continua demonstrația cu strigătele – atrăgând și ceilalți bebeluși din salon într-un cor de țipete înalte și ascuțite de foame.

„Cum te descurci cu pierderea kilogramelor?" Nu e o întrebare despre ce spune cântarul postpartum, pentru că vei arăta ca și cum ai avea încă un copil în tine, în viitorul imediat. ACEST LUCRU ESTE NORMAL. Acceptă-l, mănâncă niște Dairy Milk, iar dacă cineva pomenește în prezența ta cuvintele „să îți revii cât mai repede", aruncă-i o pungă de Doritos în cap. Nu, e vorba de pierderea de sânge. Acum, fie am fost prea ocupată să pregătesc băuturi după naștere la cursul pe care l-am urmat și am ratat complet acest lucru, fie subiectul nu a fost discutat în detaliu, pentru că în mintea mea nu am avut nicio pregătire pentru amploarea sângerării. Poveste adevărată – stând în picioare pentru prima dată după naștere, 40% din măruntaiele mele au căzut pe podea. Bineînțeles, am luat totul cu binișorul. „STEVE, CHEAMĂ O AMBULANȚĂ, AM O HEMORAGIE!"

Din fericire, a fost foarte calm în răspunsul pe care mi l-a dat. „Iubito, suntem deja într-un spital, hai să-l întrebăm pe acest profesionist al domeniului medical care stă lângă noi cu un mop..."

De asemenea, se pare că este perfect normal. Din cauza cezarienei, am presupus în mod naiv că în vreme ce ei erau acolo, în căutarea timpului pierdut, vor face un traseu complet de cinci stele și vor curăța totul pentru mine – poate vor agăța un mic odorizant de aer în formă de inimă de labiile mele. Nu, ei nu au făcut asta. Cu toate acestea, îți dau un pled pentru cățeluși, foarte drăguț, pe care să te așezi ca să nu le murdărești așternuturile. Făcea nişte zgomote deosebit de plăcute, un fel de fâşâială, şi asta în timp ce conversam cu socrul meu:

– Ce e zgomotul ăsta?

– Oh, e ceva care să-mi prindă toate sucurile; ai grijă la punga colectoare atunci când te ridici!

Cantitatea de sânge închegat eliminată era îngrozitoare – asemănătoare cu cea dintr-un film de groază cu scutece pentru adulţi. Una dintre asistente m-a întrebat: „Ai cheaguri de 50 de cenţi, dragă?" Ce, ca la automatul storcător de fructe din spital? De asemenea, nimeni nu a spus un cuvânt despre acele prosoape sanitare gigantice, asemănătoare Marelui Zid Chinezesc, pe care trebuie să le încaleci de fiecare dată când păşeşti în pantalonii de bunică la fel de mari de după naştere. În timp ce mă ajuta să intru în ei, sunt convinsă că Steve nu s-a simţit deloc ca şi cum ar fi câştigat premiul cel mare în bani.

Un alt lucru care m-a dat absolut peste cap a fost cât de repede eşti dată jos din pat după ce iese un om din tine, mai ales după o cezariană. Când eram copil, am avut o operaţie la stomac şi am stat la orizontală zile întregi după aceea, aşa că imaginează-ţi surpriza când cateterul meu a fost scos mai repede decât o mamă care are grijă de copii.

– Haide, iubire, e timpul să faci un duş!

Mi s-a pus un ulcior în mână pentru a aduna urina şi am fost ridicată. Sincer, am avut perioade mai lungi de recuperare după mahmureală – când nu era întotdeauna o persoană care ieşea din mine, ci mai ales alegeri proaste de viaţă şi tequila. De asemenea, de ce sunt atât de fixaţi pe igiena personală, când în primii doi ani de parenting nu vei avea niciodată timp să te speli? Creează speranţe false, asta fac. Lasă-ne să ne înăbușim în propria mizerie și grăsime de păr, ca să ne putem aclimatiza. Oricum, la mai puțin de 18 ore după ce am născut, am coborât din secție. Din fericire pentru Steve, și el ajunsese. Poate ai văzut câteva scene sexy la duș, dar sunt dispusă să pariez că sunt nimic, în comparație cu ceea ce s-a întâmplat între mine și soțul meu în acea cameră umedă de spital. Uită de „Fifty Shades of Grey", au fost 50 de nuanțe de… deznădejde. În mod seducător, m-a împins pe gresia alunecoasă de culoarea bej a băii. „Du-mă…", am șoptit, agățându-mă de umerii lui încordați, „la toaletă… și adu ulciorul". Inima mi-a tresărit când el și-a folosit forța pe cale de dispariție pentru a mă așeza pe scaunul toaletei. Aproape că m-a tras în țeapă cu balustrada rabatabilă. Și-a strecurat mâinile între picioarele mele, iar eu am scos un geamăt scăzut și gutural… tocmai îmi lovise fundul cu mânerul nenorocitului de ulcior. „Vreau ca tu…", am spus răsuflând, „să mă ștergi în locul meu – nu mă pot apleca cum trebuie". El, însă, era prea ocupat să-mi scoată ciorapii medicinali pătați cu sânge de pe picioarele mele nebărbierite, corpul lui tremurând incontrolabil, în timp ce îi arunca într-un coș de gunoi care mirosea dubios. Umflată, udă, congestionată și simțindu-mă murdară, o pulsație intensă îmi traversa tot corpul. Mi-a simțit urgența și nu s-a abținut, făcându-mă să gâfâi, în timp ce încărcătura lichidă de șampon ateriza fix pe fața mea… „Steve! MI-AI DAT ÎN OCHII!"

Se pare că singura lui experiență de șamponare a cuiva cu părul mai lung decât al lui a fost cu câinele. Scene absolut diabolice. Dar ce era mai rău avea să urmeze. Indiferent dacă ai avut o naștere vaginală sau o naștere prin cezariană, teroarea rahatului de după naștere este reală. Ce s-ar putea întâmpla sub buric dacă faci din nou un efort exagerat? Ce va mai cădea? Organe? Un alt copil? După ambele nașteri, mi s-au administrat tablete de fier, din cauza pierderilor de sânge, așa că, în esență, teama mea era că o să-mi cadă ciocanul lui Thor din fund. Nu știu de ce spitalele insistă atât de mult ca tu să faci pipi înainte de a fi lăsată să pleci acasă, dar nu le pasă de bolovanul de pâine comprimată care este pe cale să-ți facă a patra gaură la ieșire. Îngrozitor. Sfatul meu? Împingeri mici, analgezice, poate o rugăciune către zeii intestinelor și stai departe de bomboanele Maltesers pentru o vreme – nu vei mai putea să te uiți la ele în același mod.

Dacă tu crezi că hormonii de sarcină sunt un mare lucru emoțional, așteaptă până la completa cădere psihică, ce lovește la aproximativ trei zile după ce ai născut. Întotdeauna am crezut că depresia postpartum e un mit, dar nu! Dacă nu era de ajuns că îți curgea ceva din toate celelalte orificii... era timpul ca și ochii tăi să intre în acțiune. Limita fusese depășită.

Din nefericire pentru Steve, dar pentru oricine, pe o rază de un metru și jumătate în jurul meu, s-a întâmplat ca ziua în care s-a instalat depresia să coincidă cu ziua în care am plecat acasă. Și, uau, ce priveliște a fost aceea! În primul rând, dezvoltasem un atașament nesănătos față de femeia care mi-a inserat medicamentele pe cale anală – să-mi iau rămas-bun de la Sandra a fost dificil, atingerea ei tandră îmi va lipsi. În al doilea rând, cine mă va mulge în mijlocul nopții acasă? După incidentul de la duș, am fost îngrijorată de faptul că dacă Steve urma să preia acest rol, sfârșitul căsniciei noastre ar putea fi aproape. De asemenea, lucrurile erau pe cale să devină foarte reale... În momentul în care am fi ieşit din bula de siguranţă a vieţii de spital, ar fi trebuit să ne descurcăm singuri ca părinţi cu drepturi depline, iar asta era o perspectivă terifiantă. Plânsul a început în momentul în care am încercat să-i punem lui Jack costumul de zăpadă. „STEVE, DE CE NU I SE ÎNDOAIE BRAŢELE?" Lacrimile îmi curgeau în cascadă pe faţă, în timp ce ne îndreptam spre ieşire, în principal, pentru că încă mergeam ca un strigoi, dar şi pentru că bebeluşul meu (fără costumul de zăpadă) era pe cale să aibă prima sa privire asupra lumii reale... Soare, cer, nori, copaci, păsări... oameni conectaţi la perfuzii care fumează. Dacă fumul îi intra în plămâni sau dacă devenea fumător pasiv? La 30 de secunde după ce am ajuns la maşină, tipul de părinte care urma să fiu era deja bine stabilit – complet nevrotic şi cu fraza: „Nu face asta, vei muri!"

Cu Evelyn, lucrurile au fost la fel de emoţionante în ziua a treia, dar încă nu ieşisem din siguranţa zidurilor spitalului. Poate că îţi aminteşti din capitolul anterior mirosul ciudat care emana din corpul meu şi care i-a făcut pe chirurgi să se retragă îngroziţi, ca şi cum ar fi găsit un buştean în toaleta Wetherspoons. După 48 de ore de antibiotice administrate intravenos, dar şi cu speranţele puse într-o mare evadare, în dimineaţa următoare, a izbucnit o erupţie cutanată.

*Am uitat ceva! În ziua în care s-a născut sora lui şi nedorind să fie eclipsat de sosirea ei, Jack a făcut varicelă. Eu avusesem virusul în copilărie, aşa că medicii erau destul de siguri că va fi bine, dar, din cauza „posibilităţii", au fost nevoiţi să dea dovadă de prudenţă. Când au venit rezultatele analizelor de sânge ale micuţei, veştile au fost bune – nu era varicelă. Vestea proastă, însă, a fost că avea markeri de infecție crescuți și nu știau de ce, așa că trebuia să fie transferată la Unitatea de îngrijire specială pentru bebeluși (SCBU – Special Care Baby Unit). Eram bolnavă, nu puteam merge acasă, ba, mai rău, urma să fim separate. Eram îngrozită. Avea să fie bine? Dacă era ceva foarte grav? Știi când vezi copii mici plângând și sunt atât de isterici încât nu mai pot respira? Așa am fost eu, timp de o săptămână. Iată cum, prin intermediul acestor pagini, mi-ar plăcea să ajung și să îmbrățișez orice părinte care a avut un copil născut prematur sau un copil bolnav, care nu a avut parte de ieșirea directă din spital pe care și-o dorea cu disperare. Am fost atât de incredibil de norocoși că, după șapte zile de antibiotice și monitorizare, i s-a permis să vină acasă. În timpul cât am stat în SCBU, am fost înconjurați de mame și tați care au avut parte de cele mai incredibile călătorii – mulți dintre ei au început în Unitățile de Terapie Intensivă Neonatală – și ale căror prime săptămâni sau luni de parenting s-au desfășurat în interiorul zidurilor sumbre ale spitalului. Păsările, copacii și Soarele fuseseră înlocuite cu tuburi de hrănire, cu bipurile aparatelor și incertitudine totală. Pentru mulți dintre ei, experiența lor era încă departe de a se fi încheiat... În ciuda acestui lucru, nu era un loc al tristeții, ci unul al puterii, al luminii și al speranței. Am avut o mare admirație pentru forța interioară a acelor părinți, mai ales că trebuiau să-și lase copiii singuri în fiecare noapte – ceva ce mie mi se părea de neimaginat. Eram doar vizavi, în maternitate, dar perspectiva de a o părăsi era sfâșietoare, mai ales că începusem să stabilesc alăptarea – de data asta de la sânii mei, nu de la biberon. Din fericire, asistentele au fost extraordinare, venind să mă ia de fiecare dată când se trezea în timpul nopții și apoi permițându-mi să rămân în secție când am fost externată din maternitate și complet distrusă emoțional doar gândindu-mă că aș putea să fiu înstrăinată de copilul meu. Crede-mă când îți spun că NICIODATĂ în viața mea nu am fost atât de recunoscătoare pentru bunătatea cuiva.

Serios, nimeni nu îți povestește cu adevărat și în detaliu despre zilele care urmează după naștere, cu siguranță, este una dintre cele mai ciudate părți. Se întâmplă atât de multe lucruri pe plan mintal, hormonal, fizic, iar pe lângă toate astea, te trezești brusc cu această mică persoană care vorbește o limbă pe care nu o înțelegi, iar interpretul nu este nicăieri. Cu toate acestea, actul nașterii este cel care primește toată atenția în cărți, în filme și cursuri prenatale. Sângele și rahatul postnatal sunt lăsate deoparte, dar nu credeți că acestea sunt genul de lucruri despre care trebuie să știm? Măcar pentru ca oamenii să poată lua o decizie în cunoștință de cauză dacă vor într-adevăr să dea naștere unui copil/unei caserole de cârnați.

Întreaga experiență este uimitor de copleșitoare; faci ceva complet nou și ești îngrozită – și știi ce? Este absolut în regulă! Corpul tău s-a schimbat, lucrurile nu mai sunt la fel... unele părți sunt mai strivite, altele, mai tari, iar sânii tăi vor fi probabil la fel de venoși ca bicepșii unui halterofil. Vei simți că nu poți face asta, că nu ești pregătită să fii responsabilă pentru o viață – pentru această persoană minusculă, a cărei inimă îți aparține în întregime, dar care bate complet independent. Este cel mai înfricoșător lucru din lume să știi că nu vin cu un încărcător și o priză modu-

Iară. Înainte de a avea copii, îmi amintesc că mă gândeam că voi fi prea speriată ca să mă culc vreodată – că va trebui să stau trează și să-i privesc toată noaptea. Da, treci peste asta... Și cât mai repede! Vei fi atât de obosită, încât îți vei da sufletul pentru un pui de somn de zece minute, într-o toaletă de spital, încercând să faci treaba într-un recipient. Cândva, o persoană foarte înțeleaptă mi-a spus că atunci când ai un copil îți lași demnitatea la ușă și te întorci. Sincer, în calitate de mamă a doi copii... Dă-mi voie să-ți spun că niciodată nu s-a spus ceva mai adevărat.

În zilele, săptămânile și lunile care urmează după naștere, toți acei oameni din viața ta care nu ți-au spus la ce te poți aștepta vor fi, desigur, destul de aproape pentru a-ți împărtăși și ei sfaturile lor despre alăptare. La propriu! „Ai încercat să-i ții în poziția de rugby?" „Te-ai gândit la protecție pentru mameloane?" Ca un fel de scut? Cine va trage în ei? Poate că nu te simți ca un supererou, dar ești, fără îndoială, Wonder Woman. Da, s-ar putea să plângi la orice – „Uite, Steve, porumbelul ăla are doar un picioruș!" Chiar dacă nu vei simți asta în acel moment, îți pot garanta un lucru: vei fi cea mai bună, cea mai robustă, cea mai dură, dar și cea mai slabă versiune imaginabilă. Dacă poți să treci prin naștere, să te târăști din pat cu copci în locuri inimaginabile, să scoți în mod repetat din fund o pernuță de mușcătură pentru dresaj canin în fața vizitatorilor, iar la 4:30 dimineața să speli caca negru și gudronat din pliurile părților intime ale copilului (în timp ce sângerezi abundent din ale tale), atunci poți trece prin orice.

Mămica

Ai un om! E frumos, e magic… produce un rahat galben, care miroase a unt topit. Este normal? Felicitări, acum ești un părinte cu drepturi depline și responsabil față de o formă de viață complet lipsită de apărare, care se bazează pe tine pentru orice. Pe scurt, este un Tamagotchi serios și de nivel avansat. Această aventură spre maturitate va fi una plină de bucurie, de frustrare și, uneori, de izolare. Un lucru de reținut la începutul acestei călătorii incitante și halucinante în necunoscut este că trebuie să te bucuri de fiecare moment.

Toate acele luni de așteptare, de întrebări și de îngrijorare s-au terminat – a venit momentul să pui în sfârșit teoria în practică și să mergi în lumea cea mare și rea a parentingului. Pune-ți centura de siguranță, pentru că primele 18 luni de călătorie sunt sălbatice… Cu dragoste, cu bucurie, cu oboseală fizică și psihică… S-ar putea să nu fi trecut vreun test de competență prevăzut de lege, înainte de a te așeza în scaunul de conducere, dar acele plăcuțe se dau jos, iar tu, prietene, te vei grăbi pe drumul responsabilității extreme cu 160 de km/h pentru următorii 18 ani.

Vizitatorii

În săptămânile care urmează, după ce ai adus acasă primul pachet de bucurie, ești o celebritate! Oh, oamenii nu se mai satură de tine! Îți trimit flori, te copleșesc cu laude și îți întind covorul roșu – era alb, dar acum are sângerare postpartum și toate cele. Totul este foarte drăguț, dar și îngrozitor de copleșitor. Până la al șaselea vizitator al dimineții, tot ce îți dorești este să își lase cadoul pentru bebeluși de la Marks&Spencer la ușa din față și să se ducă unde vrea, pentru ca tu să poți sta cu sânii afară și să plângi. După ce am născut, am încercat să mă mențin, ținându-mă cu mâna de operație, în timp ce făceam curățenie maniacală în casă pentru oaspeții care erau acolo doar pentru a se bucura de mirosul de nou-născut. Retrospectiv, acel miros este de vagin. Gândește-te și la asta.

Steve și cu mine abia am avut timp să ne hrănim, făcând cu rândul ca să putem mânca cina, în timp ce celălalt legăna copilul sau era de serviciu la lapte; dar totuși eram acolo, pregătind platourile cu mezeluri și prăjiturile cu cremă pentru cei care veneau să adulmece mirosul măruntaielor mele. La sfârșitul celei de-a doua săptămâni, când am realizat că mottoul celor mai mulți bebeluși este „dormitul înseamnă înșelăciune", nu am mai putut continua să ne prefacem. Casa era un adevărat haos, eu arătam ca o victimă a unei răpiri, care a fost găsită într-o magazie șase luni mai târziu, iar singura hrană oferită vizitatorilor era un Tesco Value vechi. Nu mă înțelege greșit, nu e vorba că te enervează bunătatea oamenilor, dar uneori... ai nevoie de un minut de intimitate pentru a te bălăci în propriile lacrimi și sucuri. Acum, excepție de la intruziunea cu trafic intens este dacă copilul pe care l-ai adus acasă este... un frate. Pe bune, nimănui nu-i pasă! Jur că oamenii nici măcar nu au observat că sunt însărcinată a doua oară, ci doar au presupus că m-am îngrășat. În cazul nostru, semăna foarte mult cu primul, dar cu mai puțină valoare de noutate, iar mirosul de nou-născut a fost complet depășit de duhoarea unui copil care se antrenează la oliță și care își face nevoile într-un pantof. Una dintre vecinele noastre a băgat în cutia poștală un body de la Primark, ca să nu fie nevoită să intre și să vorbească politicos despre „sora lui Jack".

– Nu e nevoie să o văd, iubire – o pot auzi prin pereți.

Hrănirea

Ține-te bine, abordez subiectul... alăptării. Dacă aș scrie despre această temă pe internet, ar fi o luptă crâncenă până la moarte între brigăzile „formula este cea mai bună" și „sânul este cel mai bun". Este amuzant, nu-i așa, că problema motodei în care o femeie alege să-și hrănească propriul copil ar trebui să fie un catalizator pentru atât de multă furie, judecată și critici? Nu toți copiii se adaptează la alăptare, nu toate femeile doresc acest lucru și nu toate femeile pot. Ar trebui ca cineva să se simtă mai puțin mamă, din cauza modului în care îi oferă nutrienți copilului său? Absolut deloc. Îți voi povesti experiența mea de a-mi hrăni copiii fără nicio planificare, fără superioritate și fără să judec – pur și simplu, pentru că face parte din călătoria mea. Dacă e să fiu sinceră, alăptarea a fost un lucru de care am fost puțin îngrijorată – așa cum sunt atât de multe femei. Oare o să doară? Cum ar fi să aparții unui grup alimentar? Și oare milkshake-ul meu va scoate toți băieții în curte? Oricât de nesigură aș fi fost că voi deveni un fel de automat de lactate, era ceva ce voiam să încerc.

După ce l-am născut pe Jack, în acele trei zile îngrozitoare de după cezariană, aflată încă în spital, nu mă specializasem cu adevărat în această problemă a alăptării. Mă vizitaseră diverși „prieteni", care îmi arătau diferite moduri de a ține sânul sau de a mă „mulge", dar nu am simțit niciodată că e vreo legătură adevărată – mai puțin ca un puzzle și mai mult ca niște magneți cu capete opuse; sânul meu se ducea într-o direcție, iar copilul mă atenționa mai repede decât șocul de după o aventură de-o noapte, încheiată în dimineața următoare la clinica de sănătate sexuală. Niciodată nu prindea bine sfârcul, iar eu eram convinsă că nu primea suficient lapte Jersey[54] – oare, trebuia să doară atât de tare? De fiecare dată când își strângea cu furie buzele lui furioase în jurul sfârcurilor mele umflate, era ca și cum un piranha înfometat se afla la capătul lor. Era atât de dureros, încât am început să mă tem de sunetul strigătelor lui flămânde, pentru că știam ce urmează. Nu înțelesesem niciodată cu adevărat ce anume însemna „durerea până în măduva oaselor" până când nu am trăit acele prime zile de alăptare, exact asta am simțit la fiecare prindere. A doua zi, după ce m-am întors acasă de la spital, îmi amintesc că moașa a venit să facă prima vizită și eu eram întinsă pe pat, goală de la brâu în sus, încercând cu disperare să lipesc un bebeluș de pieptul meu ca un Velcro[55]. În acel moment, mi-am dat seama că uitasem să-

---

54   Lapte bogat în proteine, nutrienți și vitamine; laptele Jersey are cu 20% mai mult calciu și cu 18% mai multe proteine decât laptele altor producători.

55   Sistem de închidere, format din două suprafețe: una de nailon și una de pâslă, care se prind; sau „arici".

mi ridic demnitatea de la uşa spitalului, în realitate, însă, probabil că nu mă voi mai întoarce prea curând după ea.

A doua zi, lucrurile au luat o întorsătură și mai proastă, amândoi fiind internați din nou în spital, la câteva ore distanță. Jack avusese o suspiciune de atac de apoplexie, iar eu o posibilă septicemie. Cu soția și fiul său în locuri diferite ale spitalului, bietul Steve nu știa unde să fugă mai întâi. A fost o experiență îngrozitoare și chiar dacă nu mă simțeam foarte bine, eșecurile interne pe care le-am simțit ca mamă, care nu a putut să fie alături de copilul ei în timp ce era supus unei puncții lombare, unui RMN, la numeroase teste și era conectat la perfuzii, au fost îngrozitoare. Prima mea introducere în sentimentul de vinovăție ca mamă a fost, fără îndoială, una pe care nu o voi uita niciodată. Deci, de ce spun asta aici, în timp ce vorbesc despre alăptare? Ei bine, după cum s-a dovedit, am avut de fapt o infecție toracică banală, mult mai puțin dramatică și care face povestea mult mai puțin interesantă. Cu toate acestea, corpul meu, absolut epuizat, în urma unui travaliu traumatizant și încercând să se refacă după operația de cezariană, a preferat lupta cu infecția, în locul producției de lapte. Când au sosit rezultatele testelor lui Jack, toate indicau că episodul a fost cauzat de deshidratare – nu primise suficiente lichide de la mine. Era numai vina mea… Alimentarea mea inadecvată îmi înfometase copilul și îl pusese în pericol. Eram absolut de neconsolat.

Cum laptele meu încă nu venise așa cum ar fi trebuit, în următoarele zile, Jack a fost hrănit cu lapte praf și l-a înghițit ca un jucător de rugby care dă pe gât o halbă. În acel moment, nu eram deloc prețioasă cu privire la sursa de hrană, iar dacă cineva ar fi îndrăznit să folosească expresia „sânul este cel mai bun" în prezența mea, l-aș fi pocnit cu unul dintre prosoapele mele igienice de tip Marele Zid Chinezesc. Era mai bine și starea lui se îmbunătățea, iar asta era literalmente tot ce conta. Odată ce emoțiile s-au mai domolit puțin și fluxul de lapte a crescut, o parte din mine a vrut să încerce din nou. Să fi fost vorba de vinovăție? Era presiunea societății? Nu sunt sigură, dar neîncrederea mea totală în corpul meu era evidentă – îmi pierdusem orice încredere privind controlul deplin al responsabilităților de hrănire. Oricum, ar mai fi vrut să se întoarcă pentru o nouă rundă la bufetul cu mușcături după euforia de a fi hrănit cu biberonul? La urma urmei, nu el a ales viața cu biberonul, ci viața cu biberonul l-a ales pe el. Ca să fiu sinceră, biberonul părea o opțiune mai ușoară. Steve ar putea participa la hrănirea de noapte și eu aș putea vedea cât de mult bea, ceea ce ar ajuta la calmarea anxietății mele de mamă proaspătă, care acum era destul de ridicată. În cele din urmă, mai ales pentru a-mi ține nervii sub control, am optat pentru hrănirea de noapte cu biberonul, pentru tot restul călătoriei noastre lăptoase împreună. Nici măcar nu știam că acest lucru există și, cu siguranță, nu era o opțiune explorată în timpul cursurilor prenatale – nici măcar pe vreunul dintre forumurile pentru mame pe care le citisem. După cum s-a dovedit, a fost opțiunea perfectă pentru noi.

Mi-ar plăcea să spun că m-am bucurat din toată inima de incursiunile mele în hrănirea la sân, lăsând la o parte începuturile dificile, dar adevărul este că… mi s-a părut foarte dificil. Fiind singura din cercul meu de prieteni care avea un copil, nu aveam cu adevărat un punct de referință sau o rețea apropiată cu care să-mi împărtășesc experienţele – grupul meu de prieteni fără copii şi fără griji ar fi vomitat Prosecco pe picioarele lor fără şlapi dacă le-aş fi spus că sfârcurile mele sângerânde transformau milkshake-ul copilului din vanilie în căpşune. Bătături tari ca piatra, tampoane pentru sâni pline, mirosul constant de lapte acru, şiroaie de lacrimi, la auzul plânsului oricărui copil, pe o rază de opt kilometri şi trezirea într-un tipar complet diferit faţă de cel pe care l-ai avut cu nouă luni înainte... Sunt atât de multe lucruri pe care trebuie să le accepţi fizic şi mintal, mai ales când eşti lipsită de somn şi trăieşti într-o stare emoţională care se înrăutăţeşte constant... Pur şi simplu, te poate devora, pe dinăuntru şi din exterior. Da, Oraşul sânilor se simte uneori ca un loc singuratic. Acestea fiind spuse, imobilizată pe canapea, incapabilă să te mişti, la doi metri de telecomandă sau de telefon, hrănirile pot fi, de asemenea, momente fericite şi frumoase, de legătură între tine şi copilul tău. Este un moment de reflecţie, de recunoştinţă şi, bineînţeles, de distrugere a unui baton de ciocolată de dimensiuni familiale – poţi mânca 500 de calorii (sănătoase) în plus pe zi. (Ciocolata cu alune şi cu stafide se pune dublu, nu-i aşa?)

Din confortul propriei mele case, mă uitam la faţa lui fericită atunci când adormea după un supt bun (la fel ca tatăl lui), cu mânuţa în părul meu şi mă gândeam aşa: „La naiba, eu am făcut asta!" A fost foarte frumos... şi FOARTE diferit de experienţele noastre de hrănire în public, care nu au fost la fel de senine, cu natura lui agitată, încă destul de rezistentă, cât şi cu înclinaţia lui de a mă lovi cu pumnul în sâni. Membrele sale în aer şi refuzul de a se opri şi de a cere indicaţii despre sfârcurile de mărimea unei farfurii însemnau că m-aş fi simţit mai bine făcând plajă topless în Costa del Sol decât alăptând discret în Costa del Coffee. În mod stupid, eram foarte geloasă când vedeam alte mame care îşi scoteau cu încredere sânii în cafenele, în parcuri şi în supermarketuri, dar pentru mine, simplul gând mă făcea să transpir, aşa că îmi planificam programul de alăptare cu multe zile înainte. Dacă nu aş fi avut un copil atârnând pe umărul meu, aş fi avut o pompă de sân în permanenţă în mişcare – mugind în timp ce îmi scurgea toată hidratarea din corp. De asemenea, nimic nu se compară cu sfârcurile postpompă – l-au făcut pe Steve să renunţe la alte delicii timp de ani de zile. Laptele extras a fost totuşi un colac de salvare, pentru acea dată când am ieşit în oraş cu prietenii şi nu am luat lapte pentru Jack. M-am trezit căzând în capcana ridicolă de a simţi că trebuie să le spun tuturor că este vorba de lapte stors din sân şi stocat, pentru a nu fi judecată de alte mămici. Sincer, ca proaspăt părinte, eşti făcut să te simţi ca şi cum nu există praf alb mai rău cu care să fii prins decât laptele praf. Dovedind că – la fel ca şi în cazul gravidelor şi al bebeluşilor – nu există două călătorii de alăptare la fel. Când Evelyn a apărut, situaţia a fost complet diferită. Cunoscând dificultăţile pe care le avusesem cu Jack, eram pregătită să o alăptez în combinaţie. S-a obişnuit repede. Sinceră să fiu, cu un copil mic alergând, a fost mai rapid şi mai uşor să o hrănesc la sân decât să sterilizez tot echipamentul şi să pregătesc un biberon. Totul depinde de circumstanţe – pentru unele femei este floare la ureche, pentru altele, nu, la fel şi pentru adorabilii noştri bebeluşi. Acum, mă uit la copiii mei şi îi compar cu colegii şi cu prietenii lor de clasă – nu există vreo diferenţă între cei care au fost alăptaţi la sân şi cei care nu au fost alăptaţi la sân. Da, din punct de vedere științific, laptele matern poate fi mai bun pentru ei – înțeleg acest lucru. Dar mă uit, de asemenea, la ceea ce s-a întâmplat cu băiețelul meu frumos și nu pot să nu mă întreb ce ar fi fost dacă nu l-aș fi hrănit „eu însămi". Cel mai important lucru este că, indiferent de decizia cu privire la sân versus biberon, hotărârea aparține în întregime mamei. Alăptezi la sân, pentru că așa vrei sau o faci pentru că simți că trebuie să o faci? Dacă ceva nu funcționează pentru niciunul dintre voi, atunci trebuie schimbat ceva – nu te chinui, simțind nevoia de a ceda sub presiunea societății (sau, mai rău, a grupului prenatal NCT). Personal, mă bucur că am încercat o dată cu Jack și apoi cu Evelyn – aș încuraja din toată inima pe oricine a avut o experiență dificilă prima dată să nu se descurajeze în viitor. Dacă vrei, de asemenea, să apeși pe un buton și să pregătești o sticlă mai repede decât ai putea prepara un caramel macchiato – atunci fă-o.

Dormitul

Nimic nu te pregătește pentru privarea de somn. Toate prostiile din al treilea trimestru despre motivul pentru care nu poți dormi, pentru că este modul în care corpul tău se pregătește pentru ceea ce va urma – sunt minciuni. Să-ți spun ce ar fi mai aproape de adevăr – procesul de selecție al impertinenței îndrăznețe. Zece minute de somn și pleci pe Brecon Beacons[56], iar când te întorci, ai toate șansele să-ți petreci ziua făcând fețe amuzante, schimbând scutece la fiecare 20 de minute și pretinzând că ești în regulă! Timp de o lună, Evelyn s-a trezit la fiecare

---

56   Munți în Țara Galilor, Marea Britanie.

oră pentru a fi hrănită. Întrucât o alăptam, nimeni altcineva nu putea face ceva pentru a mă ajuta. A fost o formă de tortură. Capul meu era în permanență încețoșat și pulsa din cauza privării de somn REM – mi se părea sfârșitul lumii așa cum o știam. Obișnuiam să stau întinsă în toiul nopții, cu ochii susținuți cu bețe de chibrituri (mai degrabă, bețișoare din acelea de ciocolată cu mentă), îngrozită de ideea de a adormi, în timp ce ea era încă pe mine, dar plănuind în tăcere modalități de a-l ucide pe soțul meu, care era fericit și inconștient în somnul lui. Când a plâns, ochii nenorocitului nici măcar nu au tresărit. Uneori o țineam în brațe – țipând furioasă ca un bum sonic – chiar lângă urechile lui. Nimic. Arma mea ipotetică de crimă aleasă era un tampon pentru sân saturat de lapte în gura lui deschisă, salivând și sforăind. Bineînțeles, n-aș face-o niciodată… Cine ar fi dus apoi coșul de gunoi afară? Dar mă gândeam la asta, mai ales când se trezea dimineața, căsca, își întindea brațele deasupra capului și se întorcea spre mine spunând: „A avut o noapte bună, nu-i așa?"

Oamenilor le place să contribuie și ei cu puțin, nu? Preferata mea este următoarea: „Dormi când dorm ei." Acest lucru ar fi foarte util, în afară de faptul că NU DORM NICIODATĂ. De asemenea, dacă mai ai un copil, cu greu poți să te duci să tragi un pui de somn și să-i lași singuri cu o cutie de Play-Doh și un pachet de markere Sharpie.

Atunci când ai de-a face cu un copil care nu doarme bine, este posibil să ai prima întâlnire cu un PECIC absolut – adică un Părinte Eliberându-și Caracterul Interior Competitiv. O tulburare îngrozitoare care, din păcate, afectează aproape unul din trei părinți la nivel global. Simptomele se dezvoltă destul de repede după naștere şi includ nevoia de a fi mereu mai presus de alte mame şi taţi, ceea ce provoacă adesea cazuri grave de furie şi inferioritate în rândul celor cu care interacţionează. Pândind în umbra cursurilor pentru bebeluşi, a sălilor de aşteptare din spitale şi chiar a locurilor de joacă, PECIC sunt peste tot. În ciuda faptului că ştiu că pruncul tău încă nu a dormit mai mult de un minut, ei se vor lăuda cu modul în care copilul lor a dormit acele foarte evazive 12 ore pe noapte, şi asta de când a ieşit din pântecele mamei.

– Aţi încercat plânsul controlat[57]?

– Da. De fapt, îmi place să mă închid în toaletă şi să plâng timp de 25 de minute. Nici mai mult, nici mai puţin. Oh, tu te refereai la copil...

Personal, optez pentru metoda de a-l legăna trei ore, în timp ce cânt 50 de refrene din „Twinkle Twinkle Little Star", până când cel mic adoarme sau coloana mea vertebrală cedează. Suzeta este un alt subiect de dezbinare. După ce am auzit poveşti de groază despre dinţi strâmbi şi oameni de 30 de ani care refuză să renunţe la ele, am dezbătut dacă să-i dăm sau nu una lui Jack... timp de cinci minute. Ne-am dat seama repede că dacă o băgam înăuntru, zgomotul se oprea automat. A fost o chestiune înţeleasă de la sine. Cred că poţi identifica întotdeauna un bebeluş care nu doarme bine: are şapte jucării ataşate de corp şi este îmbrăcat din cap până în picioare în haine cu „I love Mummy" („O iubesc pe mama"), părinţii încercând să se convingă că, de fapt, copilul lor nu îi urăşte şi nu încearcă să-i ucidă încet prin oboseală extremă.

---

57 Metodă ce presupune să laşi copilul să plângă până se linişteşte singur.

Izolarea

Una dintre cele mai mari provocări cu care se vor confrunta mulţi dintre proaspeţii părinţi şi despre care nu se vorbeşte prea des este sentimentul de izolare. Da, dragostea pe care o ai pentru copilul tău este incredibilă şi magică – în unele nopţi, eu încă plâng până adorm gândindu-mă cât de norocoasă sunt. Dar mai este, de asemenea, un sentiment de deconectare de vechiul stil de viaţă şi de cine ai fost cândva. Lumea mea a fost brusc întoarsă complet cu susul în jos şi deşi nu am fost niciodată singură (datorită unui copil mic care atârna constant de mine) nu m-am simţit niciodată mai abandonată. Când Steve s-a întors la serviciu şi a trebuit să rămân singură, a fost terifiant. Ieşeam din întâmplare dimineaţa pentru a vorbi cu alţi adulţi, care dormiseră mai mult de trei ore şi purtau pantofi asortaţi la hainele lor, fără nicio grijă. Nu eram deloc amărâtă. Ştii cum se spune… absenţa face ca inima să devină pasiv-agresivă.

Cel mai mare obstacol cu care m-am confruntat a fost să ies efectiv din casă. Faptul că „dezorganizarea" este una dintre principalele trăsături de caracter, înainte de a avea un copil, nu te ajută prea mult după ce naşti. Iar eu am învăţat acest lucru pe calea cea grea. Numărul mare de obiecte necesare pentru o excursie de două ore nu se potriveşte deloc cu o abordare dezordonată a vieţii. Scutece, şerveţele, pleduri, lapte, termometre (medicale, de cameră şi de baie – orice depăşeşte 19°C şi intră în combustie spontană), Calpol, sterilizatoare mobile şi o jucărie de pluş. Să-mi amintesc totul a fost ca şi cum aş fi fost în „The De-generation Game" (Jocul degenerării). În momentul în care am urcat totul în maşină, am alergat

înapoi după lucrurile pe care le uitasem, am pus un co-
pil care semăna cu o stea-de-mare într-un scaun foarte
restrictiv, mi-am pus centura de siguranță și am încercat
să plec, atunci s-a produs... zgomotul din scutec, urmat
de mirosul inconfundabil de Lur-kak[58]. Întoarsă în casă și
scoțând un copil dintr-o vestă complet galbenă, aș fi tri-
mis SMS-uri cu minciuni în toată regula către persoana cu
care trebuia să mă întâlnesc. „Sunt pe drum, doar că am
rămas blocată în trafic!" Adevărul este că ar mai trece cel
puțin încă o jumătate de oră până să ieșim din casă. Un
mic pont: atunci când te confrunți cu un caca de propor-
ții epice, vestele cu fermoar sau nasturi sunt preferabile
celor dintr-o singură bucată, pentru a le putea desche-
ia cu ușurință, în loc să trebuiască să le scoți peste ca-
pul copilului. Am descoperit asta... cu vreo doi ani prea
târziu. În sfârșit, pe drum, mă confruntam cu o anxietate
paralizantă, întrebându-mă dacă bebelușul e bine prins
în scaunul lui. Dacă se sufoca din cauza vreunei scame
de la pătură sau dacă îi era prea cald? În cele din urmă,
ajungeam la câteva ore după ce trebuia să fiu undeva,
exact când toată lumea pleca. De cele mai multe ori, efor-
tul pe care îl presupunea ieșirea din casă nu mi se părea
justificat în comparație cu recompensa. Cursurile pentru
bebeluși au fost un prim exemplu în acest sens. Deloc
pe gustul meu, să stai într-o sală enormă și să-ți privești
copilul cum linge tot felul de instrumente muzicale con-
taminate, în timp ce forțezi o conversație despre înțărca-
re cu o mamă mult mai experimentată decât tine – totul,
la o cafea de rahat și un biscuite vechi. A fost, totuși, un
eveniment important din timpul săptămânii, ceva pentru

---

58 Asociere cu Lurpak, marcă de unt.

care merita să depui efort și să încerci să ajungi la timp. Mie nu mi s-a întâmplat niciodată. Mă uitam la alte femei, care ieșeau în oraș, care păreau să fi ieșit din casă, fără să aibă parte de aceeași dramă pe care o trăisem eu și mă întrebam „cum naiba reușesc"? Credeam că sunt un eșec, o mamă absolut proastă, incapabilă și că nu are rost să încerc să fac ceva sau să merg undeva. Ceea ce nu am realizat a fost că multe dintre acele doamne probabil că se simțeau la fel, dar se pricepeau mai bine decât mine să se prefacă, zâmbind pe dinafară, dar tot zbătându-se pe dinăuntru. Totul este de-a dreptul înspăimântător, nou și deloc asemănător cu viața cu care eram obișnuiți înainte de a avea copii. Este absolut normal să spui că e greu, că nu este ceea ce ai crezut că va fi și că uneori nu te bucuri de anumite părți ale acestei experiențe. Asta nu te face o persoană rea care nu-și iubește copilul. Te face o ființă umană perfect rațională care, spre deosebire de frazele populare de coaching despre viață din social media, „nu este perfectă". În cea mai mare parte a timpului, singurele lucruri pe care simțeam că „le-am înțeles" erau mastita și o factură pentru cursurile Baby Sensory (dar am participat doar la o treime din cât am plătit). Cel mai bun lucru de făcut este să nu te compari cu altcineva; nici pe copiii tăi nu trebuie să-i compari. Platformele de socializare pot fi locuri minunate, care au capacitatea de a conecta atât de multe persoane care gândesc la fel – dar pot fi, de asemenea, câmpuri minate de fațade și neadevăruri, provocând demonii din mintea ta, care deja te fac să te simți ca acel rahat pe care îl poți mirosi constant pe tine, dar nu îți dai seama de unde vine. Sfatul meu pentru oricine se simte așa este să-i urmeze doar pe cei care te înalță, și nu pe cei care te trag în jos.

Reperele

Al naibii de obsedați, nu-i așa? Oamenii au acele cărți de joc pe care le interpretează cu bebelușii lor, ca și cum ar fi cele mai ciudate lecturi de tarot. „Azi am făcut pipi pe fața mamei!" Cu toate acestea, există ceva absolut minunat și special în momentul în care copilul tău începe să interacționeze cu lumea, și cu tine. Acele zâmbete, chicotelile obraznice și râsetele copioase sunt unele dintre cele mai spectaculoase momente care vor încălzi inimile părinților. Dar etapele de dezvoltare ale bebelușului sunt cele în care vei începe să întâlnești majoritatea comportamentelor PECIC. La fel ca în cazul somnului nocturn, apare obsesia de a ști dacă un copil poate să facă o serie de trucuri, cum ar fi să-și țină singur capul, să se împingă în sus și să se rostogolească precum un câine, ceea ce aparent îi face superiori și mult mai susceptibili de a excela în dominația lumii și la spectacolul canin Crufts. Ca mamă, ai cărei copii sunt în permanență în mișcare, cățărându-se pe pereți și coborând în rapel de pe corpuri de iluminat, nu știu de ce suntem cu toții atât de dornici să-i punem în mișcare la o vârstă atât de fragedă. Jack a refuzat să facă ceva până la vârsta de 12 luni; de fapt, nu a început să se târască până la prima sa aniversare. Nu e o prostie, știa că dacă stătea acolo fără să facă nimic va trebui să-l iau în brațe și să-l car. Puștiul era un supraviețuitor. Desigur, unii au reușit să mă determine să caut la ora 3 dimineața pe Google dacă dezinteresul lui de a se mișca era normal sau nu. „Oh, nici măcar nu se târăște încă? Jessica merge de la opt luni!" Doar încearcă să mă contrazici! Poți avea o mare bucurie știind că în timp ce acei mini Usain Bolt, care se dau peste cap prin casele lor și decorează cu salivă marginile ascuțite ale corpurilor de mobilier, tu vei sta pe canapea, cu o băutură caldă în mână, vei urmări „This Morning" și îți vei supraveghea copilul fericit și perfect, în timp ce linge firimiturile de biscuiți de pe fața câinelui. De asemenea, este amuzant cât de relaxată ești în legătură cu dezvoltarea celui de-al doilea copil. Nu mai așezi jucăriile preferate la îndemână pentru a încerca să-l faci să se târască. Nu, în timp ce faci curățenie după un frate mai mare care s-a apucat să facă pipi oriunde, numai în oliță sau în toaletă nu, cel mic trebuie să rămână captiv în acel balansoar cât de mult timp este posibil ca tu să scapi! Un aspect important de reținut aici este că bebelușii noștri sunt doar mici și – încă – pachete de grăsime, așa că trebuie să fim atenți ca micile lor corpuri să nu pățească ceva; în al doilea rând, este un coșmar sângeros, odată ce învață să meargă – așa că bucură-te de calmul dinaintea furtunii, pregătindu-te pentru „alergarea în viteză cu punct de final cadrul ușilor și cursa cu obstacole numite mășuțele de cafea". „Isabella adoră piureul de varză, broccoli și spanac!" Ba nu, nu-i place deloc, numai că nu are posibilitatea sau capacitatea vocală pentru a-ți spune că ea crede că tăvile tale pline de nămol arată și au gust de rahat de lebădă. Da, cursa pentru un copil perfect înțărcat, mâncător de baby-morcovi bio, este cea care trebuie câștigată. Te provoc să intri în orice cafenea, într-o dimineață din timpul săptămânii, găsești câteva mămici care se întrec între ele cu rețete pentru NutriBullet:

Sophie McCartney

– Annabel Karmel a spus să folosim cartofi dulci, dar eu cred că are un gust mult mai bun cu napi suedezi!

Urmează o mulțime de aprobări din cap, urmate de o fugă la toaletă pentru a căuta pe Google „ce naiba e un nap suedez".

– Suntem atât de norocoși – mănâncă tot ce îi punem în față!

La fel și bebelușul tău – are o mare slăbiciune pentru șervețele, suporturi de pahare, piese mici de Lego care pot fi înghițite. Zâmbești, dai din cap, apoi îi mai întinzi copilului încă o prăjitură cu orez. Înțărcarea este o etapă importantă, una care transformă bebelușii din niște frumuseți consumatoare de lapte în ființe umane reale care au nevoie de ustensile și căni pe care să le arunce prin bucătărie. Vei avea 19.863 de fotografii cu ei zâmbind cu diferite paste de legume întinse pe fețe. Când l-am înțărcat pe Jack, cu două săptămâni mai devreme (te rog să nu-i spui cadrului medical, deoarece sunt destul de sigură că încă mai este o infracțiune pentru care pot fi arestată), bietul copil a fost hrănit cu orez amestecat cu lapte praf. Într-un alt exemplu clasic de primul copil versus al doilea copil, de la aproximativ opt luni, Evelyn a fost hrănită cu crochete de pește și cu biluțe de ciocolată. Primul cuvânt e foarte important – care va fi acesta? Tensiunea din grupul de prieteni se simte în aer. Bineînțeles, există întotdeauna un tip, fără a menționa un nume, care crede că cel mic al lui vorbește deja fluent limba engleză.

– Oh, micul Freddy a spus primul cuvânt când avea trei luni. *Agoo.*

– Este *agoo* un cuvânt real?

– Este de fapt un loc din Filipine. Este incredibil de deștept, să știți!

Bineînțeles că este. Cu siguranță că așa pare, lingându-ți geamul și împrăștiind triunghiuri de brânză Dairylea pe toată podeaua.

Când partenerul tău nu e de față, nu te poți abține să nu încerci un „ma-ma". Total justificabil, nu-i așa? Tu ești cel mai adesea cea care le curăță nasul. Bineînțeles că mai întâi vor spune „mama"...

– Spune Ma-ma. MA-MAAAA.

– Da-da.

– Ce? Nu! Ma-ma. MA-MAAAAAA.

– Da-da!

– Nu, sst!

– Da-da, Da-da, ssssttt!

Pentru numele lui Dumnezeu! În acel moment precis îți dai seama că, de luni de zile, partenerul tău face exact același lucru pe la spatele tău – pregătindu-l cu fiecare ocazie să spună „tata" în loc „mama". Ce pereche de PECIC!

Zborul din cuib

Pentru mulți, vine un moment în care copilul va trebui să zboare din cuib – se va întâmpla mai devreme decât crezi și NU vei fi pregătit pentru asta. Grădinița. Încredințarea îngrijirii copilului tău în mâinile altei persoane este unul dintre cele mai sfâșietoare lucruri pe care le poate face un părinte. Cum iei decizia corectă, cu privire la locul unde ar trebui să meargă? Cine este demn de o astfel de sarcină sacră? În cazul nostru, l-am ales pe cel care mirosea cel mai bine. Gata, problema a fost rezolvată.

Cea mai mare ezitare a mea a fost cu o seară înainte, când am văzut lângă ușa de la intrare geanta mică a lui Jack... ca şi cum ar fi plecat la birou dimineaţa şi s-ar putea să nu se mai întoarcă pentru cină. Am plâns atât de mult, încât rimelul mi-a curs pe faţă şi în pastele mele bologneze. Am fost o mamă rea? Poate că nu ar fi trebuit să mă întorc la serviciu... Asta era, dimineaţa următoare trebuia să sun la serviciu ca să demisionez şi urma să am grijă de Jack până va ajunge la vârsta de 42 de ani. Steve a trebuit să mă convingă să renunţ, amintindu-mi că era doar ziua de acomodare... Copilul va lipsi o singură oră, iar eu voi putea să stau în faţa unui monitor şi să-l privesc cum mănâncă creioane colorate. Rezonabil. Totuşi, vinovăţia că l-am abandonat a fost ireală. Steve, pe de altă parte, nu era interesat. Acum, nu insinuez că nu îşi iubeşte copiii pentru că, desigur, nu este adevărat. Cred doar că societatea încă este orientată spre mentalitatea ca femeile să stea acasă şi să crească copiii, în timp ce bărbaţii muncesc – simţim vinovăţia adânc în psihicul şi în pântecele nostru. Lucrurile încep să se schimbe în bine, prin mai multe eforturi îndreptate spre concediul parental şi măsuri de egalitate între sexe, dar cred că mai sunt multe de făcut şi în ceea ce priveşte schimbarea propriei mentalităţi. Partenerii noştri sunt şi ei pe jumătate responsabili pentru acel copil, locurile noastre de muncă sunt la fel de importante ca ale lor – aşa că de ce ne încărcăm cu vina care vine odată cu dorinţa sau cu nevoia de a ne întreţine familiile?

La vremea respectivă, locul meu de muncă nu era deloc pregătit pentru un program flexibil. Când am pus problema unui post cu jumătate de normă, am primit un „nu" categoric pentru că, aparent, acest lucru ar fi creat un precedent. Doamne fereşte ca o companie care angajează preponderent femei între 20 și 30 de ani să vrea să pară grijulie față de cei care aleg o carieră ȘI o familie! Acest lucru a contribuit în mod oribil la vechea fază, conform căreia femeile nu pot „să aibă totul". Este cu adevărat trist că a fost nevoie de pandemia Covid, ca femeile să demonstreze că munca de acasă și programul flexibil sunt practice, productive și prospere. În cazul meu, am renunțat la locul de muncă – doar pentru ca angajatorul meu să mă reangajeze imediat ca liber-profesionist. S-ar părea că este mai acceptabil din punct de vedere social ca un membru al echipei să lucreze cu jumătate de normă dacă nu este încadrat oficial. Reversul medaliei muncii pe baza unui contract a fost că îi taxam de trei ori mai mult, lăsam toate responsabilitățile la ușă și dădeam mai puțini bani pe faptul că trebuia să plec la ora 16 pentru a ajunge la grădiniță. Aspectele negative erau, bineînțeles, lipsa concediului de odihnă sau a indemnizației, în caz de boală, ceea ce însemna că atunci când un virus luat de la grădiniță a măturat casa, nu am primit nimic, pentru că am stat cu capul în toaletă timp de o săptămână (în afară de mai mulți germeni).

De la mormane de caca la nopți nedormite, la încercarea de a mânca în oraș cu un bebeluș care țipă întruna și până la a te agita isteric pe podeaua unei frizerii pentru a colecta prețioasele prime șuvițe (și părul de barbă al bărbaților de vârstă mijlocie), prima aventură de a fi părinte este descurajantă, dar cu adevărat genială. Se vor ivi hopuri neașteptate pe drum, iar experiența s-ar putea să nu fie exact așa cum s-a dorit. Este ca un roller-coaster, în care stomacul ți se întoarce și din care nu te poți da jos niciodată, lăsându-ți destul de des rezervele mintale și fizice goale. Fiecare zi este ca o zi de școală... cu greșeli (a mai spălat cineva vreodată la mașină un scutec de unică folosință de rahat?); întâlniri apropiate în bucătărie, cu obiecte cu muchii ascuțite; și sentimente de vinovăție într-un minut, urmate de torente de bucurie în următorul. Ca părinți, suntem ținuți în permanența în alertă, ca niște arcuri încolăcite, fiind pregătiți pentru pericol – gărzi de corp emoționale și epuizate care protejează cea mai prețioasă încărcătură din lume, în timp ce urmează cursuri de formare neplătite la locul de muncă. Un lucru care merită spus celor care nu au încă un copil și se gândesc să se pregătească mai întâi cu un câine: nu este un mod realist de a te pregăti pentru ceea ce va urma – nu poți în niciun caz să-i pui în lesă sau să-i legi de un stâlp de iluminat în timp ce mergi la cumpărături, nu ești bine văzut... aparent. De asemenea, oricât de dificilă ar părea viața după sosirea primului copil, ea va fi mai haotică, dar mai puțin nevrotică, atunci când va apărea al doilea (al treilea, al patrulea, al cincilea, al șaselea...). Cu siguranță, există anumite lucruri cu care vei fi mai împăcată a doua oară, cum ar fi înțărcarea, somnul, hainele – totul este la îndemână când ești la al doilea născut, inclusiv uterul.

Când buricul lui Jack a căzut, noi l-am păstrat, așa cum fac oamenii cu florile de nuntă deshidratate – dar mai dezgustător în cazul de față. L-am pus în cutia lui de bebeluș, ca să aibă ceva care să-l sperie al naibii de tare când vom fi morți și el va goli mansarda. La Evelyn, buricul i-a căzut și câinele l-a mâncat. Din nou, oamenii – primul copil versus al doilea copil!

Morala poveștii – primii doi ani din viața copilului tău reprezintă de fapt doar o perioadă foarte scurtă. Poate părea că momentele dificile nu se vor sfârși niciodată și că nu va exista o viață dincolo de povestea doamnei nebune cu sacul pentru copii: „DACĂ EȘTI OBOSITĂ, ATUNCI DU-TE ȘI TE CULCĂ!" Dar în timpul momentelor bune trece teribil de repede... Dintr-odată, ei aleargă, vorbesc, citesc, iar tu nu ai nicio idee unde a dispărut acel bebeluș micuț care obișnuia să vomite în părul tău. Vei plânge pierderea acelor etape pe care le credeai cândva provocatoare – crede ce îți spune o femeie care plânge de fiecare dată când soțul ei sugerează să treacă prin munții de haine de bebeluș de acum patru ani și să le trimită la o organizație de caritate. „NU-MI MAI ARUNCAȚI AMINTIRILE!"

Copiii fac totul la momentul potrivit (acest lucru va deveni evident atunci când le vei cere mai târziu să pornească pe propriul drum), așa că încearcă să nu-i compari cu alți copii și nici să-ți compari propriile abilități de părinte cu ale altora. De asemenea, cere naibii ajutor! Trimite un SOS către prieteni și familie, apoi fă un duș, pune-ți pijamaua pe tine și bucură-te de o băutură caldă care nu a fost pusă de trei ori la microunde. NICIO FEMEIE NU ESTE O INSULĂ. Deși unele, uneori, și-ar dori să fie. Insulele Virgine. Două lucruri în viață sunt sigure atunci când devii părinte. Primul este că în ciuda promisiunii că nu o vei face niciodată vei fi acea persoană care adulmecă fundul propriului copil. E sigur. Nu poți scăpa de asta. Acceptă acest lucru – uneori este singura modalitate de a ști dacă scutecul trebuie schimbat. A doua este că odată ce au venit pe lume nu îți poți imagina cum ar fi viața fără ei... Probabil, mai liniștită și cu o casă mult mai curată. Dar poate nu la fel de distractivă...

10

Vulva

A avea un copil vine cu o mulțime de lucruri ciudate care se întâmplă în corpul femeii și de care NU eram conștientă, înainte de a mă angaja în acest proces. Dacă e să fiu sinceră, eram prea ocupată să-mi fac griji, cu privire la o apocalipsă vaginală, și nu a mă deranja să caut pe Google ce se va întâmpla în anii următori. Oare va fi rupt în două ca o franzelă proaspătă? O să vină cineva la vagin cu un cuțit, apoi cu un ac de croșetat? Vor fi lucrurile atât de rele, acolo, jos, încât îl vei pune pe partenerul tău să semneze un ordin IR (INTERZIS REPRODUCERII)? După naștere, există de fapt probleme mult mai presante decât vaginul tău, deoarece, crede-mă pe cuvânt când îți spun, nimeni nu se va uita la el pentru o vreme – nici măcar tu.

Este vorba de schimbările mai puțin cunoscute și mai ascunse, de care trebuie să îți faci griji – cele pe care Illumumnati, o societate secretă învăluită în mister, și tampoane pentru incontinență, le-a ținut ascunse de toate femeile aflate la vârsta fertilă timp de secole, probabil, în încercarea de a menține în viață rasa umană. Doar atunci când vorbești cu membrii acestei secte secrete devine evident că nu ești o anomalie în sistem...

Acestea sunt afecțiuni obișnuite, iar înșelăciunea pare
HALUCINANTĂ. Cum ai fi putut să ajungi atât de departe
în proces fără ca o persoană să te tragă într-o parte și
să-ți spună că trambulinele, acele oribile țarcuri de sărit și
transpirația inghinală, vor fi inamicii tăi? Este criminal, ar
trebui să existe un tribunal. Indiferent de provocările pe
care corpul tău postnaștere ți le servește, permite-mi să
te liniștesc puțin, spunându-ți următorul lucru:
Draga mea, în mod categoric, nu ești singură...

Serios, ceea ce se întâmplă cu corpul nostru este un adevărat coșmar. Prietena mea Claire (numele a fost schimbat pentru a nu fi dată în judecată) este acum prea jenată pentru a participa la meciurile de fotbal ale fiului ei, după ce a sărbătorit unul dintre golurile sale cu un pic prea mult entuziasm. Ce a eliberat din posteriorul ei a bubuit în jurul terenului ca un cor de *vulvazele*[59] la Cupa Mondială. Le ținem prelegeri adolescentelor despre pericolele sarcinilor nedorite și ale bolilor cu transmitere sexuală – dar e suficient să le arătăm o poză cu un sfârc postpartum cu un fir de păr negru de 15 centimetri atârnând și vor implora pentru prezervative.

Pentru a prezenta scena, iată un desen pe care l-a desenat copilul meu, care pe atunci avea cinci ani, exclamând cu mândrie: „Mami, tu ești!"

---

59 Asemănare cu „vuvuzele".

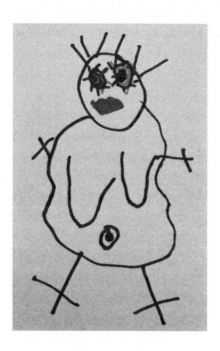

„Vai, mulțumesc, iubirea mea! Acum treci la colțul de rușine..." Din păcate, această reprezentare atroce a lui Jabba the Hutt[60] într-o ieșire în oraș este o descriere destul de exactă a vieții postnatale. Iubirea pe care o port copiilor mei este de neegalat, atunci când se comportă frumos, dar nu numai că mi-au distrus capacitatea de a bea mai mult de două pahare cu vin, fără să îmbrățișez vasul de toaletă, dar au lăsat un ravagiu absolut în corpul meu.

Una dintre cele mai mari nemulțumiri ale mele o constituie părul meu, un lucru cu care încă mă lupt, la cinci ani după ce s-a născut ultimul meu copil. Natura dă, natura ia... Pentru că atunci când ești însărcinată ești binecuvântată cu un păr uimitor. Nu întreba de ce, dar,

---

60 Personaj fictiv cu rol minor din seria „Războiul stelelor".

dintr-un motiv evoluționist, poate pentru a compensa pentru labiile mult prea mari din perioada sarcinii. Părul este foarte asemănător cu cel a unui câine în competiția Crufts, ca o blană groasă și lucioasă, iar posesoarea este ademenită în mod fals să se gândească la faptul că e frumoasă. În timp ce sus ești un ogar afgan, jos trăiești cea mai bună viață ca un terrier ciudat fără păr, dată fiind oprirea producției de blană de pe picioare și de păr pubian. Te gândești că este minunat. Este, totuși, unul dintre cele mai crude trucuri ale naturii, descoperit abia la opt luni după ce ai născut, când ești la duș și găsești mai mult păr în tampon decât la epilatul de dinaintea vacanței. Îmi pare rău! Și acum ce urmează? Cum de ai stat ore întregi la cursuri prenatale, uitându-te la pastă curry în scutece și nimeni nu a ținut să menționeze că vei rămâne cu o linie a părului în retragere care seamănă cel mai bine cu Bruce Willis din anii '80? În partea de sus, foliculii ar părea că „mor greu"[61], dar jos, tufișul se înmulțește ca în „Gremlins"[62], adoptând aspectul capului lui Brian May[63]. De fapt, este atât de mult, încât începi să te întrebi dacă nu cumva o parte din el ar putea fi transplantat pe scalp... Îl culegi din mâncarea copilului tău, din așternuturi, din scutece și din jurul penisului soțului tău, într-un inel de lână nou-format. O grămadă de chestii se ascund în colțurile casei

---

61   Aluzie la „Greu de ucis", film în care a jucat Bruce Willis.

62   Comedie neagră americană din 1984: cadou de Crăciun, tatăl îi cumpără fiului un mic drăcușor, dar instrucțiunile vânzătorului – de a nu expune creatura la lumină, să nu primească apă și să nu fie hrănită după miezul nopții – nu sunt respectate, iar astfel ciudata creatură se multiplăcă în mod necontrolat și amenință Ajunul Crăciunului.

63   Muzician englez, compozitor și astrofizician; a fost chitaristul trupei Queen.

tale, amestecându-se cu blana animalelor de companie pentru a crea un hibrid de alergii. Să recunoaştem, linia părului tău este un dezastru total. Goluri de păr, culori diferite, şuviţe rebele, ca de păr pubian – trebuie doar să le strângem pe toate într-o coadă de cal şi să terminăm cu ele. Mai uşor de spus decât de făcut, pentru că, în mod ironic, coafurile nu mai sunt punctele tale forte. În clipa în care aduni ce a mai rămas, eşti înzestrată cu două smocuri de coarne de diavol cu ţepi, care se ridică sfidător, indiferent cât de mult spray Elnett Extra Strong Hold arunci asupra lor. Nu, nimic nu le poate reţine, sunt Chumbawamba[64] din lumea părului – sunt doborâte, dar micile ticăloase continuă să se ridice din nou. În mod supărător, mă confrunt acum cu realitatea crudă că părul meu ar putea arăta mereu ca şi cum aş fi instigat la o bătaie între femei, noaptea târziu, într-un restaurant care vinde kebap.

Dacă ochii reprezintă fereastra sufletului, mă îngrijorează ceea ce spun ochii mei roşii, obosiţi şi pe care abia pot să îi ţin deschişi – ei descriu perfect o mamă confuză care foarte rar ştie de ce a intrat în aceeaşi cameră de patru ori. Ce anume caută ea? De ce se află acolo? De ce tocmai s-a lovit de aspirator şi şi-a cerut scuze? Da, afectarea memoriei după naştere este foarte reală şi nu doar legată de sarcină. După ce l-am născut pe Jack, au fost multe momente în care propria mea sănătate mintală a fost pusă sub semnul întrebării, chiar de către mine. Am trecut de la a fi o femeie cu o slujbă serioasă la a uita de rufele din maşina de spălat de şase ori, în decurs de trei zile. Ce se întâmplase cu mine? Era normal să plâng o lună încontinuu că nu-mi găseam papucii? Iniţiată de hor-

---

64 Trupă rock britanică.

monii de sarcină şi apoi cimentată de luni şi, uneori, ani de lipsă de somn, ceaţa pare că nu se va ridica niciodată... Chiar şi atunci când se va risipi puţin, probabil că vei fi încă în patru labe, în căutarea încălţămintei AWOL – pe care, desigur, o vei purta.

Ocazional, o amintire împrăştiată lucrează în avantajul tău – de exemplu, uitarea întâmplătoare a promisiunii unei felaţii de ziua soţului. Alteori, însă, te poate face să te îngrozeşti că nu vei mai putea avea niciodată capacitatea mintală deplină sau că vei uita copilul în faţa magazinului Asda. Nu este vorba doar de a fi uitucă – uneori sunt absolut convinsă că există o corelaţie directă între faptul că am copii şi faptul că nu posed celulele cerebrale necesare pentru a-i ajuta la temele de matematică din şcoala primară. „Mami, să întrebăm pe Google?" Nu s-au mulţumit cu părul, hormonii mi-au furat şi inteligenţa. Putea fi mai rău, puteam să-mi nenorocesc dinţii – pentru că şi asta e o chestie posibilă. „Fă un copil!" au spus ei. „Va fi distractiv!" au spus tot ei. Nimeni nu a spus nimic despre trecerea de la „mămica delicioasă" la „mămica lipicioasă". Fetuşii de vampiri nenăscuţi beau calciu de la mamele lor, ca şi cum ar fi un milkshake nesfârşit de la McDonald's? Ei bine, asta este ceea ce te-ar face să crezi poveştile babelor dar, de fapt, este vorba mai degrabă de prietenii noştri buni, hormonii, care schimbă din nou echilibrul pH-ului din gură. Hei, cine ar fi crezut, că o femeie însărcinată are limba acidă? Deşi îmi imaginez că şi mâncatul unui pachet de şase batoane de îngheţată Snickers la 3 dimineaţa nu ajută la problemele dentare...

Dar pielea? Nu cumva faptul că ai un copil îţi face pielea să strălucească? Ei bine, da, dar asta e în principal de la efortul de a vomita biscuiți cu ghimbir. Dacă te aștepți să emani strălucirea unei ființe eterice în timpul sarcinii, dar te-ai ales cu acnee, vene sparte pe picioare, fire de păr pe bărbie și pete pe ten – după naștere, lucrurile nu stau mult mai bine. De ce nu mi-a spus nimeni despre melasmă? Nu, nu despre soția lui Donald Trump, ci despre o afecțiune a pielii care te lasă cu pete decolorate pe toată suprafața epidermei. Cunoscută și sub numele de „mască de sarcină", această încurcătură dermatologică absolută și-a făcut prima apariție pe fața mea la câteva luni după nașterea lui Jack, alegând să-și marcheze în mod subtil sosirea… deasupra buzei superioare. Corect, era ca și cum m-aș fi îmbătat la o petrecere a fetelor și mi-aș fi tatuat o mustață falsă pe față. Nu o puteam epila, nu o puteam acoperi, iar dacă mă apropiam de Soare, devenea de zece ori mai întunecată. Timp de șase luni a trebuit să arăt ca varianta feminină a lui Borat. Nu mai contează o mască de sarcină, ci o mască chirurgicală ar fi fost mai de ajutor – unde era o pandemie când aveam nevoie de ea? Tocmai când melasma părea în sfârșit să se liniștească, a sosit Evelyn… și un contur al continentului african pe fruntea mea. Este adevărat ce se spune despre Soare, că te îmbătrânește, pentru că acum am adoptat simțul vestimentar al unui bătrân pensionar care poartă coif și vizieră. Pentru a adăuga insulta la prejudiciu, fața mea este foarte sensibilă la Soare, dar alte părți ale corpului meu au luat-o invers, devenind imune la lumina Soarelui. Șoldurile mele, de exemplu, nu se mai bronzează. NICIODATĂ. Oh, dar coapsele și picioarele, da, așa că, într-o zi frumoasă de iulie, am picioare care seamănă cu carnea dintr-un grill pentru kebap.

Şi, bineînţeles, sânii de după alăptare! După ce că nu i-am avut niciodată mari, m-am bucurat destul de mult de sosirea sânilor uriaşi de sarcină, în ciuda tentei lor de albastru. Problema cu lucrurile care se umflă prea mult, aşa cum îţi va spune oricine care a dormit pe un pat gonflabil, este că ceea ce urcă trebuie să şi coboare. Iată că la aproximativ o lună după ce am terminat de alăptat, şuieratul de aer care ieşea din pieptul meu şi care era asemănător cu bâzâitul unui ţânţar abia se putea auzi, în timp ce sânii mei treceau încet-încet de la vioiciune la un aspect de clătită. În acel moment, toate vergeturile de care credeam că am scăpat în timpul sarcinii şi-au arătat feţele urâte, la fel, şi abdomenul meu. „Dungi de tigru", pe naiba; în schimb, aveam sute de dungi argintii peste tot, ca şi cum o gaşcă de melci ar fi avut parte de o orgie pe fundul meu.

Aş fi curioasă să ştiu ce impact a avut alăptarea asupra sânilor mei versus taxa de sarcină în sine, pentru că sunt foarte suspicioasă şi cred că o mulţime de daune au fost de fapt făcute, înainte de a începe „operaţiunea de producere a lactaţiei în masă". Oricum, ce poţi face? În afară de o operaţie la sâni, asta este ceea ce am acum şi va trebui să mă descurc cu ceea ce a mai rămas. Pozitivitatea este cheia, în ciuda faptului că acum sunt un fel de fată cu paharul pe jumătate gol. Pot ţine un bol cu cereale pe sâni? Nu. Când stau întinsă pe spate, alunecă de pe piept ca untul pe cartofii fierbinţi? Da. Iar când sunt în patru labe (o raritate), două triunghiuri de brânză Dairylea perfect ascuţite se desprind de pe pieptul meu şi ating pământul de sub mine? Absolut... Dar m-au servit bine de-a lungul anilor, hrănindu-mi copiii şi făcându-mă să intru în multe cluburi de noapte, înainte de a fi legală din punct de vedere tehnic – așa că, pentru asta, le sunt veșnic recunoscătoare. Se mai întâmplă și rahaturi, iar sânii cad. Gravitația ne afectează pe toți la un moment dat – nimeni nu este în siguranță, nici măcar bărbații. Poate că noi ne băgăm sânii în chiloți, dar, doamnelor, consolați-vă, știind că ei își vor băga boașele în șosete.

Abdomenul meu – și el e distrus. După ce am născut, la fel ca Marea Britanie care a dezbătut dacă vrea sau nu să părăsească UE, buricul meu nu mai știa dacă este înăuntru sau afară. Poziția lui depinde acum în mare măsură de câtă pâine mănânc. Puțină pâine, și bum! Iese afară, o mică erecție a buricului. „Pâinexit". Zilele cu conținut scăzut de carbohidrați nu sunt mult mai bune – când balonarea dispare, tot ceea ce rămâne este o gaură imensă, atât de mare, cât spatele canapelei. Evelyn și-a băgat odată degetul în ea și a scos 7,50 lire sterline! Pe lângă mărunțișuri, există și o mulțime de piele care atârnă pe aici, adoptând capacitățile de întindere ale unui supererou Marvel, ceea ce este întotdeauna util, în cazul în care e nevoie de o grefă de piele sau dacă cei mici au nevoie de un hanorac la plajă.

Însă acestea nu sunt singurele victime ale sarcinii la nivelul abdomenului... Vă prezentăm „diastasis recti"! Nu, nu este vorba de un sintetizator din anii '80, ci de separarea mușchilor abdominali. Bebelușii mei foarte frumoși, dar mai mari decât media, și-au lăsat cu siguranță amprenta asupra mea, iar prin amprentă înțeleg un gol imens în abdomenul meu și care rivalizează cu Marele Canion. Care sunt cauzele? Oare, toate femeile care nasc vor sfârși cu o gaură suficient de mare pentru a face contrabandă cu sticle de gin de un litru? Ei bine, depinde de cât de mult s-a subțiat țesutul conjunctiv pentru a acomoda uterul în expansiune și dacă ești o femeie destul de micuță care are tendința de a crește copii Hulk. Nu vreau să nominalizez, dar sunt destul de convinsă că perioada petrecută de Jack în interior a fost responsabilă pentru lărgirea perimetrului inițial – apoi, când a sosit Evelyn, și-a croit drum prin zidul rămas, ca și cum ar fi fost în Berlinul anului 1989.

Am mai fost binecuvântată și cu un alt lucru, ceva ca o pungă marsupială care se află deasupra cicatricii de la cezariană. Indiferent cât de multe kilograme dai jos sau pui la loc, oricâte abdomene încerci (și reușești) să faci, acel sac nu se va duce nicăieri în afară de sud și spre vaginul tău – lăsându-te să arăți ca Skippy, cangurul din tufișuri. Este ultima linie de apărare între tine și hainele strâmte și poate fi învinsă, temporar, doar de o pereche de pantaloni asemănători unui costum de neopren pentru adulți.

Dar cred că este timpul să abordăm subiectul delicat... Indiferent cum vrei să-i spui, ai ghicit care este cea mai mare grijă a femeilor când ajung la maternitate. În timpul sarcinii, cu toții spunem lucruri de genul „sper ca bebelușul să fie fericit și sănătos" și chiar așa este, dar, în mintea noastră, această afirmație este urmată de „și că vaginul meu nu va rămâne cu aceleași capacități ca un Volvo Estate". Va mai arăta și se va mai simți la fel vreodată? Și cum rămâne cu sexul? Fără supărare pentru partenerii masculini și, desigur, pentru bijuteriile lor, dar dacă va fi ca și cum te-ai juca cu un creion pe un coridor? Dacă, după ce au fost întinse atât de mult, vaginele noastre vor avea elasticitatea unor colanți spălați și respălați – adică

foarte largi? Deoarece amândoi au fost livrați „nenatural",
în teorie, lucrurile acolo jos ar fi trebui să rămână relativ
nevătămate. În teorie… Stai, ce e asta? Dacă ai avut o ce-
zariană, ai probleme acolo jos?! Ei bine, nu în sens sexu-
al… Un lucru pe care nu ți-l spune nimeni despre primele
luni de maternitate este că hormonii continuă să facă ra-
vagii în corpurile femeilor și în fluidele lor. Dacă ai ales să
alăptezi la sân, te vei găsi în mod constant deshidratată,
dar te vei mai confrunta și cu o altă secetă, mult mai îngri-
jorătoare… în regiunile tale inferioare. Mai uscată decât
Sahara. Da, durerile, mâncărimile, arsurile și senzația de
apăsare sunt trăsăturile-cheie ale celui mai nou, celui mai
păros și celui mai sexy partener de luptă… Vulva.

Așa cum o parte a anatomiei feminine a fost nimicită,
o alta este brusc la fel de fluidă ca Amazonul. Intră în joc
vezica urinară. Sezonul răcelilor în casa mea este, de ase-
menea, denumit și sezonul musonului – un strănut și copiii
își caută șosete. Vezica mea nu suportă termenul „slabă";
ea este Beyoncé, Kelly și Michelle[65] din lumea organelor.
„Scuzați-mă, sunt puternică, sunt independentă…" până
când ajunge să strige prea tare, ca televizorul să fie dat
mai încet, iar atunci „Destiny's Had a Child"[66] este în ge-
nunchi, așezată într-o băltoacă din propriul pipi. Da, pro-
babil că ar fi trebuit să facă exerciții pentru zona pelviană
în timpul sarcinii, dar la momentul respectiv părea o mun-
că grea. În apărarea mea, senzația de a le face mă ener-
vează total și nimeni nu mă poate convinge de contrariu
– jur că acei mușchi sunt direct legați de sprâncenele tale.

---

65   Aluzie la trupa Destiny's Child și la melodia „Survivor", 2001.

66   Joc de cuvinte: introduce verbul „a avea" în numele formați-
ei, „Destiny are un copil".

Acum stai acolo şi faci câteva strângeri obraznice, nu-i aşa? Este un instinct natural, în momentul în care oamenii le menţionează – la fel şi în cazul căscatului. Ce fac sprâncenele tale? Vedeţi! Probabil că ar fi trebuit să fac un efort mai mare după ce s-a născut Jack, dar pentru că a fost o cezariană a existat o supoziţie uriaşă – complet greşită – că nu ar fi fost nevoie de exerciţii. El nu a fost împins afară, aşa că, mai mult ca sigur, asta a semănat cu ieşirea din închisoare? Ceea ce nu reuşisem să realizez era că înainte de a fi scos cu forţa din pântecul meu, toate kilogramele sale săriseră pe acei muşchi pelvieni ca Kris Kross[67] la o petrecere de aniversare pe trambulină. Absolut distrugător. Totuşi, sunt şi câteva veşti bune, deoarece, în MULTE cazuri, incontinenţa urinară este complet rezolvată. Uneori, femeile au o uşoară tendinţă de a presupune că urinarea ocazională este o parte acceptabilă a vieţii postnatale sau o consecinţă inevitabilă a îmbătrânirii, dar nu trebuie să fie aşa cu exerciţiile corective potrivite. Aşa că haideţi, toţi împreună acum… Unu, doi, trei… Strângeţi!

Dacă problemele ginecologice de mai sus nu au fost destul de rele, intră rezerva… prolapsul genital. Ca să înţelegi mai bine, eu sunt *anti* pentru orice lucru care implică organe care se rostogolesc din corpul tău cu zgomot. Imaginează-ţi că ţi s-ar fi spus, înainte de a te înrola pentru a continua rasa umană, că există o şansă ca organele tale interne să fugă în exterior – cine ar mai fi semnat pe linia punctată? Eu nu! Cel puţin aş fi insistat să văd contractul şi să adaug o clauză de reziliere… Dacă se în-

---

67 Grup duo american de hip-hop; una dintre melodii este „Jump", 1992, „a sări", în engleză.

Sophie McCartney

tâmplă acest lucru, eu mă retrag. Se întâmplă, la o mulţime de femei – ca şi inflamaţia venelor, temuţii „ciorchini ai iadului" din jurul anusului. Ah, ce grămezi oribile şi ce durere! Nimic nu se compară cu senzaţia aia de mâncărime, înjunghiere, că nu poţi sta jos cum trebuie! Ce mod de a răsplăti o femeie pentru serviciile aduse umanităţii, oferindu-i vase de sânge umflate care seamănă cu o pereche de cercei noi şi drăguţi. Unde sunt insignele Blue Peter, premiile Pride of Britain sau MBE[68]? Vestea bună este că există multe modalităţi de a le trata, cum ar fi nişte comprese cu gheaţă, o cremă cumpărată de la farmacia locală, sărind peste rând, în timp ce jumătate din oamenii de pe stradă îşi aşteaptă reţetele, ligaturarea cu benzi de cauciuc, electroterapie şi, desigur, ai putea merge mai departe şi să ţi le bagi înapoi în propriul fund... Sau să-ţi laşi partenerul să facă asta – cine nu adoră momentele perverse cu mărgele anale?

Bineînţeles, ruleta rusească hormonală nu se opreşte doar la corpul tău. Capul este inclus. Înainte de bebeluşi, eram o fortăreaţă de calm şi raţionalitate, lipsită de emoţii. După bebeluşi, sunt ceva mai puţin stabilă, când vine vorba de strângerile de fonduri caritabile de la televizor şi de reclamele pentru sanctuarele de măgari. Există, de asemenea, o nevoie de a le spune copiilor mei că îi iubesc de zeci de ori pe zi, altfel am putea muri cu toţii. Sunt nebună, ştiu! Nu are niciun sens... dar moartea te pândeşte după fiecare colţ când ai copii – apă care nu poate fi băută, pedofili, struguri cu sâmburi şi oameni care au fumat în ultimii zece ani. „NU TE ATINGE DE COPILUL MEU!"

---

68   Member of the Order of the British Empire – membru al Ordinului Imperiului Britanic.

Nu vreau să mă gândesc la vreun lucru care nu este dez-infectat – cu siguranță, vei pune mâna pe acea grenadă care multiplică germeni pentru a-ți împiedica prețiosul prim-născut să o ducă în apropierea gurii. Cineva să pună apă la fiert! De asemenea, am o slăbiciune de a mă furișa în dormitoarele copiilor mei în timp ce ei dorm, cu fața la un centimetru de a lor și să le șoptesc înfiorător: „Mami te iubește atât de mult", și plâng în hohote. Când soțul meu face rutina de culcare, îi duce în camerele lor, închide ușa și nu-i mai vede până dimineața. „Noapte bună, copii!" Totul în timp ce mama nebună este acolo cu o mână pe spatele lor, verificând ritmicitatea respirației... și fluturând un termometru digital în fața fețelor lor adormite. Dum-nezeu să-i ajute dacă au febră, pentru că întotdeauna este cel mai rău scenariu – nu este niciodată doar o răcea-lă, este ÎNTOTDEAUNA un fel de febră tropicală teribilă. Evident, niciodată nu e din cauză că i-am sufocat în trei plăpumi și suntem în iunie.

Suntem cu toții niște oameni normali... Nu trebuie să ne panicăm. Dacă îți faci griji că ți se va întâmpla ceva ciudat sau că ți se întâmplă chiar acum, îți garantez că vor fi milioane de femei care au trecut deja prin acele lucruri. De la transpirații excesive la transpirații nocturne și calu-suri pe picioare, de la visuri sexy și ciudate la o cutie to-racică extinsă care ți-a dat anvergura aripilor unui ptero-dactil – acestea sunt sacrificiile pe care le facem în numele maternității. Am creat ființe umane frumoase, perfecte din toate punctele de vedere, mult în detrimentul propriului nostru aspect fizic și al echilibrului funcțiilor corporale. Hei, pe de altă parte, nu e chiar așa de rău! Exceptând deriva continentală dubioasă care apare pe fața mea în fiecare vară, pielea mea predispusă la acnee chiar și-a îmbunătățit aspectul după ce am născut. De asemenea, sufeream îngrozitor de sângerări vaginale – și asta a dispărut, iar la câteva dintre prietenele mele, endometrioza s-a ameliorat după naștere. De asemenea, unul dintre puținele avantaje de a avea în momentul nașterii o echipă de 20 de membri care își bagă pe rând mâinile până la coate în măruntaiele tale este că proceduri precum testele de frotiu Papanicolau devin o plimbare în parc! Nu dai nimic pe ele! De fapt, este o ocazie bună de a ieși din casă și de a te întinde puțin.

Pot exista o mulțime de presiuni pentru noi, femeile, să ne „revenim" fizic și mintal în noua noastră viață postnatală… Dar din moment ce se pare că riscăm să facem pe noi când ne revenim, probabil că cel mai bine este să stăm liniștite, să mâncăm prăjituri și să arătăm acel deget oricui nu este de acord cu noi. Nu-i așa că am dreptate?

11

Dureroasa vârstă de 30 de ani

În tinerețe, mulți dintre noi am presupus că atunci când vom deveni adulți vom avea o viață bine pusă la punct. Ne imaginam carierele în plină ascensiune și relațiile romantice, speram că vom ști unde am pus cardul Tesco și ne gândeam că nu ar fi existat vreo vină, asociată cu cheltuirea a peste 30 de lire sterline pe o pereche de blugi.

În timp ce tu presupui că vei fi tânăr pentru totdeauna și că ai tot timpul din lume pentru a-ți îndeplini visurile, viața trece pe lângă tine pe furiș... Timpul îți alunecă crud printre degete, așa cum sânii îți alunecă pe lângă buric. Ce se întâmplă atunci când ajungi la o vârstă crucială a maturității și realizezi că nu ești acolo unde ai crezut că vei fi? Nimic nu merge cum trebuie, totul se clatină când treci de la poziția așezat la cea în picioare, iar acele obiective stabilite în adolescență nu au fost deloc atinse. Ești singura care este acum mai confuză ca oricând, în legătură cu direcția în care se

îndreaptă viaţa şi decolteul tău? Permite-mi să te
asigur că nu! Cu siguranţă, nu eşti singura...

Lucrurile nu funcţionau... Ceva nu era în regulă şi puţea. Blocată într-o relaţie de iubire-ură, am încercat din răsputeri să o întreţin, dar acolo unde viaţa ar fi trebuit să iasă la suprafaţă, era inactivitate şi o lipsă de dorinţă de schimbare. Prietenii mei erau disperaţi să mă facă să abordez opţiuni mai uşoare. Aş fi putut totuşi să arunc totul, aşa, la gunoi? Gândul de a-i dezamăgi pe copii era îngrozitor... Cum să le spunem că mami şi tati au dat greş? Soţul meu a încercat, la început, dar apoi a renunţat complet.

„Soph, mă doare în cot de pâinea cu maia. Cumpără-ţi o afurisită de pâine Toastie!"

Bine aţi venit la 30 de ani, fetelor! Pâine artizanală, plimbări cu câinii şi Crocs pentru grădină. Nu eram pregătită pentru asta. Nu eram deloc pregătită. Du-te naibii cu felicitările alea de rahat de ziua ta de naştere „în floarea vârstei"! Eram la jumătatea drumului spre un autobuz gratuit şi o cădere nervoasă. Există o schimbare mintală subtilă, pe măsură ce te îndrepţi de la 20 şi ceva de ani spre 30... Intrarea în următoarea categorie de vârstă pe un buletin de vot pentru alegerile locale a fost suficientă pentru a mă readuce cu picioarele pe pământ, în timp ce sărbătoream trecerea către următorul deceniu... cu o sticlă de vodcă în timp ce vomitam pe fereastra unui taxi.

Lucrurile nu au fost chiar aşa cum mă aşteptam în momentul în care am ajuns la marea mea piatră de hotar. Cariera ilustră în domeniul relaţiilor publice care fusese prezisă nu s-a materializat – în principal, pentru că, în cele din urmă, mi-am dat seama că alegerea unei profesii bazată pe dragostea pentru „Absolutely Fabulous"[69] nu era o alegere rațională. Șefii erau răi, fetele erau scorțoase, iar eu nu aveam nici măcar o piesă de Christian Lacroix, dragă! „Absolut îngrozitor"! Singurul meu punct culminant în carieră a fost să-l scot pe Andi Peters[70] la masă, ceea ce a fost un mare câștig din punctul de vedere al reputației, dar nu suficient pentru a compensa momentele mai puțin plăcute, cum ar fi căratul „celei mai mari crochete de pește din lume" printr-o călătorie de presă, elaborarea de idei creative pentru a face tampoanele mai „sexy" și organizarea de evenimente pentru persoanele cărora le plăcea să-și îmbrace pisicile în Moș Crăciun. La scurt timp după ce am început să experimentez viața de adult cu drepturi depline, am vrut să renunț.

Putem totuși să ne luăm un minut pentru a aprecia cât de multă presiune punem asupra copiilor, atunci când vine vorba de a-și decide viitorul la vârsta fragedă și destul de stupidă, la 14 ani? Mai întâi, Certificatul general de învățământ secundar, apoi calificările care le pot facilita accesul la o universitate și un formular la centrul de servicii de admitere al universităților, completat în grabă, cu două ore înainte de termenul-limită de depunere. Privind în urmă, a fost o decizie atât de importantă – cum puteam să știu ce îmi doresc de la viață când nici măcar nu mă puteam decide ce ținută să port la Yates's Wine Lodge? (Întotdeauna am purtat blugi și un top negru... DAR CE

---

69   „Absolut fabulos": serial britanic ce relatează situația conflictuală dintre mamă, cu o carieră de succes și aflată într-o distracție continuă, și fiică, o adolescentă studioasă, rațională și iritată peste măsură de comportamentul mamei sale.

70   Prezentator britanic.

TOP NEGRU? Modelul cu spatele gol Jane Norman sau cel Warehouse[71]?) Oh, cât mi-aş dori ca deciziile în materie de modă din zilele noastre să fie atât de simple... Pentru că odată ce ajungi, în patru labe, la uşa celor 30 de ani (majoritatea, în imprimeu-leopard) îţi dai seama în ce categorie de vârstă ciudată te afli pentru a cumpăra haine. Nu eşti destul de tânără şi la modă, dar nici destul de bătrână şi cu un şold rupt, aşa că te afli într-o categorie confuză care te face să te întrebi dacă pantalonii scurţi de ciclism te vor face să arăţi cool sau îţi vor face picioarele ca nişte cârnaţi care plesnesc pe grătar. Nu mai am nicio idee despre ceea ce se consideră a fi la modă – am mari suspiciuni că însuşi „la modă" este foarte „lipsit de modă"... Deciziile de cumpărare încep să se bazeze pe simţul practic – articolele care sunt excelente pentru a ascunde diverse părţi ale corpului, de exemplu, sunt mai importante decât cele care ar putea accentua „braţul gras" într-o fotografie de grup. Tocurile înalte arată minunat – dar cât de utile sunt atunci când faci un sprint de 100 de metri, după ce un copil mic a furat un tester de ruj de la Boots? Şi de ce, pentru numele lui Dumnezeu, toate topurile sunt decupate? Când a ieşit asta din anii '90 şi a redevenit ceva obişnuit? Tricouri, hanorace, ţinute şic pentru ieşirile în oraş – toate acestea sunt susceptibile să producă fiori. Recunosc pericolul atunci când îl văd! Doar o notă aici – cumpărăturile online după o anumită vârstă sunt ca un ciclu de relaţii toxice pe care nu-l poţi rupe. Nu este potrivit pentru tine, crezi că este, dar nu este – îţi vei petrece ore întregi din viaţă răsfoind şi plângând, doar pentru a comanda 75 de lucruri, apoi

---

71 Branduri de îmbrăcăminte.

Sophie McCartney

pentru a trimite înapoi 75 de lucruri total hidoase și neutile. Este timpul să treci mai departe. Totuși, dintre toate, cea mai mare supărare a modei o reprezintă... „blugii pentru gravide". Vreau să găsesc și să plesnesc persoana care a proiectat acești pantaloni fără forme, în care îți poți băga sânii și apoi i-a numit cu cruzime după femeile care poartă copii. FĂ UNUL! Dar iată care este partea cea mai tare – ca „mamă", arăt ca naiba în ei. CE INSULTĂ! Se pare că doar cei de 20 și ceva de ani care stabilesc tendințe pot să poarte lucrurile – ceilalți arătăm ca și cum am fi aplicat pentru o ucenicie de inginer auto acum trei decenii. De ce au, de asemenea, goluri mari în zona genunchilor? Cele mai multe mame vor spune că ne bărbierim foarte rar, mai ales atunci când purtăm blugi, așa că nu este practic pentru noi să ne expunem părul de pe picior/pubian de trei ierni și un sfârc printr-o tăietură de 15 cm pe tibie. Îți spun cum ar trebui să arate de fapt blugii „de mamă"... ca un calendar advent din denim pătat de muci – doar buzunare nesfârșite pentru bucățele de Lego, batoane de cereale pe jumătate mâncate și pete de vin. Îți amintești când obișnuiai să ai o viață socială destul de decentă la sfârșit de săptămână? Una care nu consta în spălarea cu jet de apă a unei curți interioare, în curățarea de mâzgă de la castraveți din sertarul cu legume sau în degerarea, la propriu, în timp ce te uitai cum echipa de fotbal a copilului tău este bătută cu 26 la 0. Zilele erau petrecute la cumpărături cu prietenii și la prânzuri relaxante, în timp ce discutai despre ținutele pentru băutura și desfrâul din seara respectivă. Ei bine, ajungi la 30 de ani și scena se schimbă... Doar dacă nu cumva îți faci cumpărăturile de la Aldi, mănânci șuncă direct din ambalaj, în timp ce te gândești în ce pijamale te vei îmbrăca mai târziu... Dacă ai copii, cumpărăturile de haine cu ei ar trebui, de asemenea, să fie recategorizate ca o formă de sport extrem. Ce parașutism și snow-boarding, nimic nu crește adrenalina mai mult decât imaginea de a ieși din cabina de probă după un copil, al cărui joc preferat este „fugi, cât timp mama este pe jumătate dezbrăcată". O mare urare de bine și celor care plasează în centrele comerciale mici atracții pentru copii, la distanțe de aproximativ 100 de metri, ceea ce înseamnă că trebuie să te oprești din două în două minute ca să minți cu nerușinare. „Oh, mami nu are mărunțiș, dragă!" Ce rușine... Doar o mică atenționare pentru cei care încă nu au aflat singuri, nenorociții ăștia ACCEPTĂ ACUM CARDURI! Ceea ce înseamnă că va dura patru ore pentru a face o excursie la cumpărături care, dacă ai fi fost pe cont propriu, ar fi durat doar 45 de minute.

Oricum, pentru ce ai nevoie de haine frumoase? Mai ieși în oraș? Ieși în oraș, adică, și nu acasă la un prieten la ora 3 după-amiază, pentru un grătar cu toți copiii tăi în spate. Dar nu se pune, nu-i așa? Ești mereu la datorie, monitorizând câți copii sunt și câte Capri-Sun-uri beau. Impresionant, dacă reușesc să treacă de unul – e mai ușor să intri în Fort Knox[72] decât în unul dintre acele pachețele stupide cu pai. „Mai întâi sorbi ușor și abia apoi strângi!" Dar deși mi-ar plăcea să mă eliberez și să am o mega excursie cu prietenele în Ibiza nu sunt prea sigură cât de bine se descurcă această narcoleptică, adică propria

---

72 Tabără militară a armatei Statelor Unite, situată în Kentucky; începând cu anul 1937, guvernul federal a depus aici rezerva de aur a țării.

persoană, care, odată cu trecerea anilor, a devenit îngrozită de un zbor care să dureze mai mult de 24 de ore. De asemenea, o persoană tânără mi-a spus odată că marii DJ mixează pe scenă doar în jurul orei 4 dimineața. 4? Nu se poate să fie așa... Probabil, un program special pentru părinții ai căror copii se trezesc foarte devreme? Nu, realist vorbind, sunt mai multe șanse să vizitez cu regularitate Insula Wight[73] decât Insula White[74]... într-un cort... încercând să nu țip la toți cei care au intrat sau au ieșit din mine[75]. Cercul tău de prieteni se schimbă, de asemenea – iar acesta nu e un lucru rău. Unele dintre cele mai bune prietene ale mele sunt mamele de la școală sau, așa cum îmi place să le spun, „așii mei din mânecă". O raritate în aceste vremuri, dar cele care uită echipamentul de educație fizică și cărțile de lectură sunt unele dintre cele mai uimitoare prietene pe care o fată (care habar nu are când este ziua sportului) și-ar putea dori vreodată să le aibă. Da, nimic nu se compară cu a sta în casă (pentru că se economisește pentru extinderi de case sau divorțuri) și a da pe gât gin tonic, în timp ce discutați despre copiii ciudați ai altora, despre tații sexy de la școală și despre melodii din anii '90. Pe măsură ce băutura și chipsurile curg, la fel se întâmplă și cu rutinele de dans nostalgice ale Spice Girls și Backstreet Boys[76] – crescând masiv șansele de a te răni îngrozitor de tare dacă te miști prea repede într-o anumită direcție. Lăsând la o parte gluma, două

---

73 Insulă engleză, situată în apele Canalului Mânecii, a doua cea mai populată insulă din nordul Europei.

74 „Insula Albă", adică Ibiza, denumită așa pentru numeroasele case albe ce se zăresc de pe dealuri.

75 Wight mai înseamnă și „fantomă".

76 Trupe pop din anii '90.

dintre prietenele mele și-au rupt recent oasele în corpuri de mobilier din cauza unor astfel de acțiuni. Înspăimântător. Una dintre ele a decis să facă o mișcare tipică de alergare și s-a ales cu o fractură atunci când copilul ei cel mic a luat-o la fugă și a intrat cu capul în tibia ei. Patru luni mai târziu, încă poartă o orteză și participă fără să vrea la o provocare la care nu s-a înscris – canapeau de zece... zece kilograme în plus! Cealaltă prietenă a mea a reușit să-și rupă degetul de la picior făcând nimic. LA NAIBA CU TOȚI! Habar n-are cum a făcut-o, doar s-a trezit într-o zi cu un picior umflat, fără să poată să calce pe el. Ea pretinde că a fost din cauza unei perechi de pantofi incomozi pe care i-a purtat; eu bănuiesc că a fost când a încercat să se cațere pe un stâlp de iluminat după opt Margarita. Și gâtul meu a căzut recent victimă blestemului mumiei antice care se dezintegrează, după ce m-am ridicat prea repede din pat ca să opresc alarma. Slavă Domnului că Steve era acasă pentru a mă ridica și pentru a se ocupa de treburile mele, pentru că nu puteam să-mi mișc niciunul dintre membre fără să plâng. El fiind fizioterapeut, eram pe mâini sigure, dar nu prea înțelegătoare... „Îți dau jos chiloții, dar nu te șterg!" Aparent, după ce am verificat în scrisul cu litere mici al jurămintelor noastre de nuntă, acest lucru nu apare în partea de „boală și sănătate" a contractului. Mi-a luat două săptămâni pentru a-mi recăpăta mișcarea completă a gâtului – cam cât i-a luat lui Steve să treacă peste noaptea de curry. Și ipohondria este o chestie foarte importantă acum! Dacă poți să-ți rupi o coastă strănutând sau să-ți disloci șoldul în timp ce încerci să dansezi pe melodia „Pop Ya Collar" a lui Usher, este de la sine înțeles că orice nouă afecțiune are potențialul de a fi fatală – provocând o panică uriașă că, asemenea invincibililor tăi 20 de ani, ești istorie.

Și mi-am găsit recent primul fir de păr alb; a fost o zi neagră… la propriu; am scos vopseaua negru-închis și l-am îngropat pe nenorocit. Părul alb este cea mai mică dintre problemele tale (cu excepția cazului în care este pubian)… Metabolismul mai lent, distribuția inegală a grăsimii și lăsarea pielii vin, de asemenea, să bată la ușă ca versiunea antihristă a doamnei Avon. La 20 de ani, silueta mea era de top și chiar nu era apreciată… DE MINE! Mâncam orice (la ore stupide din noapte) și abia făceam exerciții fizice, mergând ocazional la o alergare în jurul blocului și făcând câteva abdomene înainte de vacanța de vară. Privind înapoi la fotografiile din tinerețea mea, aș vrea să mă întorc în timp și să mă plesnesc. Arătam uimitor în bikini, topuri cu bretele și pantaloni scurți din denim, dar mă simțeam îngrozitor în legătură cu propria persoană, fără să am un motiv anume. Dacă eu, cea tânără, mi-aș putea vedea acum buricul, m-aș mândri purtând bikini zilnic și m-aș bucura că nu trebuie să-mi petrec luni întregi din viață căutând pe Google „costume de baie cool pentru mămici". AȚI AFLAT ULTIMELE ȘTIRI?! Nu există așa ceva. Toate costumele de baie sunt florale, mari cât barajul Hoover și suficient de groase pentru a încasa un glonț.

O viață ocupată, sarcini și o lipsă generală de entuziasm au dus la faptul că nici cântarul nu mai înregistrează cum obișnuia să o facă în urmă cu 15 ani… Lucru care, ocazional, îmi afectează profund încrederea și dragostea pe care să o ofer celor din jur. În zilele noastre, este mult mai greu să găsesc motivația de a face exerciții fizice, iar în cele mai multe nopți, după ce am strigat de 12 ori la cei din jur să fie atenți atunci când vorbesc, tot ce vreau să fac este să mă prăbușesc pe canapea, să mănânc cereale dintr-o cană și să mă întreb dacă soțul meu nu are și el probleme de auz. Ceea ce se întâmplă în realitate este că mă închipui că am o ședință brutală (crezând că voi muta cinci kilograme), doar ca să mă trezesc după aceea cu cel mai oribil IAD (Întârzierea Apariției Durerii). Așa trebuie să merg la școală pentru următoarele patru zile, semănând cu John Wayne, dacă ar avea un caz urât de afte.

Iată o provocare pentru tine, pentru a afla dacă ai ajuns la 30 de ani: te-ai atașat emoțional de Joe Wicks[77], pentru că este un om drăguț, are părul frumos și nu țipă; ai cumpărat panicată un echipament ridicol de sport de pe un canal de cumpărături la ora 3 dimineața sau te-ai înscris la un curs de Pilates la care ai participat doar o singură dată... în principal pentru că ai tras un vânt și nu te mai poți întoarce pe cealaltă parte? Vinovată de toate trei. Un alt lucru legat de faptul că nu mai ești în floarea vârstei fizice este că pare să fie nevoie de un efort dublu pentru a arde toate acele calorii suplimentare din dulap. Rata mea metabolică este absolut aiurea – dacă mănânc un Twix, mă îngraș vizibil. Nu este corect, dar – și este un mare dar (oprește-te...) – sunt cine sunt și viețile noastre scurte pe această planetă ne-au fost date pentru a le trăi. Poate că unul dintre lucrurile bune când îmbătrânești puțin este că începe să-ți pese mai puțin de forma corpului tău. Cu siguranță, am învățat să fiu mult mai blândă cu mine din punct de vedere fizic și mintal. Obiectivele realizabile și realiste sunt cheia – de exemplu, este posibil

---

77 Antrenor britanic de fitness, prezentator tv și autor.

să port două perechi de colanți modelatori Spanx în același timp? Probabil că nu, așa că nu te pune într-o situație dificilă. Atât timp cât sunt sănătoasă și fericită în pielea mea, asta este tot ce contează... Ei bine, asta și pâinea. De asemenea, mai apelez și la chestii care să îmi umple ridurile, pentru că și asta e o problemă acum. Crăpături atât de adânci, încât micile creaturi din pădure și-ar putea stabili casa în ele. E lent la început, subtil... O ușoară încrețire a machiajului și care nu era acolo înainte... apoi, bum! Copilul tău stă pe genunchii tăi, îți mângâie curios fața și te întreabă ce sunt ridurile de pe frunte. Retrospectiv, o tinerețe pierdută în care ai venerat Soarele și ai înlocuit apa cu VK Apple&Mango[78] – nu echivalează cu un regim de frumusețe pe termen lung. În orice caz, acum nu mai e cazul să te bucuri de Soare, pentru că zilele însorite înseamnă să speli lenjeria de pat la 60°C și să o pui imediat pe sârmă. Greutatea... Sunt destul de filozofică în acest domeniu... Simt că primesc o anumită contribuție în acest sens, iar dacă vreau sau trebuie să fac ceva în acest sens, o voi face. Ceea ce mă deranjează mai mult este faptul că Fratele Natură îmi ia fața și o transformă într-unul din testiculele sale vechi și ridate și, ocazional, păroase. Sincer, mi-ar plăcea să fiu unul dintre acei oameni care se îndreaptă în tăcere spre sfârșitul vieții, fericiți să îmbătrânească cu grație, dar pariez pe faptul că voi fi târâtă afară (țipând obscenități) dintr-o discotecă pentru tineri sub 21 de ani – în timp ce cer numărul unui chirurg estetician. Am avut recent o urmă de la pernă pe față care mi-a rămas timp de 15 ore. A fost ca și cum corpul meu ar fi direcționat toate fluidele hidratante necesare departe

---

78 Băutură alcoolică fructată.

de piele şi spre organele vitale, lăsându-mă să arăt ca un personaj negativ Disney, care tocmai l-a împins pe fratele său într-o turmă de bivoli. Dar nu e vorba doar de faţă... pielea a început să-mi dispară şi de pe decolteu (adică sâni), dar şi de pe dosul mâinilor. Când eram mică, obişnuiam să stau ore întregi şi să trag de pielea de pe dosul mâinii bunicului, apoi aşteptam să văd cât timp îi va lua să coboare din nou. COPIII MEI ÎMI FAC ACUM ACEST LUCRU. Vremuri! Dar iată întrebarea: totuşi, ce e de făcut în privinţa asta? Ceva? Nimic? Chiar vreau să-mi injectez otravă în încercarea de a părea mereu surprinsă de cât de strălucitoare îmi este fruntea? Poate... Dar nu sunt sigură. Cunosc oameni de vârsta mea care se pricep la un pic de Botox. Sunt ocazii care se ivesc la întâmplare în bucătăriile unor mame – o prietenă a unei prietene care se oferă să facă două injecţii la preţ de una. Este tentant, dar sunt, de asemenea, foarte speriată de faptul că nu voi mai putea să-mi mişc fruntea, deoarece una dintre cele mai mari mişcări de exercitare a autorităţii pe care le fac cu copiii este să ridic o sprânceană şi să mă uit fix. Este singura mea abilitate de supererou şi sunt îngrozită că dacă faţa mea este paralizată nu voi putea niciodată să-i fac să-şi strângă lucrurile de pe podea.

De ce ne facem asta ? Ei bine, femeile au încercat să evite soarta iminentă a îmbătrânirii încă de la începuturile timpului – nu este un fenomen nou; egiptenii antici, însă, nu aveau acces la Susan, care are o calificare pe internet în domeniul esteticii. Da, să fii, că tot vorbeam de egipteni, „mai frumos mort decât viu". Nu numai că procedurile estetice sunt mai uşor de obţinut în zilele noastre, dar nici nu se poate scăpa de ele – se pare că

postările de pe rețelele de socializare sunt în permanen-
ță pline de fețele fără cusur ale unor persoane de 20 sau
30 de ani... Ori s-au folosit produse cosmetice, ori s-au
folosit filtre foto. Nimic din toate astea nu este real. O ilu-
minare inteligentă, o poziționare ușor în față a unui șold
sau o arcuire a coloanei vertebrale și, zeci de instanta-
nee aruncate mai târziu, imaginea perfectă este în sfârșit
gata să fie încărcată și adorată de mase. Cei care fac poze
cu penisuri trebuie să ia aminte. Personal, nu am nimic
împotriva contingentului Kardashian; într-un fel, simt că
dominația lor asupra mass-mediei de ani de zile a ajutat
de fapt la transformarea unei industrii a frumuseții care,
la un moment dat, credea că singurul tip de corp accep-
tabil din punct de vedere comercial era cel emaciat. Cu
toate acestea, problema cu noi, muritorii de rând, care
încercăm să „Keep up with the Klones"[79], este că aces-
tea sunt în principal doar iluzii. Femei frumoase, făcute și
mai frumoase de o armată de make-up artiști, coafeze și
stiliști. Este o ideologie periculoasă și irealizabilă, pe care
multe dintre noi suntem înșelate să o credem, lăsând ast-
fel să se strecoare în capul nostru sentimente de inadec-
vare și nesiguranță. Fără îndoială, sunt vinovată că nu am
apreciat că îmbătrânirea este de fapt un privilegiu pe care
nu toți îl putem avea. Fețele noastre au povești de spus
– despre locurile în care am fost, despre oamenii pe care
i-am întâlnit, despre dragostea, râsul și durerea prin care
am trecut... Poate că într-o zi ne vom simți cu toții bine
în pielea noastră pentru a elibera aceste poveri și pentru
a le lăsa să-și împărtășească cu mândrie învățăturile... Și

---

79   „Să ținem pasul cu clonele" din „Războiul stelelor", aluzie la
„Keep up with the Kardashians", reality-show.

poate, doar poate, îmi voi lăsa fața să spună cât o mie de cuvinte... Atenție, probabil că va striga doar atât: „Am făcut prea multă plajă în viața mea, iar copiii mei nu au dormit niciodată!"

Odată cu sosirea vârstei de 30 de ani, o etapă destul de importantă, a început în relația mea cu Steve – aniversarea a zece ani de la nuntă. În zilele noastre, tinerii de 20 de ani nu se gândesc să se implice într-un angajament, ci să se înscrie la „Insula Iubirii". Totul se rezumă la bifa albastră, hunilor! De fapt, sunt foarte mândră că am ajuns la un deceniu de căsnicie, pentru că nu m-am gândit vreodată, înainte de jurăminte, că nu vom reuși... Când am spus „până când moartea ne va despărți", eu am vorbit serios. Nu se poate scăpa de mine, chiar și de la doi metri sub pământ – tot o să stau prin preajmă și o să mă asigur că nu se va recăsători cu o femeie mai sexy. Efectiv, sunt mândră de noi, pentru că ultimii zece ani nu au fost doar o călătorie frumoasă, plină de romantism și de sex în toată regula. Viața de cuplu este dură; e nevoie de multă muncă, de compromisuri și de un simț al realismului. Având 25 de ani când ne-am căsătorit, primii noștri ani de căsnicie au coincis cu niște experiențe de viață destul de uimitoare – nopți nesfârșite în oraș, călătorii prin lume, posibilitatea de a ieși din casă doar cu telefonul și un ruj. Apoi, după 30 de ani, a început prăbușirea... Am făcut un credit, am făcut copii și am fost complet scufundați în rutina de la 9 la 5. Ne-am dat seama că eram blocați în obișnuință, responsabilități și regurgitare – mai ales, a mea; capacitatea mea de a bea a fost mult diminuată după sarcină. Nu am de gând să înfloresc relatarea – se petrec multe schimbări într-o relaţie, după ce ai fost cu cineva pentru o asemenea perioadă de timp. Pierderea senzaţiei de a-ţi dori tot timpul partenerul este una dintre cele mai mari... Acele gemete de bestie feroce şi acele impulsuri animalice de a vă smulge hainele unul altuia în momentul în care ajungeţi acasă de la serviciu se risipesc în timp, fiind înlocuite de nevoia de a şti ce se va servi la cină. Treceţi de la hiene excitate la hipopotami înfometaţi. Adăugaţi copii în acest amestec şi, uneori, pur şi simplu, nu este practic să ai o partidă de sex pe blatul din bucătărie, atunci când un copil de doi ani întinde peste tot cu cereale Weetabix. Nu înseamnă că nu îţi mai iubeşti partenerul, ci doar că stresul şi tensiunile vieţii de zi cu zi te pot copleşi... Iar atunci când ai fost mângâiată toată ziua de o persoană mică, uneori ultimul lucru pe care ţi-l doreşti este să fii mângâiată de o persoană mare. „Fără supărare, iubire, dar nu pune un deget pe mine – mai ales dacă e lipicios.”

Lucrul interesant al zilei, ceva ce am descoperit în procesul de procreare, este că libidoul unei femei depinde foarte mult de momentul din luna în care se află, ceea ce este absolut logic. Când eşti la ovulaţie, ai călduri; când nu, preferi să te uiţi la Netflix şi să te relaxezi... singură... într-o altă cameră... în pijamale. Fratele Natură nu s-a gândit la asta, nu-i aşa? Prea târziu acum, nenorocitule! Totuşi, mă face să mă simt uşor vinovată că nu am întotdeauna aceeaşi dorinţă sexuală ca soţul meu... dar nu suficient de vinovată pentru a nu mai minţi în legătură cu durata reală a perioadei. „Încă nu s-a terminat, dragă, îmi pare rău!”

O altă schimbare în relaţie se concentrează în jurul

nivelului de importanţă pe care îl acorzi întâlnirilor sem-nificative. Să luăm Ziua Îndrăgostiţilor şi aniversările. Îţi aminteşti de primii paşi de dans ai cuplului, când dragos-tea şi pofta încă mai existau? Trandafirii sunt roşii, viole-tele sunt albastre şi aşa mai departe[80]. Pentru primul nos-tru Crăciun, Steve mi-a cumpărat o brăţară cu diamante. Diamante! Zece ani mai târziu, pentru aniversarea nunţii noastre, a sugerat să nu ne mai „facem" cadouri şi să ne îndeplinim în sfârşit fantezia vârstei de 30 de ani... să ne extindem locuinţa. Nu ştiam că, de fapt, am intrat într-o relaţie ciudată de 18 luni, incredibil de murdară, în trei, cu un constructor care avea probleme îngrozitoare cu apor-tul de fibre. Aşadar, a existat o înţelegere verbală de a nu face schimb de cadouri pentru a zecea aniversare a nunţii noastre, dar, ca majoritatea femeilor, în ciuda faptului că am spus că nu vreau un cadou, mă aşteptam să primesc unul. Bărbaţi, doar un avertisment aici: când o femeie spune că nu vrea un cadou, s-ar putea să fie o minciună. Chiar este o minciună. Ceea ce spunem de fapt atunci când buzele noastre par să spună „Bine, e în regulă" este „Vreau un inel cu o piatră de mărimea capului meu". Totul nu este decât un mare test. De asemenea, ar trebui să ştii că deşi ne-ai cerut în mod expres să nu îţi luăm nimic, tot îţi vom cumpăra un cadou... În principal, pentru a te domina în toate certurile viitoare până la sfârşitul timpului.

Ştii care este cadoul oficial pentru zece ani de iubire cu luminile stinse, dar cu şosetele în picioare, ţinând cont de faptul că multe dintre noi primesc un diamant, doar pentru că au fost de acord să se căsătorească?

---

80 Versuri de dragoste cu care începe o felicitare de Ziua Îndră-gostiţilor său una de nuntă.

Sophie McCartney

Tinichea. Aşa e, premiul pentru vechime este o conservă care va supravieţui unei apocalipse. În ciuda avertismentului în avans, încă visam la nişte bijuterii din platină şi, desigur, am fost mai mult decât fericită să-i iau ceva ce îşi dorea cu adevărat... dar cum nu poţi primi sex oral dintr-o cutie de conserve, am ales nişte beri artizanale minunate. Ziua cea mare a sosit, la fel ca schimbul de cadouri... El şi-a deschis berile, iar eu am deschis... NIMIC! Apoi, restul zilei a fost petrecut gândindu-mă la diferite moduri de a-l ucide cu bere blondă (aproape toate variantele au dus la moarte din cauza mâncărimilor severe provocate de drojdie). Totuşi, am primit un cadou: capacitatea de a câştiga toate disputele pentru următorii 50 de ani – unii ar putea fi de acord că, de fapt, acesta a fost cel mai bun cadou dintre toate.

Uneori ne certăm, avem aşteptări total nerealiste şi ne enervăm de moarte unul pe celălalt; alteori poate tânjim după o parte din viaţa noastră mai tânără şi mai palpitantă – dar nu despre asta este vorba în căsnicie? Două persoane care se angajează pentru o viaţă întreagă împreună. Se poate întâmpla ca în această perioadă, lucrurile să nu meargă întotdeauna tocmai bine. De fapt, sunt întotdeauna foarte suspicioasă faţă de persoanele care spun că nu se ceartă niciodată cu partenerul lor – este sănătos să poţi să-i spui partenerului tău de călătorie sau de moarte că se comportă ca un mare idiot. Cu siguranţă, nici noi nu mai suntem aceiaşi oameni de la acei 20 de ani fără griji. Au rămas fragmente din cei de odinioară, dar am crescut, ne-am adaptat şi am devenit mai puternici. Suntem o unitate, o forţă de luat în seamă şi cei mai mari campioni. În mod enervant, el îmbătrâneşte mai bine – ca un vin bun. Este un bărbat atractiv. Eu îmbătrânesc ca o sticlă de Prosecco pe jumătate beată – un pic cam uscată, lasă un gust ciudat în gură și își pierde rapid efervescența. Dar nu și în ochii lui; atât timp cât mai am puls, sunt în regulă. Voi ști că dragostea noastră este moartă în momentul în care mă aplec să pun ceva în dulap și el nu îmi dă un șut în spate. Poate că nu este „The Rock"[81], dar este stânca mea – un yin imperturbabil și echilibrat pentru yangul meu și nu l-aș schimba pentru nimic în lume. Doar poate pentru un Channing Tatum fără cămașă, ud până la piele, ținând în mână un inel cu un diamant mare… Glumeam! Lăsați-l pe Channing și aduceți-l pe Chris Hemsworth. Ca să fim serioși, în cei zece ani de căsnicie, am scos coșul de gunoi doar de două ori. Nu-l ia nimeni.

Așa că, da, lucrurile nu sunt chiar așa cum credeam că vor fi, dar, într-un fel, e în regulă! De fapt, am atins obiective diferite față de cele pe care mi le-am propus în tinerețe și, probabil, am făcut mai mult cu viața mea decât am prezis la 18 ani – am creat-o, și încă de două ori! De asemenea, cred că putem să fim cu toții de acord că oricine crede că este MIȘTO să folosească un creion negru de ochi pe buze nu ar trebui să fie desemnat să se ocupe de viitorul cuiva. Așa că, da, găsirea unui avocado perfect copt este una dintre cele mai importante sarcini din timpul săptămânii, istoricul meu de căutări pe Pinterest este plin de opțiuni de podele din lemn și sunt îngrijorată de petele negre de pe frunzele părului din grădină; ah, mai urmăresc și „MasterChef". Aceasta este viața mea de acum și îmi accept soarta, chiar dacă numai pe jumătate.

---

81 Dwayne Johnson, actor și producător american, luptător de wrestling, cunoscut după numele de scenă „The Rock", adică „stânca".

De asemenea, abia când te apropii de 40 de ani îți dai seama ce ticălos monumental ai fost că ți-ai făcut griji că vei ajunge la 30 de ani. S-ar putea să nu înțeleg moda, să nu pot să stau pe tocuri mai mult de 12 minute sau să nu mă ridic de pe un scaun fără să se audă un zgomot ciudat, dar sunt în floarea vârstei – Amazon Prime Video... au niște oferte de rahat pentru tigăi antiaderente.

Să îmbătrânești nu e chiar atât de rău și, pe de altă parte, cel puțin capacitatea de a bea crește odată cu vârsta, iar mahmureala scade...

DE-A DREPTUL PSIHEDELIC!

12

Din leagăn la urlete

Vine o vreme în care lucrurile încep să-și piardă ritmicitatea și apoi dispar. Este un moment dificil în viață și unul care necesită o forță uriașă pentru adaptare. Vestea bună, însă, este că nu treci prin asta de una singură – prietenii de aceeași vârstă simt și ei efectele secundare nedorite ale schimbării vieții tale sociale.

După 30 de ani și cu copii care îți fură constant din toate aspectele existenței, ieșirile dese în oraș devin, din păcate, un lucru de domeniul trecutului – dacă se mai pune la socoteală și faptul că trebuie să mergi la ora 1 noaptea la un supermarket deschis nonstop pentru a cumpăra Calpol sau fondant. Nu? E în regulă! Există o parte din tine care jelește persoana care a fost odată... o purtătoare de tricouri scurte, cu sclipici în păr, dansând până în zori și bând tequila – dar există, de asemenea, o parte puțin mai mare care se bucură de colanți elastici, trăind indirect prin intermediul vedetelor de reality-show de 20 de ani și făcând fotografii... cutiilor de Pringles direct din cadă.

Oportunitățile de a-ți vedea prietenii și de a-ți recupera acea fărâmă din sinele tău de odinioară sunt, de cele mai multe ori, puține și îndepărtate – mai ales atunci când ești atașată chirurgical de oameni vulnerabili care, fără tine, nu ar fi în stare să se aprovizioneze cu mâncare, să găsească un singur lucru sau să se șteargă la fund. În aceste cazuri, divorțați și mergeți mai departe. Cel mai aproape de un dans bun ai fost la petrecerea de Crăciun, organizată de clubul de fotbal al copiilor, unde poate da, sau poate nu, a avut loc o rundă de shot-uri de la ora 16 și un nefericit incident de dans cu tentă sexuală între tine și unul dintre antrenori. Așadar, atunci când se ivește oportunitatea unei nopți AUTENTICE a fetelor și toate planetele se aliniază, astfel încât 15 femei reușesc să stabilească o întâlnire pentru o sâmbătă, peste doi ani, trebuie neapărat să profiți. Sau nu? În ciuda faptului că aștepți cu nerăbdare luni de zile o petrecere și că aceasta este atracția discuțiilor din grupul tău de WhatsApp, când se apropie data reală, apar și acele gânduri de îndoială... Este sâmbătă seara și te simți prost că ți-ai abandonat oamenii mici favoriți... Mai important, ce naiba o să porți? Oricât de minunat ar fi să ieși din casă în haine care nu sunt contaminate cu muci, fasole sau fluidele corporale ale altora, nu ai prea multe opțiuni care să nu includă jambiere de maternitate, deși nu ai fost însărcinată în ultimii trei ani. Așa cum am menționat anterior, lumea cumpărăturilor online, mai ales după o anumită vârstă, poate fi o experiență zbuciumată care te poate face să te întrebi dacă magazinul de haine Boohoo a fost numit după răspunsul emoțional al clienților cu vârsta de peste 30 de ani. Și nu uita de Forever 21, un magazin creat pentru a-ți reaminti constant că mai aproape ești de 41. După ce te-ai hotărât să alegi „blugi și un top drăguț" și neapărat Spanx, care îți declanșează sindromul mâncărimilor, e timpul să aplici cu grijă creion de ochi care, după mai multe încercări, se apropie alarmant de linia părului; totul, înainte de a sări din iadul de șters copii mici la funduleț (cu o ministiclă de Prosecco în mână) în taxiul care te așteaptă afară. Telefonul se va folosi doar în cazul în care... dorești din toată inima să postezi pe Instagram un selfie care include părul spălat de două ori, dar cu aspect nefamiliar și măgulitoarea bărbie dublă. *#Simte-te specială*, s-ar putea să vomiți mai târziu. Deja în taxi și la jumătatea drumului spre a fi mangă, sunt trei dintre prietenele tale care au cerut ca bietul șofer să folosească radioul digital ca un aparat de karaoke cu buget redus. „Dave, Dave, Dave... Ai ceva de Olly Murs?" Dave nu are. Își urăște viața, pe noi și pe tipii care poartă mocasini fără șosete. De asemenea, nu-i place să te joci cu butonul lui. „Iubire, ți-am spus deja. Nu te mai juca cu stația!" Aruncată la marginea trotuarului și aducând mai degrabă cu niște deținuți care sunt pe cale să-și distrugă șansele de eliberare condiționată, ai uitat de emoțiile de dinaintea ieșirii, pentru că a intrat în vigoare mentalitatea „ceea ce nu vezi nu te afectează" și ești oficial acea mamă care a renunțat la copii și vrea să se distreze. Este o situație dificilă, totuși, pentru că ești și acea mamă care bea două ginuri tonice, se ceartă cu scările și apoi vomită pe pantofi. Uite cum stă treaba cu mamele la o ieșire în oraș – avem o ușoară tendință de a deveni un pic sălbatice. Poate că e vorba de amețeala de a ieși din casă fără să luăm prăjituri cu orez sau poate colanții ne taie alimentarea cu sânge a capului...

Obosită și testată

Oricum ar fi, David Attenborough[82] trebuie neapărat să se instaleze în spatele coșurilor de gunoi de la un magazin care vinde pui și să înregistreze niște documentare speciale.

Aici o vedem pe mama cu fața de rahat, o apariție destul de comună. Rareori separată de puii ei, în seara asta poate fi văzută în timp ce bea 12 sticle de Prosecco, verifică dacă mai are pantalonii pe ea și dansează la bară... în fața unui polițist.

Cu toții avem o prietenă, nu-i așa, care nu poate suporta bulele, care a văzut Showgirls[83] de prea multe ori și care crede că e ca un câine care dansează pe ritmuri de Justin Timberlake, în celebra sa piesă „Sexy back"! Nu, tu nu ești Carol, bine? Ai 42 de ani și lucrezi în contabilitate. Tot ce aduci înapoi este incontinența urinară de stres... Calmează-te! Dar Carol nu se va calma, pentru că ea este o zebră, recent eliberată din captivitate, și ea, împreună cu dansul ei, nu se va întoarce NICIODATĂ înapoi!

Picioare însângerate de la tocuri prea mari și care șchiopătează ca în zilele lor postpartum... A fost o migrație perfidă de la habitatele infestate de copii la cele mai exotice adăposturi de la câmpie... Creaturi bete. Dezamăgite amarnic de faptul că bizonii bărboși care protejează intrarea nu le cer să se legitimeze, ele localizează ceilalți membri ai turmei, folosind un fel de apel unic doar pentru specia femelă – o serie de țipete și urlete ascuțite, urmate de fluturări ale membrelor. Fiind cele mai bătrâne mumii

---

82 Redactor științific și cercetător naturalist britanic.
83 Dramă erotică din 1995.

Sophie McCartney

din zonă, era și timpul să-și înece tristețea în alte sticle din cel mai bun Prosecco al localului sau, cum îi vor spune dimineața, prosicco.

Cu băuturile și râsetele curgând, străluciri ale femeii care ai fost odată încep să apară și să te facă să te simți minunat. Este uimitor și eliberator! De ce nu faci asta mai des?! Apoi îți sună telefonul...

„Pentru a suta oară, iubitule, dacă trebuie să pornești grătarul, pune selectorul pe G. Ăștia sunt copiii care plâng pe fundal? Tot nu le-ai dat să mănânce? E 8.30!"

Alungă-ți din minte imaginile cu șnițele de pui arse, e timpul să te duci pe ringul de dans cu fetele și să faci să se prăbușească localul cu mișcările tale sexy... cu articulația șoldului, adică. Sărituri în gol, după ce ai avut copii – NU recomandăm, nu ai forța necesară de bază sau pelviană pentru asta. În mintea ta, ești Nicole Sherzinger, dar, în realitate, mai puțin Pussycat Doll și mai mult păpușa pisicuță pișăcioasă. În acest proces, îți vei fi rupt și un tendon și nu vei putea să mergi fără să șchiopătezi două luni. După mai multe rânduri de sambuca, 60 de fotografii șterse cu „brațul gras" și după ce conducerea a transmis să ne ridicăm de la mese, trebuie să ne oprim... este ora 21:05.

Totuși, cea mai tare noapte din agenda socială a unei mame trebuie să fie... o petrecere a burlăcițelor! Ca o seară normală, dar de zece ori mai multă destrăbălare și de două ori mai mulți bărbați cu tanga care-și flutură apendicii lor uriași în fața ta, în timp ce tu încerci să ai o conversație aprofundată cu prietena ta cea mai bună despre pudra organică de spălat. Stripteuze, înțeleg... absolut. Noi, fetele, tindem să arătăm un pic mai atrăgătoare într-un tanga cu paiete. Dar un tip pe nume Greg, cu tatuaje dubioase şi un piercing în sprânceană, care coboară din tavan ca un Spider-Man disco, îmbrăcat sumar, apoi se oferă să-şi întindă pânza lui specială pe faţa ta... e sexy? Nu sunt atât de sigură... Juriul, la fel ca şi penisul lui, este afară. Mulţumesc lui Dumnezeu că la propria petrecere de burlăciţă, prietenele mele ştiau cât de specială sunt când vine vorba de penisurile pe care le las să se apropie de faţa mea – niciun spiriduş străin nu este permis până nu va avea o verificare amănunţită... Ştii când un păianjen cu picioare foarte lungi vine spre tine pe neaşteptate şi tu te panichezi şi îl alungi cu o palmă, în timp ce stai pe un scaun şi strigi după ajutor? Exact reacţia mea la un dans în poală de sex masculin. Aş fi mai excitată dacă tipul ar veni cu un pachet de chipsuri de rădăcinoase şi nişte guacamole. E singura cale ca un păstârnac să fie înmuiat în ceva.

Obişnuia să mă enerveze foarte tare că bărbaţii se duceau la petreceri de „burlaci" ca nişte fiare mândre, cu coarne maiestuoase, în timp ce noi, femeile, eram etichetate ca nişte găini împrăştiate şi nesigure. Asta până când am încercat să traversez o stradă cu alte 20 de femei bete şi pline de accesorii pentru penisuri şi am înţeles imediat descrierea. „Fetelor! Toată lumea să se uite la stânga, să se uite la dreapta, să se uite din nou la stânga! Aşteptaţi ca acel autobuz şi alte 12 vehicule să se apropie... şi traversaţi!" De ce au traversat găinile? Pentru a fi strivite de un autobuz etajat, în timp ce erau îmbrăcate ca nişte călugăriţe uşuratice.

Acestea fiind spuse, una dintre părţile mele preferate

de la o petrecere a burlăcițelor este costumația obligatorie și înjositoare din punct de vedere moral. Indiferent de temă, întotdeauna găsim o modalitate de a face sex, nu-i așa? Cu excepția acelei găini care nu a primit codul vestimentar și sosește îmbrăcată în costum și pantofi de bunică, în timp ce toate celelalte arată ca Madonna în „Like a Prayer". La petrecerea de burlăciță a prietenei mele, Helen, tema a fost „personaje din basme". Eram toate îmbrăcate ca Scufița Roșie, sau ca Bo Beep, cu portjartiere și cizme sexy, căutându-și oaia gonflabilă; iar apoi a fost prietena mea, Amy, care a apărut îmbrăcată ca Vrăjitoarea cea rea din Vest, cu vopsea verde din cap până în picioare, lăsând mici dâre de verde în urma ei, ca și cum ar fi avut gonoree.

Există într-adevăr ceva despre o petrecere a burlăcițelor care le face pe femeile de obicei foarte raționale și sensibile să delireze de emoție. Comportamentul nepotrivit pe care l-am văzut la aceste sărbători ritualice i-ar face pe bărbații maturi să plângă, iar în mod normal, unele dintre cele mai rele infractoare sunt mamele. Noi nu ieșim prea des, nu-i așa? Atunci când nu știi când se poate întâmpla din nou, este întotdeauna mai bine să dai dovadă de prudență și să profiți de ocazie cât mai poți – și dacă asta înseamnă să petreci o noapte în celulă, pentru că ai furat casca polițistului în fața căruia dansai la bară și apoi i-ai atins părțile intime, în timp ce încerca să o recupereze, atunci așa să fie! Petrecerile de burlăcie sunt, în general, cele mai interesante nopți, deoarece nu le vei cunoaște pe toate doamnele prezente. În afară de grupul tău de prietene, vor fi rudele miresei, eventualele cumnate ale ei, colege de serviciu ciudate, care au fost invitate din politețe și, desigur, cele mai nașpa dintre toate... cele care nu contribuie la plată. Nasol! Pentru că sunt acolo, o sarcină care ar fi putut să fie un simplu calcul de două minute se transformă în ceva ce amintește mai mult de un meci de departajare de la University Challenge[84]. „Am avut un starter de doar zece... lire!" Dacă ai fost vreodată supărată că nu ți s-a propus să fii domnișoară de onoare, gândește-te că este oficial cea mai proastă slujbă din lume – efectiv un recuperator de datorii într-un costum de regină a frumuseții; domnișoara de onoare este responsabilă pentru viețile a 20 de suflete în stare de ebrietate, totul, în timp ce 100 de lire sterline au dispărut ca prin magie. Ultima petrecere de acest fel la care am participat descrie perfect această situație... La început, cu stil, dar la ora 21:30, toată lumea stă într-un local de noapte foarte dubios numit Shades și se întreabă de unde vine acel miros ciudat. Până la ora 22, vei fi antrenată de alte femei bete în toaletă, în timp ce îi ții companie unei prietene care alăptează. La întoarcerea de la toaletă, mai multe membre ale grupului își vor fi pierdut capacitatea de a vorbi în propoziții coerente, dar tot vor fi capabile de o interpretare perfectă a piesei „Reach" a celor de la S Club 7. De asemenea, se pare că vi s-a alăturat o fată plângăcioasă pe nume Donna, care vă tot roagă să-i împrumutați peria și nu își găsește colegele. Este și foarte vocală, vorbind atât de tare, încât nu vă puteți auzi propriile glasuri – vei purta o conversație de 20 de minute cu prietena ta cea mai bună, discutând despre asta, în timp ce te întrebi de ce e atât de întuneric? Acum, cluburile de noapte dubi-

---

84 Emisiune-concurs britanică, cu întrebări cu grade diferite de dificultate adresate unor grupuri de patru studenți, ce reprezintă câte o instituție de învățământ.

oase sunt întunecate, în general, din două motive: primul dintre ele este ca să nu vezi cine naiba este responsabil pentru mirosul de vomă. În al doilea rând, pentru a nu observa haita de hiene transpirate, de vârstă mijlocie, care pândește în colțul VIP, dar care își elaborează deja strategia tactică de avansare. Din nefericire, găinile au capacitatea de a atrage toate capetele de cocoș pe o rază de 20 de kilometri. Sunteți toate acolo, dansând în cercul vostru de cult satanic, închinându-vă zeiței păgâne a poșetelor și fiind conduse în corul „Single Ladies" de către marea preoteasă cu bandă pe cap, când, de nicăieri, bam! Ești înconjurată...

Nesigure de capacitățile de apărare ale găinilor, cocoșii masculini, chicotind, aleg să trimită în față, pentru început, pe cel mai slab membru al haitei, pentru a testa terenul și receptivitatea femelelor de a fi aliniate de șase masculi grași – care lucrează toți în IT. Cu 16 halbe de Stella Artois la centură, Phill își face numărul... Transpirația îi curge abundent de pe față, de la subsuori și din zona inghinală, dar a ales să danseze salsa, în încercarea de a le impresiona cu șoldurile sale subțiri și dibace și cu penele încurcate de pe piept. A fost o greșeală. Sesizând imediat amenințarea unui bețivan, găinile își schimbă instinctiv locurile, blocându-i avansurile cu o serie de mișcări din aripi și un cloncănit nemulțumit. În timp ce restul cocoșilor dornici de atenție se separă pentru a acoperi mai mult teren, este timpul ca masculul alfa, Mike, să arate clanului său cum se procedează. Semănând cu o versiune mai transpirată a lui Mr. Tumble, el se îndreaptă țanțoș spre păsările supărate, fără să știe că, în calitate de prădător arogant şi îndrăzneţ, este în pericol. Cum niciuna dintre găini nu pare interesată, se pregătesc pentru avansurile sale, trimiţând-o spre el pe Donna, care acum sângerează abundent de la picior, în plină viteză, fluturând un Smirnoff Ice[85] şi strigându-i ameninţător să dispară. Cu mândria lor afectată, la propriu – Donna aruncă sticla – se retrag… acasă la soţiile lor şi la cei patru copii. Poate că sunt carnivori, dar cu siguranţă sunt mai aproape de o gaşcă de cocoşei.

Bineînţeles, pentru multe mame, cea mai aşteptată variantă a petrecerii burlăciţelor este cea care se desfăşoară în străinătate. Posibilitatea de a se urca într-un avion şi de a experimenta un weekend hedonist la soare, fără copii, este prea mult pentru minţile noastre, care au fost formate de CBeebies[86]. Fără inorogi gonflabili, fără 20 de kilograme de bagaje cu gustări şi fără responsabilităţi?! DA, VĂ ROG! Problema mea este că am ajuns la o vârstă la care mulţi dintre prietenii mei fie sunt căsătoriţi, fie nu vor să fie, ceea ce este în regulă, le respect în totalitate deciziile egoiste – dar înseamnă că oportunităţile pentru aceste rarităţi extrem de fericite sunt din ce în ce mai puţine. Încep să mă uit la oamenii pe care îi cunosc şi la relaţiile lor cu multă îndoială… Chiar sunt atât de fericiţi? Vor reuşi? Sunt o persoană rea, pentru că le sugerez să se recăsătorească atunci când partenerul începe să facă mofturi şi le instalez aplicaţii de întâlniri pe telefon, în timp ce le strecor o broşură de vacanţă în mâini? De acord, s-ar putea să fie un pic cam extrem, dar cei care

---

85 Marcă de vodcă.
86 Canal britanic pentru copii.

nu au copii nu vor înțelege niciodată entuziasmul de a avea nevoie de un permis gratuit de a pleca în străinătate pentru un weekend. Ei pot pur și simplu să părăsească țara oricând doresc. „S-ar putea să mă duc la un hotel doar pentru adulți în Mykonos, vinerea aceasta!" Bravo ție – singura dată când copiii mei mă vor lăsa să vizitez un loc doar pentru adulți va fi când voi avea 70 de ani, iar locul va fi un azil.

O petrecere a burlăcițelor la peste 2.000 de kilometri depărtare este singura modalitate justificată prin care îmi pot lăsa deoparte vina de mamă timp de două zile, să-mi pieptăn părul proaspăt spălat și să-mi las soțul să gătească crochete de pește la cuptorul cu microunde. Așa că atunci când grupul „echipa din liceu" de pe WhatsApp se activează și apare o poză cu un inel de logodnă... Ei bine, emoția este de neînvins! Nici măcar nu se mai obișnuiește să se trimită un răspuns de felicitare, ci doar un răspuns direct la subiect: „UNDE MERGEM PENTRU PETRECEREA BURLĂCIȚELOR?!" Mesajul s-a trimis, iar tu deja cauți pe Google „unde e cald în martie", pentru ca apoi să primești răspunsul viitoarei mirese... „Mă gândeam la o casă frumoasă la țară, în Cotswolds[87]..." CE?! E nevoie de toată stăpânirea de sine de care poți da dovadă pentru a nu părăsi grupul, pentru a nu scoate viitoarea mireasă din lista de prieteni de pe Facebook și să nu spargi ceva. „CUM A PUTUT SĂ-MI FACĂ ASTA?!" Situația este înrăutățită de faptul că jumătatea ta este plecată la o petrecere a burlacilor în... Vegas. Așadar, în timp ce tu faci un curs de design floral cu o femeie pe nume Xanthe și asiști la jocul cu întrebări și răspunsuri despre viitorii miri, în care

---

87   Cea mai pitorească zonă rurală din Anglia.

mama miresei trebuie să asculte poziția sexuală preferată a fiicei sale, el se uită la Calvin Harris[88] live, se bronzează și cheltuiește toți banii din contul comun în cluburi de striptease. De-a dreptul scandalos! Un lucru este cert: indiferent unde îți petreci noaptea mamelor, rezultatul final este aproape întotdeauna cam același – un loc dubios, o prietenă la Urgențe și o respirație profundă, ca la naștere, pe bancheta din spate a unui taxi, pentru a nu-ți lăsa KFC-ul să zboare din gură.

Personal, am o mare problemă, atunci când vine vorba de judecarea propriilor limite. Atunci când sunt înconjurată de alte femei foarte excitate, devin mult prea amețită și mă las prinsă în momentul respectiv, uitând că a. Sambuca poate avea gust de Gaviscon, dar nu este; b. stomacul meu este la fel de slăbit ca perineul meu și c. AM COPII. Coborând din taxi, cu un pantof stiletto în mână și vărsându-mi chipsurile pe toată aleea, este cu adevărat o priveliște care nu trebuie ratată. Sir David ar avea o zi de pomină...

După ce a petrecut 20 de minute încercând să deschidă ușa de la intrare cu cheile de mașină și strigând obscenități la pisica vecinului, este lăsată în cele din urmă să intre de către colegul ajuns în pragul disperării. În căutare de hrană, ea devorează șase pachete de Pom-Bear, șuncă feliată direct din pachet și două prăjiturele, despre care crede din greșeală că sunt acoperite cu Nutella, doar că este de fapt Marmite. După toate acestea, ea trebuie să înfrunte cel mai mare dușman... scările. Există Everestul, K2[89], Kilimanjaro și apoi mai sunt și scările care leagă par-

---

88 DJ, producător, cântăreț și compozitor scoțian.
89 Munte în Asia, de 8.611 metri, al doilea cel mai înalt din lume.

terul casei de etaj. O victimă sigură care urmează să fie devorată, dar care mai întâi trebuie să găsească o cale de ieșire de sub propriul câine, ea se ridică la înălțimea provocării și, în cele din urmă, ajunge în vârf. Prăbușindu-se în pat, complet îmbrăcată, dar fără pantofi, îi rămâne o singură sarcină finală – imobilizarea unui amic mai puțin impresionat la marginea patului, folosind doar puterea alcoolului și a respirației cu extract de drojdie. La ora 3 dimineața, apare senzația inconfundabilă de agitație privind unele alegeri proaste din viață. Îmbrățișează vasul de toaletă și așa apar zeci de ursuleți regurgitați scăldați în prosicco. Negarea lipsei de capacitate de a-și cunoaște propriile limite a convins-o în mod absolut că torentele de fluide corporale care îi scapă prin căile nazale se datorează unei intoxicații alimentare, și nu amestecului strugurilor cu cereale și cu mai multe shot-uri. În ciuda gemetelor puternice și a faptului că își exprimă teama de a fi aproape de moarte, partenerul ei de somn nu se trezește, lăsând-o pe această femelă plină de regrete să sufere singură... până la 6 dimineața, adică atunci când doi oameni mici și gălăgioși dau buzna în cameră, de parcă cineva i-a aruncat dintr-un tun, asemenea unei încărcături.

Nimeni nu mă poate convinge de altceva – a fi un părinte mahmur este o pedeapsă pentru păcatele comise într-o viață anterioară. Chiar dacă Steve este acasă și perfect capabil să rezolve milioanele de cereri ale copiilor, cei mici tot vor încerca, în mod intenționat, să vină să mă găsească cu capul în toaletă și să mă roage să-i șterg la fund. Dimineața de după noaptea petrecută în oraș se resimte puternic și în rândul colegilor tăi conspiratori. Discuția de grup despre pantalonii Krazy Larry, cândva exuberantă și amețitoare, este plină de regrete, rușine și mai mult de 47 de emojiuri de vomă. La ce se gândea toată lumea? O mamă vegetariană este înnebunită că s-a trezit și a găsit în sutien rămășițe de la un kebap, o alta are trei coaste rupte și un con de trafic în grădina din fața casei, iar o altă mamă, aflată în taxi în drum spre casă, credea că îi trimite soțului ei poze sexy, dar, din greșeală, a expediat o poză cu sfârcul stâng socrilor ei, prin intermediul grupului WhatsApp „familie".

După ce ai mestecat o bucată de pâine prăjită uscată timp de o jumătate de oră și ai legănat o Coca-Cola cu dragostea și afecțiunea unei mame care ține în brațe un nou-născut, este timpul să te pregătești pentru cel mai rău tratament care ar putea fi acordat mahmurelii... Lecții de înot, la naiba! Căldură, transpirație, umiditate, iadul verucilor, acele oribile excrescențe care apar pe piele... Acum e rândul tău și nici măcar promisiunea complet goală a unor favoruri sexuale nu-ți poate convinge partenerul să faceți schimb de roluri. Împărțită între a nu-ți dori ca odraslele tale să se înece în ocean și a nu muri într-o mare formată din propria vomă este o oră grea în afara casei care are impact asupra bunăstării emoționale și fizice a tuturor. Cu sudoarea îmbibată cu sambuca curgând din fiecare por al corpului tău tremurând, încercarea de a lupta cu un copil încăpățânat și asudat într-o pereche de blugi nu merge bine. DIN DENIM? Nebunie curată, femeie!

La ieșirea de la piscină, primești un mesaj pe telefon de la o altă mamă, în care te întreabă la ce oră ajungi la petrecere. CE PETRECERE? La naiba! Veștile curg, iar ziua nu s-a terminat. Apropo de cadouri, nu ai nimic de oferit unei fetițe de șase ani, în afară de o poveste despre consumul responsabil de alcool și cunoașterea propriilor limite. Două ore mai târziu, într-o sală mare, cu urechile sângerând de la țipetele unor copii plângăcioși care nu au câștigat o medalie de plastic de la înfiorătorul Disco Dan, situația merge din rău în mai rău. Fiind nevoită să stăpânești copiii complet ahtiați după zahăr și care, ca urmare, își înjunghie prietenii cu cuțite pe care le-au confecționat din pălării de petrecere, nu te poți gândi decât la următoarea doză de carbohidrați sărați și să meditezi la ce va trebui să-i oferi partenerului tău pentru a-l convinge să facă o oprire la McDonald's... Odată ce copiii sunt în pat, cu o oră mai devreme decât era planificat, dată fiind incapacitatea lor de a spune cât e ceasul, prăbușirea pe canapea este inevitabilă, urmată de evaluarea situației și de ce a mers totul atât de prost. După mult timp de gândire, concluzia este următoarea: sunt prea bătrână pentru tot rahatul ăsta și promit că nu voi mai bea NICIODATĂ. Ei bine, până data viitoare... Dar cu siguranță fără prosicco... Ei bine, poate doar un pahar... Sau poate două pahare... Dar cu certitudine nu o sticlă întreagă... Sau sticle... Poate...

13

Mama distractivă

Îți amintești când erai copil, iar serile/weekendurile/ vacanțele școlare constau în a merge acasă la cea mai bună prietenă a ta, la clubul de tineret sau în a-ți însoți părinții în jurul supermarketului pentru a face cumpărături mari? Asta era distracția copilăriei noastre! Omule, părinții noștri au avut o viață ușoară. În zilele noastre, o nouă specie de părinți a evoluat... născută dintr-o combinație de aspirații personale, vinovăție maternă, incapacitatea de a spune nu și un complex de inferioritate în social-media – ea este o mamă distractivă. O forță care cântă (lecții de canto), dansează (cursuri de dans), aruncă cu bani în stânga și-n dreapta și își petrece puținul timp liber, încercând să le demonstreze copiilor ei (și ei însăși) că mămica se distrează pe cinste. De la renunțarea la diminețile de sâmbătă pentru a sta, mahmură, pe un teren de fotbal plin de noroi până la a se asigura că, în vacanțe, orarul ei este bine pus la punct (o evidență a activităților din vacanță), munca ei de a-și ține copiii ocupați 24 de ore din 24, 7 zile din 7 nu se termină niciodată.

Să trecem în revistă câteva dintre trăsăturile/defectele de personalitate ale mamei distractive...

Idealism

Ce ar putea fi mai distractiv decât o plimbare de modă veche în aer liber? O modalitate ușoară și eficientă din punctul de vedere al costurilor este de a scoate copiii din casă pentru a face exerciții fizice, în timp ce te bucuri de timp de calitate petrecut împreună cu familia. Ha-ha! În primul rând, poate dura mai mult de o oră din momentul luării deciziei de a merge la plimbare până la ieșirea efectivă din casă. În acest interval de timp, vor fi avut loc foarte multe prostii, pentru că, mai ales cu copiii mei, este o idee mai rea decât mersul la supermarket.

– Of! O plimbare? De ce trebuie să facem asta?

– Pentru că este sănătos, dragă, și pentru că este ceea ce văd că fac toate celelalte familii care locuiesc pe strada noastră – cu zâmbete pe față, cu o minge de fotbal în mână și cu un sentiment de satisfacție care îmi paralizează complexul de inferioritate parentală.

– În acest timp, pot să mă joc Pokémon GO pe telefonul tău?

După ce ați ales pantofii, hainele, un cărucior de păpuși, o piesă foarte specifică de Lego și după ce v-ați golit vezicile și intestinele, în timp ce îți descarci nervii țipând înăbușit într-o pernă, deschizi ușa și... vezi că plouă. Bineînțeles că plouă! Dacă chiar ești suficient de norocoasă să reușești să ieși, se vor întâmpla mai multe lucruri:

1. După cinci minute de la începerea plimbării, trotinetele pe care cei mici au insistat să le aducă nu vor mai fi necesare, iar sarcina de a le transporta îi va reveni... mamei (micile vehicule se vor învârti și se vor izbi de gleznele tale), împreună cu un copil care se agață de tine, deoarece vrea în brațe, iar acest lucru se va întâmpla pentru tot restul plimbării.

2. Ritmul în care vă deplasați este atât de incredibil de lent, încât ceasul sportiv pe care îl porți nu mai detectează pulsul. Ai murit cumva? Nu fizic, dar sufletul tău a trecut într-un loc mai bun.

3. Va fi o bătaie pentru aducerea acasă a unui băț. (Bățul va locui pentru următoarele șase luni în fața casei tale.)

4. Cineva va călca în rahat de câine.

5. Dat fiind mirosul, un copil va avea și el nevoie să meargă la toaletă. Singura opțiune este „caca în natură", idee care nu pare la fel de bună ca vărul său mai acceptabil din punct de vedere social, „pipi în natură", mai ales pe aleea casei unui cuplu în vârstă care se uită pe fereastră să vadă ce-i cu toată agitația asta. Ești nevoită să aduni cu un șervețel umed și cu o frunză – nu găsești nici măcar un singur coș de gunoi pentru tot restul plimbării.

6. Îți va lua trei ore să te plimbi în jurul propriului bloc.

7. Te simți ca JLo[90] – știi întotdeauna de unde ai venit... Puțin mai mult de jumătate de kilometru de la ușa de la intrare.

Eroism

„Joacă-te frumos!" Cuvinte simple care bagă frica în inima oricărui părinte, trecut prin câteva experiențe. Călătoriile la locurile de joacă sunt ca și cum ți-ai plăti taxele – dureroase, dar inevitabile. Sunt mereu împărțită între dorința de a-mi obosi copiii și cea de a nu vrea să petrec trei ore într-o versiune mai zgomotoasă și mai urât mirosi-

---

90 Aluzie la melodia „Jenny from the Block", 2002, a lui Jennifer Lopez.

toare a lui Hades. În general, într-o zi ploioasă, reprezintă ultima variantă. Terenul de joacă este plin de apă şi de adolescenţi ameninţători pe biciclete, aşa că nu prea ai altă opţiune decât să spui cu voce tare acele cuvinte fatale, dar magice. „Cine vrea să meargă la joacă?" Însă, în acel moment, eşti un erou! Avem o câştigătoare… Mama distractivă! Chiar dacă cei mici vor să meargă, să-i scoţi din casă şi să-i urci în maşină este ca şi cum ai duce oile extrem de lente la păscut. Până ajungi, ploaia s-a oprit, Soarele a ieşit dintre nori şi arde în mod înspăimântător, dar e prea târziu – ai promis şi nu există cale de întoarcere. După ce încerci să faci să se creadă că cel mai mic dintre copii este cu un an mai mic decât e în realitate, pentru a economisi ceva bani, este timpul să treci în revistă prima regulă a clubului „Joacă-te frumos!" – NICIODATĂ să nu mănânci nimic din ce găseşti pe podea. Următorul lucru de menţionat – nu vă urcaţi pe tobogan, dacă nu vreţi să fiţi luaţi pe sus de o mamă care ţipă şi care poartă adidaşi speciali de alergare. Şi nu mai mult de o persoană pe trambulină, altfel femeia dură din spatele tejghelei va exploda de furie. Asta e! Alergaţi liberi, dragii mei, şi încercaţi să evitaţi bălţile dubioase şi mizeriile de pe jos în cel mai cunoscut şi mai periculos sector al Labirintului de cristal… „Zona bacteriilor". Dacă ai reuşit să convingi un prieten să vină cu tine, este o ocazie bună de a bea o cafea fără să auzi ceva din ceea ce spune – acustica tuturor locurilor de joacă are ceva ce îţi garantează că vei pleca cu tinitus. În timp ce mai şi tresari din când în când, inima ţi se opreşte, pentru că… trebuie să te duci după ei! DE CE, DUMNEZEULE? DE CE? Pentru a face situaţia mai bună, se înţelege că nu porţi şosete. Rugându-te ca acea chestie maro, lipicioasă, atașată de talpă să fie de fapt o stafidă, găsești copilul... în groapa cu mingi nenorocite, fiind asaltat de un puști de 12 ani cu un pește în mână și cu un braț deasupra capului care l-ar face de rușine pe celebrul Freddie Flintoff[91]. Este testul suprem pentru a vedea cât de mult îți iubești copilul – îl lași să-și piardă un ochi sau te duci acolo și riști să faci tetanos? Plonjând ca David Hasselhoff, este cel mai mândru moment al carierei tale de părinte până când... începi să te îneci încet... scufundându-te printre fecale, firimituri și plasturi aruncați. Asta e sfârșitul. Nu ai forța de a ieși din asta. Ce mod nenorocit de a pleca. Apoi, dintr-odată, o mână te pescuiește și ești în viață! Mulțumindu-i lui Freddie din anii '80 pentru vitejia arătată, este timpul să părăsim toboganul buclucaș în care îți zdrobești coatele și îți freci posteriorul.

Să spun acum despre unul dintre cele mai rele lucruri care mi s-au întâmplat vreodată la o ieșire, la un loc de joacă; evenimentul l-a implicat pe unul dintre copiii mei, care a exagerat cu Fruit Shoot, înainte de a se urca avid pe podul de frânghii. Din păcate, cel mic a pierdut controlul vezicii urinare, trimițând o minicascada Niagara, nu prin unul, nici măcar prin două, ci prin trei straturi de echipament de joacă și udând toți copiii în calea sa. Nu știu dacă este de bine sau de rău să spun că închiriasem locul pentru o petrecere aniversară, așa că îi cunoșteam pe cei afectați de această tragedie teribilă. Inutil să mai spun că în toate fotografiile apăreau niște copii foarte supărați.

După ce au mâncat niște crochete de pește, au mai făcut niște mizerie pe jos și neapărat o criză, pentru că după ce ai plătit zece lire pentru intrare refuzi să mai dai

---

91 Prezentator britanic, fost jucător internațional de crichet.

alți bani pentru o plimbare pe vreo minimotocicletă electrică, ce durează în jur de 30 de secunde, este timpul să îi scoți din acel loc. Este ca și cum ai încerca să convingi pe cineva beat să părăsească un club de noapte la ora la care se închide – individul dă din mâini, aruncă cu pantofi în toate direcțiile și încearcă o ultimă tentativă de a reveni în club, înainte ca oamenii de la pază să intervină. În cele din urmă, individul pleacă plângând, fără pantofi, sub amenințarea armei și cu o pungă întreagă de Cadbury Buttons băgată în gură. Odată ajunși acasă, mai rămâne doar mica problemă de a-i dezinfecta și de a aștepta până la 72 de ore pentru a vedea ce microb au mai luat.

Ambiție

Ah, călătoria pe șosea... A se citi „autostrada cu urlete". Foarte multe urlete. Ce ar putea să fie mai distractiv decât să petreci mai mult de două ore într-o mașină fierbinte și fără aer cu niște copii care nu au noțiunea timpului, iar răbdarea lor se aseamănă cu cea a unui adolescent în timpul primei sale întâlniri sexuale? „NU, ÎNCĂ NU AM AJUNS!" Odată ce ai copii, devine foarte evident cât de eronat este procesul de testare pentru obținerea permisului de conducere. Poate că știi să faci o manevră de mers înapoi după un viraj, dar poți să o faci în timp ce copiii își scot ochii unul altuia pe bancheta din spate, îți cer să te uiți la o crustă de pe unul dintre degetele lor de la picioare și te lovesc în cap cu un balon? Dacă nu ai strigat „VREI CA MAMA SĂ FACĂ UN ACCIDENT CU MAȘINA ȘI ASTFEL SĂ MURIM CU TOȚII?!", ești măcar un părinte adevărat? Este aproape sigur că orice călătorie cu copii în mașină se va termina cu...

1. Plictiseală. Aceasta se va declanșa la doi metri de casă. Încă poți vedea ușa de la intrare și ei se vor plânge că vor să iasă și să se plimbe.

2. Foame. Au mâncat greutatea lor corporală în Cheerios, înainte de a pleca, și au consumat suficiente gustări în mașină, cât să hrănești o familie de șase persoane timp de o săptămână, dar încă mai au poftă de mâncare. Sunteți pe drum de zece minute.

3. Jocuri. „I-spy"[92], într-o mașină care se deplasează cu 110 km/h, cu un copil care deține toată paleta de culori și care te lasă să tot ghicești ceva maro, ce a văzut cu mai mult de o oră în urmă. Este un copac? Nu. Părul lui mami? Nu. Un teren? Nu. Ursulețul tău de pluș? Bineînțeles că nu este, este „rahatul" din ziua precedentă.

4. Întrebări. Să conduci pe o ploaie torențială pe lângă camioane care trec cu viteză pe benzi mici și înguste pare a fi un moment excelent pentru a răspunde la întrebări foarte specifice despre viață și moarte; pe deasupra, nici măcar nu știi ce să zici.

5. Cântece. După ce ai parcurs toți clasicii pe repeat, timp de ORE întregi, ești forțat să devii creativ până la versul 309 din „Old MacDonald" („Bunicul meu avea o fermă").

6. Dispozitive. Răgușită de la cântatul despre cea mai ciudată fermă din tot ținutul, în mod nesăbuit le dai pe mână un iPad, o tabletă sau ceva similar – doar pentru zece minute de liniște. Ce s-ar putea întâmpla?

---

92 Joc în care o persoană spune litera cu care începe un obiect pe care ambii jucători îl pot vedea, iar cealaltă persoană încearcă să ghicească.

7. *Vomă*. Este peste tot, și toată lumea țipă. Laptele de la micul dejun s-a transformat în brânză de vaci, celălalt copil are în păr cereale parțial digerate, iar tu ești blocată într-un ambuteiaj – la cel puțin 50 de kilometri de cea mai apropiată benzinărie. Nimic nu spune mai clar că ai fost într-o călătorie cu mașina decât folosirea unei periuțe de dinți pentru a curăța centura de siguranță.

8. *Lipsă de stăpânire*. Este nevoie de un părinte cu adevărat CURAJOS pentru a pune la punct păcăleala cuiva cu o vezică urinară de mărimea unei nuci și care are antecedente de a defeca la ușa pensionarilor. După ce ați ajus la timp la benzinărie, se aud următoarele cuvinte: „Nu mai trebuie să merg, mami!" Furioasă, insiști să cheltuiești câțiva bănuți – doar pentru ca ei să anunțe, cu cea mai puternică voce posibilă: „Mami, părțile tale intime arată ca un hamster!" Înapoi la drum, dar zece minute mai târziu… „MAMĂ! Trebuie să fac pipi!"

9. *Violență*. Toată lumea s-a săturat, mai puțin frații din spate – unul a avut îndrazneala să-l privească pe celălalt „într-un mod amuzant" și asta a provocat o luptă până la moarte între gladiatori. În timp ce confruntarea e în plină desfășurare, tot ce poți să faci este să strigi cât mai încet și să speri din tot sufletul că este și adevărat: „MAI AVEM PUȚIN ȘI AJUNGEM!"

Toleranță

Festivalurile în familie – un lucru pentru care dau vina în totalitate pe Instagram. Familii care arată la modă, în cizmele lor de cauciuc Hunter, cu fețele împodobite cu sclipici ucigaș de delfini, toți trăindu-și cea mai bună viață dansând pe muzică hedonistă, în câmpuri de grâu scăldate de Soare. Totul pare atât de idilic, atât de inspirat, atât de... pus în scenă. Am învățat asta pe calea cea grea. În urmă cu aproximativ doi ani, am fost foarte supărată că nu eram o mamă care să știe să se distreze. Îmi făceam griji că, peste ani, copiii vor sta cu toții în jurul mormântului meu, aranjați pe culori și în ordinea înălțimii, dorindu-și, eventual, să fi fost mai veselă în timp ce eram pe tărâmul celor vii – genul de mamă pe care, poate, o vezi pe rețelele de socializare ducându-și copiii pe câmpuri la modă și pline de căpușe. Tot simțindu-mă rău de la cea mai recentă zi de distracție în afara casei, am decis să iau taurul de coarne, să dezgrop unele haine cu franjuri și să mă confrunt cu cea mai mare provocare pe care încă o am ca o mamă... Nu, nu boala Lyme, ci toaletele portabile. Înainte de copii, cu siguranță, nu eram genul de persoană de festival, dar, vinovată de mulțimea #MakingMemories, am crezut că mi-a venit și mie timpul să-mi fac poze în fânul extrem de Instagramabil. Ce legendă!

Festivalurile pot fi ajutate sau stricate de vreme; așa că este o șansă incredibilă că aici, în Anglia, verile sunt previzibile și toride. Abia ieșisem din mașină, când a început să plouă. La intrare, uzi leoarcă, am fost imediat atacați de o persoană îmbrăcată în uniformă. „Doriți să cumpărați un program de 3 lire sterline pentru a vedea show-ul de astăzi?" Scuze, ce mai e acum? Biletele costă 70 de lire sterline și noi trebuie să plătim în plus pentru un program? Știam deja ce se întâmpla – o escrocherie mare și grasă. Apoi, copiii au pus ochii pe versiunea gonflabilă a Disneyland-ului, cu mai puține asigurări de răspundere civilă și mai multe veruci.

– Putem să mergem, mami?

– Bineînțeles, scumpo! Așteaptă puțin...

10 lire de copil, pentru 30 de minute?! În acel moment, am realizat că am cheltuit aproape 100 de lire sterline pentru a sta pe un câmp, supraveghind „Total Wipeout"[93] în ploaie și întâmpinând cu brațele deschise apariția hipotermiei. Să spun ce nu se vede pe Instagram – plimbări de rahat la bâlci, un măgar ramolit, o cutie cu zece gogoși unsuroase și un copil care vomită pe el la întoarcerea spre casă. MINCIUNI. TOATE SUNT MINCIUNI!

Îndrăzneală

În teorie, parcurile tematice par întotdeauna o idee grozavă... Asta până când ajungi acolo și îți dai seama că tema parcului este... statul la coadă. Cu urechile care te dor deja de la plânsul neîntrerupt de pe bancheta din spate, este reconfortant să știi că te așteaptă încă șase ore de „mai avem puțin și ajungem", înainte de fiecare plimbare. Pentru copiii mici, conceptul de a aștepta mult timp pentru ceva ce va dura mai puțin de un minut nu este ușor de înțeles și este o lecție frumoasă și pentru unii adulți. La fiecare atracție la care stați la coadă, fără excepție, în momentul în care ajungeți în față, cei mici trebuie să meargă la... toaletă. Atunci când reușești să-i urci în chestia aia, ei țipă tot drumul – nu de plăcere, ci pentru că nu le-a plăcut/era prea rapid/nu era suficient de rapid/nu au putut sta în față/se schimbase vântul. Unul dintre cele mai mari eșecuri ale mele ca părinte a implicat copilul meu de

---

93 Emisiune în care concurenții încearcă să termine o cursă nebună cu obstacole, fiind urmăriți de la înălțime de un supraveghetor.

patru ani, un tren-fantomă și actori absolvenți de RADA[94], costumați în maniaci cu topoare. Am decis să nu ne luăm o fotografie de 12 lire sterline care să ne amintească trauma, alegând în schimb să băgăm banii în buzunar și să-i adăugăm la fondul de economii, în caz că va fi nevoie de terapie.

Devotament

Camping. O soartă mai rea decât festivalurile. Este cea mai proastă opțiune. Dacă trebuie să construiești locuința în care stai, pentru mine nu este o vacanță... este o muncă de pușcărie. Când au apărut copiii, soțul meu, mai predispus la ieșiri decât mine, s-a bucurat foarte mult spunându-mi că pentru că sunt mamă va trebui să fac lucruri „distractive", cum ar fi mersul pe bicicletă și campingul. Știu că unora le place asta și sper din toată inima că primesc ajutorul de care au nevoie cu disperare, dar dacă fac pipi într-un tufiș și dorm pe podea, doar pentru a fi trezită la 5 dimineața de o grămadă de păsări care ciripesc, vreau să fie pentru că sunt beată după o petrecere a burlăcițelor. Pur și simplu, nu este distractiv și spun acest lucru foarte clar – mai ales dacă amestecăm și copiii. Îți faci griji în permanență să nu fugă prin „ușile" acelea nesigure care se închid cu fermoar; indiferent de perioada anului, va fi frig; și, cel mai rău dintre toate, există întotdeauna un cap sec cu o chitară pe undeva prin camping. „Cineva plânge, Doamne..." Da, eu, eu plâng! Steve a cumpărat recent un cort de șase persoane, crezând că asta m-ar putea atrage. Îmi pare rău, nici dacă cei șase bărbați în cauză

---

94 Royal Academy of Dramatic Art – Academia regală de artă dramatică.

ar fi fost din „Magic Mike"[95] nu aş fi pus piciorul în acel sac de plastic transpirat. Bineînţeles, spui aceste lucruri, dar apoi eşti şantajat emoţional de copiii tăi pentru a crea „amintiri preţioase" şi astfel îţi petreci toată noaptea speriată iraţional de un T-rex care îşi bagă capul înăuntru sau de un criminal care îţi localizează poziţia exactă într-un câmp galez şi vă ucide pe toţi în somn. Bineînţeles, asta nu se întâmplă niciodată... pentru că nu dormi deloc! Îţi petreci toată noaptea, având nevoie disperată de a urina într-o toaletă plină de păianjeni, la 500 de metri pe un drum de pământ, într-un loc inspirat dintr-un film de groază. De asemenea, aspectul meu fizic şi mai ales cel facial se deteriorează rapid cu 90%, în momentul în care pun piciorul în cort, ceea ce înseamnă că atunci când părăsesc întreaga experienţă de camping, nu numai că mă simt cu 50 de ani mai bătrână, ci şi arăt ca atare. Cel puţin, copiii s-au distrat! Cum? Au fost mâncaţi de vii de ţânţari, traumatizaţi de un bursuc şi le-au degerat 19 din cele 20 de degete dormind afară în iulie? Bineînţeles că da!

Rezistenţă

În calitate de părinte, propriile zile de naştere sunt un pic cam nasoale, nu-i aşa? Ştii ce am primit anul trecut de la copiii mei? Conjunctivită. Am primit şi un cadou „adevărat", unul dintre acele cârlige minuscule cu o jucărie ataşată de el. Când vine vorba de zilele lor de naştere, totuşi, te dai peste cap. Obiceiul, atunci când vine vorba de zilele de naştere ale copiilor, este ca eu să fac prăjiturile. Inspirându-mă de pe Pinterest, în fiecare an aleg cea mai comică şi mai puţin realizabilă operă de artă, pe

---

95 Film despre aventurile unui stripper, 2012.

bază de fondant, pentru ca eu să o masacrez complet. Până când o termin, la patru zile după fericita aniversare și cu fiecare bucățică din bucătărie acoperită cu glazură, capodopera ar arăta foarte bine în bolul de mâncare al câinelui. Capul lui Peppa Pig poate că arată ca știi tu ce, dar a fost făcut cu dragoste – și asta e tot ce contează... Ei bine, asta și postarea pe Instagram pentru like-uri. Petrecerile de aniversare sunt și ele un coșmar logistic... Lista de invitați, alegerea locului, mâncarea, divertismentul, cadourile. De asemenea, copiii se vor consuma enorm, în legătură cu evenimentul – în perioada premergătoare vor trebui să știe exact zilele, orele și minutele rămase până la marele lor moment. Când ziua petrecerii sosește în cele din urmă, ei își petrec prima oră plângând și agățându-se de piciorul tău, ca și cum am fi în anul 1912, în nordul Oceanului Atlantic, pe Titanic, și urmează să fim urcați în bărci de salvare diferite. Depinde de Roy, animatorul prea entuziast, care pare că ar trebui să fie inclus în bazele de date ale poliției, să învioreze lucrurile cu vreo figurină din baloane. Din nefericire, nu poate să facă decât pudeli sau coroane falice, iar ambele sfârșesc prin a fi folosite ca arme. De asemenea, nimic nu se compară cu senzația de cortizol ridicat, de a vedea 50 de copii hiperactivi pe un castel gonflabil, toți plini de jeleuri Haribo, doar pentru a te gândi ce idee bună au avut Martorii lui Iehova când au decis să nu sărbătorească zilele de naștere. Dar e doar calmul dinaintea furtunii! În curând, baloanele explodează ca niște grenade și te simți ca și cum ai fi într-un remake cu buget redus al filmului „Saving Private Ryan" („Salvați soldatul Ryan"). Și țipetele? Oh, Doamne, țipetele – comparabile doar cu o cacofonie de maimuțe

Obosită și testată

urlătoare înnebunite. După o oră... Roy se leagănă într-un colț, un băiat fără tricou și cu ochi sălbatici, pe nume Tommy, a orchestrat un scenariu de genul *Lord of the Flies*[96], iar șapte regine Elsa[97] plâng isteric, pentru că ochii lor au fost lipiți cu sclipici. Dar încă nu e timpul să plecăm, nu... Mai întâi are loc ceremonialul de a ingurgita mâncarea de la petrecere – în care părinții se ridică din cercul de luptă pentru a sta în spatele copilului desemnat, astfel încât să-l poată supraveghea, asemenea un șoim: „Nu primești biscuiți cu glazură până nu mănânci toată carnea procesată!" În cele din urmă, cele două ore s-au scurs. Slavă Domnului! E timpul pentru punguțele de petrecere, un șervețel în formă de tort pe care sărbătoritul l-a umplut deja cu salivă și pentru a te întinde într-o cameră foarte întunecată cu o sticlă foarte mare de alcool.

Smerenie

„Era în noaptea dinaintea Crăciunului, când în toată casa o mamă beată vorbea urât – inclusiv cu soțul ei; ciorapii nu erau încă agățați cu grijă la șemineu; de asemenea, rămăseseră fără ghirlande, dar împrăștiau înjurături; copiii erau cuibăriți cuminți în paturile lor, în timp ce viziuni de Nintendo epuizate dansau în capul lor. Mama era plină de durere, iar tata nu mai dădea doi bani pe ei. În cele din urmă, părinții au acceptat trezirea la 5 dimineața cu o tequila..."

---

96   Împăratul muștelor, roman de William Golding, 1954: în urma prăbușirii unui avion, un grup de copii scapă, dar trebuie să învețe să supraviețuiască pe o insulă pustie din mijlocul Oceanului Pacific. Doar că situația ia o întorsătură tristă, ceea ce ar fi putut să fie o aventură se transformă într-un coșmar, dominat de ură și de crimă.

97   Regina din filmul „Frozen – Regatul de gheață".

Crăciun! O sărbătoare despre care copiii mei cred că are legătură cu nașterea unui bebeluș și, aparent, cel mai minunat moment al anului. Chiar este așa? Pentru părinți, pare a fi cea mai stresantă perioadă a anului, mai ales că de la Boxing Day[98], din anul precedent, copiii întreabă cât mai este până la ziua cea mare. Sunt toate cumpărăturile pe care trebuie să le faci, angajamentele sociale, amenin-țările zilnice... „O SĂ-L SUN PE MOȘ CRĂCIUN! NU MĂ FACE SĂ-L SUN!" Iar teama de a nu obține singurul cadou de pe listă, pe care și-l doresc cu adevărat, chiar dacă se tot răzgândesc, este accentuată de un copil care și-a dat deja lista de dorințe Moșului care a venit la școală și care nu vrea să spună nimănui altcuiva ce era pe ea. Lista este, evident, esențială pentru o dimineață fericită de Crăciun – dar, mai important, pentru a crea avantaje. „Dacă îl mai bați pe fratele tău cu papucul, poți să spui adio castelului Frozen din piese Lego!" Desigur, există și un ajutor dis-ciplinar la îndemână, sub forma revoluționarului „Santa Cam". Senzorii de mișcare, luminițele de standby de la te-levizor, lumina verde de la detectorul de fum – dacă are un bec, este perfect pentru a-i speria și pentru a-i face să se supună. Nu sunt foarte sigură cât de confortabil ar trebui să ne simțim, atunci când le spunem copiilor noștri că un bătrân gras cu antecedente de intrare prin efracție poate vedea în casele lor. Un pic înfricoșător, dar totuși eficient... Este, de asemenea, momentul perfect al anu-lui, în care ai ocazia de a fi făcută de rușine, pentru că nu ești la fel de distractivă ca toate celelalte mame pe care copilul tău le cunoaște. Un prim exemplu în acest sens, *Elf*

---

98 Are loc a doua zi de Crăciun și este motiv de cumpărături.

on the Shelf[99], responsabilul trimis de Moş Crăciun pentru a se convinge de cuminţenia copiilor. De ce, de ce, de ce ai face viaţa mai grea decât este deja?! Ai copii, pentru numele lui Dumnezeu! Ultimul lucru pe care cineva ar vrea să-l facă, după ce se târăşte în pat la ora 1 noaptea după prea multe vinuri fierte, este să aranjeze o scenă de ostatici între un spiriduş nebun criminal şi câteva păpuşi prinţese Disney îngrozite. Lasă-l pur şi simplu pe raftul ăla nenorocit, adunând încet praful, împreună cu toate insignele de înot ale copiilor tăi şi certificatele de „vedetă a săptămânii". Este o influenţă negativă care nu are ce căuta în viaţa copilului tău şi ar merita clasificarea în categoria ASBO[100] ca personajele de desene animate Horrid Henry[101] şi Norman Price[102]. Cineva ne-a dat şi nouă cartea pentru copiii noştri, dar, în mod ciudat, acel cineva îşi ţinea permanent mâinile între picioare – ceea ce a făcut-o pe Evelyn neîncrezătoare. Un punct de vedere perfect valabil. Am o întrebare pentru inventatorii a ceea ce acum îmi place să numesc „Spiriduşul cu corn", şi anume: „De ce urâţi părinţii atât de mult?" Apreciez că originea sa ar putea fi o drăguţă tradiţie de familie, care a început când copiii voştri erau mici, dar foarte mulţi părinţi nu au timp sau au tradiţii mai importante de care să se ocupe – cum ar fi băutura şi consumul excesiv de produse de patiserie. Având în vedere acest lucru, am creat propria tradiţie nouă, care este mult mai puţin solicitantă – se numeşte

---

99 Spiriduşul de pe raft, 2005, carte ilustrată pentru copii, având ca temă Crăciunul, autori Bell Chanda şi Carol V. Aebersold.

100 Anti-social behaviour orders – comportament antisocial.

101 Egoist, obraznic, poznaş, răzbunător.

102 Personaj animat, care este pus pe şotii şi intră frecvent în bucluc.

„ajută-te singur cu una de pe raftul de sus", prin care alegi o sticlă de băutură și apoi o bei. Crăciun fericit!

Mai sunt și toate angajamentele sociale ale școlii, în care trebuie să te implici – târguri, tombole, ziua puloverelor de Crăciun, ziua nativității, ziua petrecerilor, ziua jucăriilor, ziua cutiei de pantofi pentru caritate, ziua hainelor, ziua picturii unui glob și Christingle[103]... „Luați-mi toți banii și plecați!" Vorbe în vânt. Cea mai rea dintre toate activitățile la care trebuie să participați este, totuși, „grota" de Crăciun. Un centru comercial, vreo parcare a unui restaurant sau o gură de iad – indiferent de loc, va trebui să stai la coadă timp de două ore, la temperaturi sub zero grade, pentru a-l vedea pe cel mai puțin convingător Moș Crăciun care a existat vreodată, îmbrăcat în șase metri din cea mai bună pânză roșie de la Hobbycraft[104]. Cea mai proastă experiență pe care am avut-o vreodată în acest sens a fost atunci când prietenii noștri ne-au convins să călătorim o oră și jumătate pentru a avea o „experiență" cu reni, care se presupune că era la fel de magică precum Laponia însăși. În primul rând, a fost imposibil de găsit – codul poștal nu exista, iar noi am ajuns într-un parc de afaceri cu aspect dubios, care părea mai degrabă să găzduiască șobolani decât reni. Cu toată agresivitatea pasivă și cu toate strigătele, nu am fost atenți la Jack din spate, care întreba dacă poate deschide fereastra. 20 de secunde mai târziu, întreaga mașină era plină de vomă

---

103 Obiect simbolic, format dintr-o portocală (ce simbolizează lumea), o panglică roșie în jurul ei (sângele lui Hristos), bucățele de fructe uscate puse pe scobitori și înfipte în portocală (roadele pământului și cele patru anotimpuri) și o lumânare aprinsă în centrul portocalei (Iisus Hristos - lumina lumii).

104 Magazin cu produse pentru lucru manual, artă, meșteșuguri.

de copil. Găsind în cele din urmă locul, ne-am străduit din răsputeri să rezolvăm situația bolnavului – fiindcă nu ne-am gândit să aducem haine de schimb pentru el, a trebuit să scoatem cu mâinile noastre copilul din pulove-rul lui de Crăciun, care arăta foarte trist după nefericitul eveniment și să punem haina pe cel mic. Toată aceas-tă dramă a însemnat că am ratat timpul care ne fusese alocat; prietenii noștri au mers mai departe fără noi și ni s-a spus să ne alăturăm cozii dureros de lungi pentru spectacolul de teatru ce urma. S-a dovedit că experiența „magică" a fost un cerb cu coarne scorojite de ren – mai probabil, un măgar cu un brad de Crăciun în cap – care stătea în fața unei cabane decorate cu beteală cumpă-rată dintr-un magazin care vinde totul la același preț și cutii goale de carton. Nici înăuntru nu a fost cu mult mai bine – a trebuit să asistăm la o producție de dramă festivă de 20 de minute, în timp ce Evelyn se plângea cu voce tare de un miros oribil (fratele ei). După ce am mai stat la coadă încă o oră, am ajuns în sfârșit să-l întâlnim pe Moș Crăciun, care tocmai își terminase țigara și se afla într-o cameră roșie extrem de sordidă, ce părea să găzduiască în mod normal un tip complet diferit de „ținut în poală". Perfect. Întorcându-ne la mașină cu doi copii care, după toate întâmplările, au primit în dar creioane colorate, am jurat să nu mai cedăm NICIODATĂ presiunii prietenilor care ne propun asemenea locuri dubioase. Desigur, până la următorul Crăciun...

Cheia de a fi o „mamă distractivă pe cinste" este de a menține așteptările la un nivel de bază scăzut și de a nu încerca vreodată să se treacă peste acest nivel, mai ales în timpul unor perioade lungi de timp, cum ar fi vacanțele şcolare. Dacă începi prea devreme, prea repede, vei avea ca rezultat doar sentimente de eşec în săptămânile care urmează, în timp ce ţipi la televizor: „DA, NETFLIX, ÎNCĂ NE UITĂM LA PEPPA PIG – JUDECĂTORULE DE RAHAT!" Cel mai important este că nu se poate aştepta de la noi să fim mereu la înălţime în viaţa copiilor noştri – este imposibil şi al naibii de scump. Un lucru pe care îl ştiu este că numeroasele poze perfecte de pe Instagram au fost editate – fum şi oglinzi care nu arată scenele din spatele camerei: o mamă ameninţă să-i confişte copilului tot ceea ce îi este mai drag dacă nu zâmbeşte frumos spre obiectiv, cel mic este îngheţat până în măduva oaselor, totul desfăşurându-se într-un câmp de dovleci. Aşa că, te rog, să nu cumva să cazi în capcana de a te compara cu alţi părinţi.

La sfârşitul zilei, dacă suntem sincere cu noi înşine, ceea ce te face de fapt cea mai distractivă mamă din lume este să petreci timp de calitate împreună cu copiii tăi. Nu contează unde se întâmplă asta şi câţi bani dai în acest proces – acordă-le celor mici toată atenţia, fără a ţine un telefon într-o mână şi o listă cu lucruri de făcut în cealaltă, iar ei vor fi extrem de fericiţi. Singurul dezavantaj este că s-ar putea să trebuiască să scoţi cutia cu produse de artizanat sau chiar mai rău... Monopoly Junior. În orice caz, cei mici vor fi ocupaţi, iar tu nu vei fi la jumătatea drumului pe Ben Nevis[105], cu doi copii în spate şi cu numărul salvamontului pe apelare rapidă. Acordă-ţi puţin răgaz, iar liniştea se va instala.

---

105 Cel mai înalt munte din Scoţia, 1.345 de metri.

14

Natură versus Netflix

Atunci când te uiți pentru prima dată la acel pache-
țel de bucurie pură, gingaș și cald, cuibărit la pieptul
tău, ca și cum ar fi o pisică fără blană într-un body de
catifea, inima ta este plină de dragoste și de adorație și
știi că trebuie să fii extrem de atentă, ca micuțul să nu se
transforme în milioane de bucățele, în vreun moment de
neatenție din partea ta. Cum este posibil să iubești ceva
atât de mult? Inocența, vulnerabilitatea și dependența lor
totală față de tine – creatorul lor, protectorul lor, marea
preoteasă. Mămica. Este o iubire unică și un lucru este
sigur: nu îți poți imagina că vreodată va trebui să rostești
vreun cuvânt în contradictoriu, la adresa acestei ființe
umane. Este absolut imposibil să poată face ceva atât
de atroce, încât să ducă la eliberarea urletelor tale de
tip Banshee[106] interioare și demente. Nu! Vei fi o mamă
perfectă. Nu vei ridica niciodată vocea, nu vei aplica
niciun fel de pedeapsă și nici nu vei face amenințări.
Vei fi înțelegătoare, răbdătoare, vei asculta cu atenție
toate poveștile și problemele celor mici, crezându-i din

---

106 Spirit feminin din folclorul irlandez, care anunță moartea unui
membru al familiei prin urlete, vaiete, țipete.

toată inima tot timpul. În esență, vei fi o versiune a lui Gandhi, îmbrăcată în papuci pufoși. Dacă vei avea parte de mici momente de comportament rău (puțin probabil, pentru că acest copil a fost sculptat de însuși Arhanghelul Gabriel), vei vorbi cu calm despre motivele pentru care acțiunile lor au fost inadmisibile și, bineînțeles, vor accepta de bunăvoie criticile tale constructive – cel mai important, vor învăța din ele. De asemenea, te vor iubi pentru totdeauna – bineînțeles că o vor face, pentru că ești mama lor, le-ai dat viață, ești purtătoare de caserole cu de toate și cea mai bună prietenă a lor...

Trei ani mai târziu, raionul de lactate de la Tesco: tocmai ai strigat atât de tare la odrasla ta, încât ai făcut pipi în pantaloni.

– TE URĂSC!

– Îmi pare rău... Dar ce anume i-ai spus mămicii tale?!

– TE URĂSC!

– Mă urăști? Pe mine? Cea în a cărei burtă ai trăit timp de nouă luni, ca un antricot care nu poate fi digerat? Aceeași femeie care a îndurat 47 de ore de travaliu vomitiv, ale cărei sfârcuri s-au transformat și care nu a putut să meargă timp de șase săptămâni, după ce te-a adus pe lume?

– Hmm...

– Femeia care a fost cândva lipsită de griji, cu buricul frumos, dar care acum nu poate ieși din casă pentru a-și întâlni prietenii fără să scrie mai întâi soțului un manual de instrucțiuni de 150 de pagini, despre cum să se descurce cu copiii și cu grătarele?

– Da?

Genial.

Nu sunt sigură de momentul exact în care copiii mei au început să fie hrăniți după miezul nopții, dar, la un moment dat, au trecut de la a fi drăguți și drăgălași la gremlini acoperiți de noroi, cu arme Nerf, adepți ai anarhiei. Oh, am uitat să menționez! Ei nu sunt absolut deloc cei mai buni prieteni ai mei – lucru pe care fiica mea are o mare plăcere să mi-l comunice cu regularitate. „Mami, ești bătrână și îți miroase respirația. Libby este cea mai bună prietenă a mea." Asta chiar a durut. Ca să fiu sinceră, nici măcar nu îi vreau ca prieteni pe viață. Nu, ideea mea de cea mai bună prietenă este cineva care îmi împărtășește aprecierea pentru citatele lui Dwayne Johnson și care este dispusă să introducă ilegal sticluțe mici cu gin în târgul de Crăciun al școlii – nu cineva care mă întreabă permanent când o să mor, apoi pleacă precum John McEnroe[107], pentru că i-am dat mazăre la cină. Acel moment în care un copil – pe care îl iubești necondiționat, încât ai fi dispusă să îți sacrifici propria viață – își exprimă entuziast și zelos ura față de tine este absolut oribil. Trece ca locomotiva Thomas (din desenele animate „Thomas și prietenii") prin inima ta, în timp ce scuipă cu venin cuvintele și îți taie fața ca o sabie laser. Pe deasupra, mai este și privirea din ochii lor, când o spun… Ei chiar vorbesc serios. E ca și cum disprețul s-a acumulat în interiorul lor de ceva vreme, foarte asemănător cu sentimentele soțului meu pentru mine din timpul pandemiei din 2020, când fusese la doar un vânt de realizarea unui omor prin imprudență.

Este o lovitură emoțională care, fără îndoială, va agrava sentimentul tău de a fi cel mai prost părinte din lume,

---

107 Jucător american de tenis, cunoscut pentru accesele de furie de pe teren.

totul pentru că ai refuzat să-i lași să bage o furculiță în prăjitor sau să atingă flacăra de la aragaz. MONSTRU. Am plâns prima dată, când fiul meu a spus asta. Steve, care are o minte mai deschisă decât mine, s-a întrebat dacă avem nevoie de un psiholog pentru copii. „Iubito, nu o lua personal. E doar ceea ce spun copiii, când nu știu cum să-și exprime corect sentimentele." Mi s-a părut destul de personal, deoarece fața mi se rearanja cu toată puterea Forței[108]. Simt că noțiunea de „parenting" este un termen oarecum greșit pentru a descrie măcelul zilnic al creșterii copiilor. Îți oferă o presupunere aproape înșelătoare că este un angajament ocazional – ceva care poate conține o clauză de întrerupere după șase luni, permițându-ți să împachetezi și să pleci într-un alt loc, unde este mai interesant. Nu e cazul! Sclavie, cred eu, este o reprezentare mult mai corectă a situației – te schilodește din punct de vedere financiar și te leagă pentru cel puțin 35 de ani. Este o slujbă grea. Este și mai dificil să încerci să-ți înveți copilul cum să fie o persoană decentă, când nu ești pe deplin sigur că propria persoană este la înălțime...

Dar totul este atât de romantic, nu-i așa, planificarea primului copil – cum va fi, speranțele și visurile pentru viitor, cu cine va semăna? Cu tine, cu jumătatea ta sau cu vărul ăla ciudat din familie, care arată ca și cum s-ar fi drogat cu metamfetamină? Nu te gândești prea mult la „cum" va arăta, ci la rolul pe care tu îl vei juca în crearea acestei personalități. Va fi modelat de natură sau de Netflix? Un lucru sigur pe care îl știu este acela că odată ce ai ieșit în sfârșit din acei ani „drăguți", dar epuizanți, vei rămâne cu o ființă umană foarte reală, nu întotdeauna la fel

---

108 Aluzie la „Războiul stelelor".

de simpatică, pe care ești responsabilă să o crești și să o înveți să fie un membru respectabil și valoros al societății. Singura măsură reală a succesului tău va fi dacă reușești să duci ființa la 21 de ani și să nu fie în închisoare sau să nu mai doarmă în patul tău. Călătoria va fi totuși distractivă – o mulțime de mormăieli, experimente cu băutură, droguri și o mulțime de alegeri proaste de viață. Același lucru este valabil și pentru copii. Oricum, o parte din mine crede că nu devii „părinte" până când nu ești nevoit să explici de ce frații nu au voie să-și atingă părțile intime unii altora. „PUR ȘI SIMPLU, NU SE POATE!" Tot ce se întâmplă până în acel moment reprezintă doar sarcinile de bază de a-i hrăni, de a porni televizorul pe canalul pentru copii și de a nu lăsa câinele să-i lingă direct în gură.

Mă gândesc că poate ar trebui să se adauge la cursurile prenatale câteva module suplimentare despre „crimă și pedeapsă", pentru un credit suplimentar de parenting? Tehnici eficiente despre cum să te descurci cu cei care țipă și scuipă, pentru că sunt încă atât de multe lucruri cu care nu știu cum să procedez! Modus operandi actual de parenting pe care îl practic pentru a face față prostiilor copiilor mei este să mă prefac că sun la poliție: „Alo, sunteți ofițerul Dibble? Oh, mă tem că a avut loc un caz grav de agreziune fizică a unei persoane. Da, așa este, ceartă, mușcături, lovituri…" și apoi trebuie să trăiesc cu teama de a ști că „turnătorii vor suferi consecințele". Una dintre cele mai mari angoase ale mele, în afară de faptul că voi fi sfâșiată cu o periuță de dinți Minions, este că voi gestiona o situație parentală atât de prost, încât copiii mei vor crește și vor deveni criminali în serie sau, mai rău, agenți de pază pentru parcări. Mă întreb dacă mamele de monştri stau treze noaptea, întrebându-se unde a mers totul prost. Oare, pentru că i-au lăsat să facă ce au vrut, dându-şi seama abia trei ore mai târziu, când Netflix a întrebat dacă încă se mai uită la „Tiger King"[109]? Poate că în urmă cu sute de ani, mama lui Jack Spintecătorul[110] i-a confiscat dispozitivele pentru şase ani? „Gata cu Pink Ladies[111], tinere!" Lăsându-l puţin să se gândească, el deja ştie ce are de făcut în continuare.

Recunosc, nu am nicio idee despre cum să-mi educ corect copiii mei ocazional „sprinteni" (ceea ce înseamnă „obraznici"), nici măcar pe cel de-al doilea născut – despre care ai crede că ar fi mai uşor, pentru că am trecut deja prin antrenamentul de negociere a terorismului cu primul. Dar nu este aşa. Cumva, este mai dificil, pentru că vânează împreună, amintind de o pereche de Velociraptori din „Jurassic Park", lucrând în tandem pentru a mă imobiliza.

În esenţă, este vina mea că acum sunt depăşită numeric de adaptări genetice mai inteligente ale propriului meu ADN, care nu numai că au învăţat să deschidă sertarul unde ţin cuţitul ascuţit, dar pot spune şi codurile de acces de la toate dispozitivele electronice pe care le-au întâlnit vreodată. Am crescut cu o soră mai mare, aşa că am fost complet de acord cu un coleg de joacă, dar după ce mi-am petrecut ultimii patru ani arbitrând imitaţia fraţilor

---

109 „Regele tigrilor – Crimă, haos şi nebunie", 2020, documentar american despre viaţa americanului Joe Exotic, fost îngrijitor la zoo şi condamnat pentru încălcări şi abuzuri împotriva animalelor, trafic de animale sălbatice, a fost găsit vinovat pentru două acuzaţii de crimă.

110 Pseudonim acordat unui criminal care a ucis cinci femei în Londra secolului al XIX-lea.

111 Grup de adolescente rebele.

din „Fight Club"[112], ocazional, am momente în care pun la îndoială logica din spatele acestei idei... Da, există momente de bucurie pură, nealterată și armonioasă, când se joacă împreună atât de frumos, încât mă simt ca și cum alegerile mele de viață au fost confirmate complet. Apoi, sunt zile în care se bat atât de urât, încât eu am țipat atât de tare, încât vecinii au bătut la ușă să vadă dacă suntem cu toții în regulă.

Voi spune care este cel mai mare mit despre parenting. Ascultarea cu atenție! Ce porcărie! Unde găsesc așa ceva? Trebuie să plătesc în plus? Am auzit profesori și alți părinți vorbind despre acest lucru, dar copiii mei nu par încă să aibă acces la așa ceva. Ascultarea cu atenție, ajutorarea celorlalți, vorbitul frumos – niște porcării! Cer să știu cine a pretins că a inventat aceste noțiuni, ca să-i găsesc adresa și să-i trimit urări de bine! Eram absolut convinsă că ai mei aveau probleme reale de auz, doar pentru a descoperi că pur și simplu alegeau să mă ignore. Părinților aflați într-o situație similară, permiteți-mi să vă scutesc de griji și să vă dau un sfat: mergeți în altă cameră de lângă copiii voștri, desfaceți un pachet de biscuiți și porniți televizorul; dacă în trei secunde sunt lângă voi, asta înseamnă că sunt bine.

Copiii mei par să-și trăiască viața după cultura ciudată și îngrijorătoare a tinerilor, „DOVA" – DOAR O VIAȚĂ AI, când ei au aproximativ 12 luni... reacționând doar la propriul nume; după aceea, nu mai sunt necesare alte informații. Îmi fac griji că am pierdut potențialul de a-i speria

---

112 carte și film despre povestea unui tânăr, ce cade sub influența unui bărbat care organizează bătăi ilegale în subsolurile barurilor, după ora de închidere.

– au fost atât de expuși la răgetul meu primar, încât acum se revarsă peste ei ca un zgomot alb. Sunt, în esență, o listă de redare Spotify: „Sunetele relaxante din junglă ale mamei". La un moment dat, în timpul vacanței de vară, am decis să fac un experiment social pentru a vedea ce s-ar întâmpla dacă aș renunța să mai țip timp de 24 de ore. Vocea mea nu avea nimic de pierdut, iar perineul avea totul de câștigat. În schimb, am optat să-l întruchipez pe Liam Neeson, calm și liniștit, din thrillerul Taken. A funcționat aproximativ cinci minute, apoi fiul meu a presupus că eram beată sau sub influența medicamentelor, așa că a decis să profite, aplicându-i o bătaie zdravănă surioarei sale – totul, în timp ce eu încercam să-l conving că am dobândit un set foarte special de abilități care îi vor face viața un adevărat coșmar.

– Dacă îi dai drumul fiicei mele acum, ăsta va fi sfârșitul. Nu ne folosim mâinile pentru a-i ajuta pe ceilalți?

– Dar eu folosesc o lopată de plastic…

E destul de corect. Dar unde să pleci? Manierele sunt un alt motiv de ceartă în familia noastră. Nu costă nimic, nu-i așa? Cuvintele propriilor mei părinți se întorc și mă bântuie… În general, copiii mei sunt cuminți… în public. Scoate-i la cină în oraș sau acasă la cineva și sunt cei mai politicoși copii din univers, lucru de care nu mă pot plânge. Dar acasă, cu mine, petrec ore întregi accentuând minunata formulă „TE ROG!" după fiecare cerere de hrană, de schimbare a canalelor sau de ștergere a fundulețului. MĂ SCOATE DIN MINȚI! Am ajuns în punctul în care refuz literalmente să fac ceva dacă nu mi se cere politicos. Steve a luat și el notă de acest lucru pentru toate solicitările sale, după orele de program…

Ora de culcare – o luptă. Este momentul în care își fac cel mai mult de cap, iar presiunea de a încerca să convingi un copil să se culce este în general intensificată de faptul că ai întrebat în mod stupid: „Ești obosit?" Uau! Stai deoparte și urmărește transformarea dintr-un omuleț drăguț și cu ochii în patru într-un Hulk în miniatură, ceva mai puțin simpatic: „DAR NU SUNT... OBOSIT!"

O întâlnire cu adevărat terifiantă, trebuie să fii pregătit ca ei să vină spre tine agresiv, mânuind o foarfecă de plastic Crayola și un iaurt Frubes. „Ce mi-ai spus?!" Ținând cont de privirea ta și de alegerea prostească a unui pulover care poate fi supus doar unei curățări uscate, trebuie să te retragi ușor și să te prefaci că nimic nu s-a întâmplat. „Mami nu a spus NIMIC, dragă..."

De ce se enervează atât de tare la această întrebare? E ca și cum, dacă își recunosc înfrângerea măcar o dată, toată șmecheria se va duce de râpă și vor fi dați afară din gașca lor preșcolară pentru că au turnat. Îți spun eu, clanurile de copii sunt la fel ca bandele violente din închisori.

Niciodată nu am înțeles oboseala excesivă la copii. Dacă ești adult, te așezi, adormi și răstorni un pahar de vin roșu pe tine. În cazul copiilor, aceștia dobândesc în mod ciudat mai multă energie, insistă să petreacă, de parcă ar fi la o petrecere ilegală, apoi se prăbușesc într-o grămadă de muci și istericale. După aceeași logică, dacă există dormitul excesiv, de ce nu există și trezitul excesiv? Da, pentru mine, ora de culcare aduce foarte multe emoții din categorii diferite. Este cel mai bun moment; ba este cel mai rău moment. O luptă de voință ce ține două ore și care începe cu încercarea efectivă de a urca pisicile pe scări, de a le îmbăia (știm cu toții cât de mult le place pisicilor apa) și de a le îmbrăca în pijamale (sau orice naiba vor să poarte, de obicei, un pulover de Crăciun în iulie). Întotdeauna, cineva este atacat de o lanternă, o periuță de dinți ajunge în toaletă, tati vine și strigă puțin, iar mama amenință că îl va chema pe Moș Crăciun (din nou, în iulie – niciodată nu este prea devreme), apoi apare o durere de stomac/de cap/de degete/de limbă, la un moment suspect de sincronizat, pentru care se bagă pe gât suficient Calpol, pentru ca acesta să fie considerat un drog de inițiere. Toată lumea este flămândă/însetată, ceva îi mănâncă ÎNTOTDEAUNA și este garantat că vor fi lacrimi înainte de culcare – de obicei, ale mele. Cunosc oameni care își bagă copiii în pat la ora 19, iar aceștia adorm imediat. Nu pot decât să presupun că i-au drogat.

De ce nu obosesc copiii mei?! Am încercat totul – în afară de cloroform (sunt în stadiul în care, dacă ar fi disponibil pe Amazon Prime, aș fi tentată). Brigada de părinți perfecți care își culcă copiii la fel de perfecți mai devreme sunt întotdeauna cei care spun lucruri cu adevărat utile, cum ar fi: „Ai încercat să le faci o rutină?" Și noi avem una, pe care o respectăm cu strictețe. Eu strig la ei să se culce, ei se joacă până la ora 22, cerând biscuiți, iar eu ascult o cacofonie de plânsete de tip „Mami!" în timp ce cânt melodia de la „Paw Patrol" prin ușa întredeschisă.

Oamenii spun că „primești copilul pe care îl meriți", ceea ce este un sentiment minunat atunci când se comportă frumos, dar în zilele în care primești un copil căruia i s-a dat o farfurie de culoare greșită începi să te întrebi ce naiba ai făcut într-o viață anterioară. „Îmi pare rău, e în regulă? Farfuria mov e în mașina de spălat vase, nemulțumitule!" Apoi vine ora de culcare, trăgând nervoasă de lenjeria de pat, neașteptându-mă să mă lovesc de un cal roz de jucărie, din lemn – o lovitură de avertisment din partea mafiei melaminei[113]. De ce sunt atât de pretențioși cu vesela? Odată, fiica mea a plecat atât de supărată din cauza unei linguri, încât trebuie să ne referim la acel moment ca fiind nașterea „Tratatului de negociere a tacâmurilor", dată fiind durata extremă a arbitrajului care a urmat. BREXIT a fost nimic pe lângă el! Nu era vorba de o lingură oarecare. Era o lingură de plastic, portocalie, de la IKEA, parțial topită în mașina de spălat vase. Ce este în neregulă cu asta, te poți întreba? TOTUL, pentru un copil care s-a trezit că vrea lingura aceea, dar care se bazează doar pe puterea telepatiei și a zânelor pentru a transmite informația. Pur și simplu, nu poți să fii de acord cu un asemenea nivel de nebunie, dar asta nu te împiedică să încerci – și iată prima greșeală. NICIODATĂ nu se negociază cu teroriștii. Atunci când încerci să supui un copil voinței tale, există un plan-standard în opt puncte pe care cei mai mulți dintre părinți vor încerca să-l urmeze. Este un plan încercat, care începe cu partea din corpul lor la care sunt cel mai puțin atenți, dar pe care adulții o preferă – așa este, ai ghicit, acele mici scobituri moi. Astfel, cu cea mai bună voce a mea și cu tot entuziasmul și exuberanța lui Albă ca Zăpada, după câteva rânduri de cocaină, am întrebat în mod stupid: „Dragă, ascultăm cu atenție? Ridică lingura!" Bineînțeles că nu s-a întâmplat nimic. E timpul să trecem la arma secretă: lingușirea – în mod clar, ceva care te scoate din orice situație neplăcută, cu excepția

113 Substanță chimică, folosită la fabricarea unor materiale plastice rezistente. Aluzie la melatonină, hormon care induce în mod natural somnul.

cazului în care persoana cu care vorbești frumos are trei ani: „Cred că cineva de aici este cel mai bun culegător de linguri din cameră!"

Iată ce am citit pe fața ei: „Da, tu ești! Ești cel mai bun culegător de linguri din cameră. Fă-o odată, ca să ne putem continua ziua."

Simțind că treaba nu mergea conform celor citite pe internet, m-am îndreptat, cu îndemânarea și ușurința lui Liam Neeson, spre desfășurarea fazei a treia: psihologia inversă… „Oh, nu cred că cineva de aici poate ridica lingura. Este mult prea dificil…"

Și asta a eșuat, pentru că a presupus că idiotul neîndemânatic din cameră eram tot eu…

„Haide, mami, poți s-o faci! Prefă-te că e un tort Jaffa[114]!"

Mi-am propus să nu mai mănânc biscuiți, dar era clar că lucrurile trebuiau să treacă rapid la faza a patra: un pic de polițist bun, un pic de polițist rău, de modă veche. Intră „jucătorul numărul doi"… Tati.

„Tati este foarte supărat. Ridică lingura!"

Ea a fost foarte rapidă în a spune că e o prostie. L-a văzut pe tata foarte supărat de când mami nu și-a folosit ochii și a zgâriat mașina. Se vede când e supărat. Anticipând faptul că victoria ar putea fi deja în mâinile inamicului, a venit timpul ca Steve să lanseze cel de-al cincilea element al campaniei – mai cunoscut sub numele de „Faza de strigare"…

„RIDICĂ LINGURA, RIDICĂ LINGURA, RIDICĂ LINGURA!!!"

Întotdeauna este un joc de noroc și este posibil să

---

114 Tort care are în compoziție și biscuiți cu jeleu.

nu ducă nicăieri. În momentul în care jugulara tatei juca samba, ea plănuia să ia lingura aia după un sfert de oră după NICIODATĂ și pierduse complet din vedere scopul inițial. În acel moment, eram de acord cu ea: „Da, iubito, așa este – jos cu patriarhatul!"

După o discuție scurtă, dar aprinsă, în toaleta de la parter despre subminarea autorității, mami și tati erau pregătiți să treacă la faza a șasea, la armele mari, la AK47 din lumea părinților, dar și mai puternice decât bicepșii lui Dwayne al meu – așa este... Numărătoarea până la trei! De ce credem că acest lucru îi va îngrozi pe copiii mici până la supunere? Niciodată nu realizăm că a ne face intrarea precum Carol Vorderman[115], venită din iad, nu duce decât la două lucruri: a. Genghis Khan nu poate să calculeze, cu privire la ceea ce urmează după „doi și trei sferturi" și b. ei știu că după „trei" nu mai ai absolut nimic. Lumea nu explodează dintr-o minge de foc de lavă și mânie, iar ofițerul Dibble și echipa sa SWAT nu coboară în rapel din tavan pentru a-i duce în Azkaban. Nu, nu se întâmplă nimic.

Dar în continuare? Faza a șaptea: rușinea publică. Asta e tot ce ți-a mai rămas. Teama de a sta nemișcat timp de cinci minute la colț, pentru că nu te poți gândi că trebuie să treci la următoarea parte a programului – interdicția la televizor. În acel moment, tot ce faci este să te pedepsești singur.

Ultimul pas al procesului este de a obține scuze, sub presiune, de la un copil care a petrecut zece minute pline de distracție la colț, folosind cheile mașinii pentru a grava oameni pe pereți.

---

115 Prezentatoare britanică.

– Îți pare rău?

– Nu.

– ÎȚI PARE RĂU?

– ... Da?!

– Vorbești serios?

– Nu.

– Știi de ce te-a trimis mami la colțul de rușine?

– Nu...

– Pentru că nu ai vrut să ridici lingura.

– Dar, mami...

– CE?!

– Nu ai spus „te rog"!

LA NAIBA!

E vorba de acțiuni și consecințele lor, oameni buni, acțiuni și consecințe... De multe ori, îmi fac griji groaznice că sunt prea dură cu copiii... Vreau doar ca ei să crească și să fie cât mai buni, dar mă tem că asta va fi în detrimentul relației noastre. După o zi grea de țipete, amenințări în van și, bineînțeles, recompensarea comportamentului lor rău, voi sta trează toată noaptea torturându-mă, gândindu-mă la modul în care am gestionat anumite situații, promițându-mi că data viitoare voi face mai bine, voi fi mai bună și îi voi face pe ei mai buni. Ai auzit vreodată propriile cuvinte severe ieșind din gura copilului, în timp ce se joacă sau i-ai văzut fața contorsionată de o furie falsă, în timp ce spune lucruri urâte despre un frate sau un prieten? Este îngrozitor! Îmi doresc atât de mult să fiu o mamă distractivă tot timpul – dar nu vreau nici să fie înjosiți de cei din jur, să rănească oameni, să dea foc la animale sau să lase tacâmurile pe jos. De ce nu există un ghid despre cum să pășești în această lume periculoasă numită parenting? Probabil pentru că niciun copil nu este simplu sau perfect – oricât de mult ne-am dori să fie. Și de ce ar trebui să fie? Eu nu sunt, așa că de ce așteptările mele de la oameni cu o zecime (cineva ar trebui să verifice calculele matematice!) din experiența mea de viață sunt atât de mari? Da, există momente în care avem impresia că ei ne-au călcat în picioare, dar este ușor să uităm că sunt mici, făcând ceea ce știu să facă cel mai bine – să râdă, să exploreze, să trăiască și să te ducă mai aproape de mormânt. Ei vor învăța, tu vei învăța, ei vor spune că te urăsc și tu vei plânge mereu. Bineînțeles că avem și tone de zile geniale care mă bucură nespus de mult, cum ar fi atunci când Jack și cu mine stăm ore întregi creând benzi desenate – este atât de talentat, creativ și amuzant, încât aș putea exploda de mândrie și de dragoste pentru băiețelul pe care l-am făcut. Părinții și copiii nu vor fi întotdeauna cei mai buni prieteni, probabil, nici pe departe – dar știu că îi voi iubi cu fiecare părticică a ființei mele, pentru că sunt mămica lor și ce avantaj mai bun pot să am, atunci când îmi pun la îndoială autoritatea decât „PENTRU CĂ AI TRĂIT ÎN MINE TIMP DE NOUĂ LUNI".

15

Mafia grupurilor de școală

Vine un moment devastator în cariera ta de părinte, atunci când te vei transforma în mândrul, dar instabilul, din punct de vedere emoțional, deținător al unui copil de vârstă școlară. Ce s-a întâmplat? Unde a dispărut acel timp? Ultimii patru-cinci ani au zburat cu cruzime și pare atât de nedrept! Cum ai ajuns să fii atât de bătrân?! Sunt bebeluși și nu sunt deloc pregătiți să fie integrați în sistemul educațional, să poarte cravate mici sau să experimenteze lumea tăioasă a vieții de golan de curte a școlii primare. Vrei să îi ții mici, acoperiți cu o folie cu bule și în vizorul tău pentru totdeauna. Își vor face prieteni noi? Îi vei face tu? Vor bea suficient lichid? În timp ce ei vor fi la școală, tu vei bea prea mult? CINE ÎI VA ȘTERGE LA FUNDULEȚ?! Nu ești deloc pregătită pentru asta. Poate că educația la domiciliu este calea de urmat... Răbdarea și abordarea ta de până acum, de Mamă Pământ, în ceea ce privește creșterea copiilor, te-ar ajuta, nu-i așa? Copilul tău, pe de altă parte, mai mult ca sigur că abia așteaptă să rupă legăturile nevrotice și va fi nerăbdător să se schimbe. Totuși, nu e vorba despre ei... E vorba despre tine și despre trecerea la următorul capitol – unul în care predomină cuvintele rostite fonetic, iar dacă ești foarte norocos, trei copii pe nume Biff, Chip și Kipper[116].

Înainte de a intra la școală, probabil că prețioasa ta odraslă a fost mai întâi într-o formă sau alta de îngrijire formală a copiilor – creșă, grădiniță, un loc de joacă cu iPad etc. Cu toate acestea, școala pare un joc complet diferit. Este începutul călătoriei lor spre vârsta adultă – deciziile care sunt luate acum au implicații asupra viitorului copiilor. Nu este ca și cum ai alege o grădiniță, pe care o cataloghezi după miros și după cât de multe secreții nazale poți vedea pe un bebeluș de 18 luni. Alegerea școlii nepotrivite ar putea influența grupul de prieteni ai copilului, progresul educațional și șansele de a dezvolta... viermi intestinali. Când a fost vorba de a decide la ce școală va merge Jack, am făcut așa cum fac toate mamele bune, grijulii și bine informate, din punct de vedere educațional... Așa am ales-o pe cea mai apropiată de casă. Dar, stai, ce e asta? Doar pentru că ai ales o școală nu înseamnă că ești automat admis. Nu, în mod enervant, există un întreg proces care implică localizarea geografică, priorităţile fraților, credinţele religioase, șantajul emoțional și înclinația pentru mită. Școala pe care am ales-o, aflată la nici 200 de metri distanță de ușa noastră, s-a întâmplat să fie afiliată Bisericii Anglicane. Acum, eu nu sunt „nu", din punct de vedere religios, doar că se întâmplă să am câteva mici întrebări fără răspuns,

---

116   Personaje din cartea lui Roderick Hunt, 1986, care îi ajută pe copii să învețe să citească.

cu privire la unele dintre cele mai fine detalii... dinozauri, evoluție, doi oameni care se agită și populează întreaga lume etc. - am fost dispusă să ascund toate aceste lucruri sub preș, în schimbul a zece minute în plus de stat în pat și a unei alergări mai rapide către școală. În ciuda proximității noastre față de școala dorită, singura modalitate garantată de a obține un loc era o scrisoare semnată de preotul local, care să ateste implicarea familiei în comunitatea religioasă. Atât de aproape, atât de departe... În același mod în care sacrificiul suprem al lui Dumnezeu a fost acela de a-și trimite unicul fiu pe pământ să moară, al meu a fost acela de a mă trimite pe mine la biserică, cu mahmureală, în fiecare duminică, pentru a face același lucru. Jur că apa sfințită clocotea de fiecare dată când ne ocupam (cu întârziere) locurile din spate, vocile zgomotoase ale copiilor noștri își exprimau nevoia de a face treaba mare în timpul rugăciunilor în tăcere, iar eu încercam cu disperare să o fac pe Evelyn să tacă, de fiecare dată când arăta cu entuziasm „Omul fluture"! „Nu, scumpo, acela este Iisus... pe cruce." De asemenea, merită subliniat faptul că o înghițitură de vin de împărtășanie, plină cu saliva a 60 de enoriași, nu este ideală în dimineața de după opt Margarita. „Sângele lui Hristos? Vreo șansă pentru o Cola dietetică?"

Așteptarea confirmării locului la școala primară este de-a dreptul stresantă. În cadrul unei abordări strategice, am ales în mod intenționat două școli de rezervă pe care era foarte puțin probabil să le prindem – una fiind extrem de solicitată, iar cealaltă fiind în Belarus. De asemenea, s-ar putea să fi trimis un eseu de rahat despre *Război și pace* la autoritatea locală de educație despre eforturile noastre de a fi o familie care iubește mișcarea în natură, neutră, din punctul de vedere al emisiilor de carbon, și cu un câine obez... Fie că a fost vorba de loc, de noroc sau de un pic de ajutor din partea omului mare („Sam, de 1,82 metri", de la consiliu), am fost acceptați!

Prima dată când copilul tău îmbracă uniforma școlară, ca și cum ar face parte din grupul de faimă „Angajatul lunii", acest lucru trebuie să vină cu un avertisment privind sănătatea mintală. Este pur și simplu prea mult. De acord, trebuie să crească – nu pot rămâne mici la nesfârșit, ca hobbiții – dar tu ești, în același timp, extrem de îngrijorată de faptul că îi lași să plece singuri în lumea largă. Cine o să le verifice respirația la fiecare 20 de minute? ȘI DACĂ UN STRUGURE ARE SÂMBURI?! Este o schimbare atât de mare pentru toată lumea, iar mie nu-mi plac schimbările. Odată, Steve mi-a cumpărat tampoane de marcă proprie de la supermarket și am plâns – complet irațional, dar și valabil, pentru că nu doar ochii mei curgeau. După ce ți-ai petrecut întreaga vară încercând să-ți înveți copilul cum să se șteargă singur la fund (din față în spate), ziua cea mare a sosit în sfârșit. În primul rând, poza simbolică din fața ușii pentru Instagram, înainte de a pleca la școală – un marș funerar dureros de lent... spre moartea tinereții tale. În curtea școlii, sute de copii aparent gigantici și care țipă trec în viteză pe lângă tine, se lovesc cu sticle și se împușcă unii pe alții cu pistoale din bețe. Ținând foarte mult la copilul tău drag, nu vrei să-i dai drumul niciodată și, mai mult ca sigur, nu-l lași singur la MSP (MAJESTATEA SA PRIMARĂ) „Lovitura la ochi". Dacă va fi nevoie, vei intra cu cel mic în școală. Încă incapabili să recite tabla înmulți-rii, repetarea educației timpurii pare a fi o soluție practică la suprasolicitare paralizantă și la dislexie.

Ajunşi în clădire, auzim plânsete, o reticenţă în a pleca, iar cineva tocmai a făcut pipi din cauza anxietăţii – este liniştitor să ştii că şi alţi părinţi o iau la fel de rău. Cu toate acestea, copiii sunt absolut în regulă. Şi-au făcut deja prieteni şi se mai şi bat. Dintr-odată, uşile se deschid şi profesorii se năpustesc în mulţimea nervoasă ca nişte păsări de pradă vorace, smulgând copiii din braţele părinţilor isterici şi aruncându-i în sălile de clasă mai repede decât un serviciu al lui Venus Williams[117]. Copiii tăi nici măcar nu se uită înapoi când uşile se închid în urma lor. Absolut brutal. Mame care plâng sunt împrăştiate pe tot terenul de joacă, zone improvizate de triaj au fost înfiinţate pentru cei care se află pe jos şi sunt consolaţi de străini la întâmplare: „Vor fi bine, dragă, o să treci peste asta!" Iar taţii... se consolează cu gândul că peste două ore se vor întoarce să-i ia. Cu lacrimi în ochi, ajungeţi acasă. Casa pare ciudată, goală şi liniştită. Îţi dai seama că eşti complet singur sau că ai un copil în minus şi este... MINUNAT! De fapt, este uimitor cât de repede treci peste faptul că au început şcoala, odată ce îţi dai seama că poţi face pipi, fără ca cineva să critice constant starea tufişului tău. Un lucru care devine evident, în noul tău rol de mamă de copil de şcoală, este că ai mult mai multe şanse să convingi guvernul american să dezvăluie informaţii despre Zona 51[118] decât să-ţi convingi copilul să-ţi împărtăşească detalii despre ziua lui extrem de secretă. S-ar părea că la intrarea în sistemul de învăţământ, copiilor li se cere să semneze un acord de confidenţialitate, prin care li se in-

---

117 Jucătoare americană de tenis, sora Serenei Williams.

118 Una dintre cele mai secrete baze ale Armatei SUA, situată în statul Nevada; deşi este cea mai cunoscută bază militară din lume, ea nu există în mod oficial.

terzice să împărtășească orice informație despre ce au făcut, cu cine s-au jucat sau dacă au mâncat cartofi la prânz. Te gândești dacă nu cumva, în loc să citească și să scrie, ei sunt de fapt la școala de spionaj, unde sunt învățați tehnici antiinterogare.

– Ce ai făcut astăzi, dragă?

– Nu-mi amintesc...

Menționez că l-ai întâmpinat pe cel mic în pragul ușii clasei.

– Cum poți să nu-ți amintești ceva ce s-a întâmplat acum 30 de secunde?!

Îți dai seama că venind din partea ta există o anumită doză de ironie în această afirmație.

– Ei bine, ce ai mâncat la prânz?

După cum arată fața și puloverul lui, a fost fasole, iaurt, dar vrei să auzi asta din gura celui mic.

– NU-MI AMINTESC!

Bine, atunci, asta e! Nicio șmecherie sau mită nu-l poate convinge. Apoi dă din cap conspirativ către profesoară, gest prin care îi transmite acesteia că „n-am spus un cuvânt, șefa", înainte de a începe interogatoriul... „Mami, ai adus cumva vreo gustare?" În timp ce te percheziționează pentru un KitKat, ca și cum ai putea ascunde o armă sau un obiect ascuțit, ai timp să stabilești dacă ai fost pregătită pentru o zi de antrenament cu arme de foc – o cutie goală de Colgate cu o bucățică de sârmă plușată în ea. Mare treabă! Acest lucru este valabil mai ales la primire – un milion de copaci sunt tăiați în fiecare an, pentru ca tu să prezinți cu bucurie o interpretare a unei scene de crimă. Garantez că cei mai mulți dintre părinții care au copii de vârstă școlară au rostit la un moment dat exact aceste cuvinte: „Oh, e genial, dragă! Dar ce este?" Îmi imaginez că mama micuțului Pablo Picasso nu a plecat acasă cu o cutie de Multigrain, cercuri de cereale, acoperită cu pene și a clasat-o la „reciclare". Iar portretele sunt și mai terifiante. La jumătatea primului an de școală al lui Jack, a trebuit să mă gândesc serios la coafura mea de bază, „cocul mamei", după ce am primit acasă o serie de fotografii nefericite, în care parcă aveam o sculă gigantică pe cap...

Ar fi putut să fie și mai rău, ar fi putut să fie o poză cu Steve zburând cu „elicopterul" afară... Oh, stai...

Odată cu viața școlară, vine și grija de a te încurca cu cine nu trebuie și, bineînțeles, cultura de gașcă... Ross Kemp[119] nu a văzut NIMIC până când nu a pus piciorul într-o școală primară și nu a fost martor la partea întunecată a... vieții de mamă suburbană. Din ce gașcă faci parte depinde de mai mulți factori. De exemplu, aparții de „Gașca bârfelor"? O gașcă extrem de periculoasă, căreia îi place să zăbovească amenințător pe la porți, gata să se năpustească asupra celor mai mărunte zvonuri și să le răspândească în toate grupele de elevi, prin intermediul unei vaste rețele de informatori. Sau ești, mai degrabă, din categoria „Aruncă, apoi pleacă"? Nu te interesează amabili-

119 Actor și prezentator britanic, cunoscut pentru rolul lui Grant Mitchell din „EastEnders".

tăţile de la locul de joacă – intri, îți arunci copilul şi ieşi. Raţionale şi eficiente, membrelor acestui grup nu le pasă de conversaţiile fără sens legate de vreme, de echipamentul de educaţie fizică, nu dau doi bani pe planurile nimănui pentru weekend şi mai degrabă se retrag decât să ajute la târgul şcolii. Apoi, mai sunt şi „Prietenii noi", cu teritoriul delimitat de o cafenea locală – nimeni nu a dormit de şase luni, totul doare şi nimic nu merge cum trebuie, plus că au ieşit din greşeală în papuci. Au, totuşi, cele mai bune roţi de pe terenul de joacă – un sistem de călătorie Bugaboo[120] deluxe. Dacă eşti extrem de organizat, eşti reprezentantul părinţilor şi nu uiţi niciodată trusa pentru şcoala din pădure, este mai mult ca sigur că faci parte din „Gaşca înfumuraţilor". La cârma colectării banilor pentru cadourile de Crăciun ale personalului (întotdeauna, o sticlă de Prosecco şi un fleac sentimental înrămat, care va fi lăsat într-un sertar din clasă), ştiu totul, când vine vorba de fiecare aspect al vieţii şcolare – târguri, vânzări de prăjituri, cine nu a plătit pentru prânz. Apartenenţa la acest grup extrem de prestigios nu este lipsită de riscuri şi nici nu este permanentă… În momentul în care eşti defăimat de un profesor, pentru că puştiul tău a agresat un alt copil cu Lego Duplo, eşti dat afară şi forţat să intri în temutul tărâm al mamelor.

Şi mai există un tip special de oameni… PDP, adică cu probleme de punctualitate. Dezorganizaţi şi dezordonaţi – indiferent de ora la care ne trezim sau cât de devreme ieşim din casă, mereu vom avea transpiraţia curgând pe noi, dând ordine odraslelor noastre care nu vor să se grăbească şi arătând de parcă ne-am fi luptat cu o veveriţă

---

120 Companie daneză ce produce cărucioare pentru copii.

agresivă. Ultimul grup, dar nu cel din urmă, responsabil de a ne coordona pe toți, este și cel mai terifiant dintre toate... Mafia, cunoscută și ca Armata Teritorială a Locurilor de Joacă. Formați dintr-o rețea formidabilă de părinți prea entuziaști, aceștia sunt o forță de care trebuie să te ferești. Nu atât o alegere, cât o chemare. Nu te pui cu mulțimea de mame – când te sună pe WhatsApp, răspunzi. Nu încerca niciodată să te prefaci că ești bolnavă sau să inventezi o scuză îngrozitoare, pentru că rezistența este inutilă – pe 5 decembrie, toată lumea știe cine va fi la serbarea de Crăciun și cine se va ocupa de tombola cu nenociții ăia de ursuleți de pluș.

Ceva care ne unește pe toate mamele, totuși, este alegerea uniformei noastre – și nu mă refer la pulovere gri și cămăși ușor de călcat (care, pentru cine nu știe, nu sunt ușor de călcat). Răspunde cu sinceritate... Ești o mamă de școală, dacă nu ai mers la școală îmbrăcată în oricare dintre aceste articole?

1. *Pălărie Bobble (sau fes cu ciucure)*. O necesitate pentru orice mamă obosită, cu părul grizonat, într-o dimineață rece. Moțul din blană artificială este un MUST al modei. De ce să risipești prețiosul șampon uscat când îți poți ascunde părul de rahat sub acest element esențial al iernii? Când vine vara, fie o înlocuiești cu o șapcă de baseball, fie îți speli efectiv părul. Nevoia te învață.

2. *Haină căptușită, cu glugă cu blană*. Dacă nu poți supraviețui în condiții arctice de -18°C, în timp ce mergi la școală în iunie, atunci nu ești în tendințe! Cu o glugă blănoasă care i-ar da de furcă părului Tinei Turner, acest look jumătate femeie, jumătate leu este

perfect pentru zilele ploioase, pentru transferul pă-
duchilor și pentru a te lăsa călcată de automobile, din
cauza unei viziuni periferice drastic reduse. Buzuna-
rele mari sunt esențiale pentru a depozita cu ușurință
batoanele de cereale pe jumătate mâncate, niște sta-
fide în ciocolată, câteva bilete de autobuz de acum
trei ani și posibila cauză a pandemiei Covid. Poate fi
purtată cu sau fără pete mari de noroi în față și în spa-
te, de la ținutul copiilor în brațe, care nu se pot obosi
să meargă pe jos.

3. *Îmbrăcăminte sportivă.* O piesă de bază indispen-
sabilă în garderoba oricărei mame care se respectă și
care aleargă către școală. Aceste minunății elastice,
iar talie înaltă, din lycra, sunt confortabile, practice și,
spre deosebire de vărul lor malefic, blugii skinny, nu
produc mâncărimi. Poate au interzis pijamalele pe te-
renul de joacă, dar nu s-a spus nimic despre jambiere.
Poartă-le în timp ce dormi, iar atunci când te trezești
ai toate motivele să fii nervoasă. Rebelă. În mod esen-
țial, atunci când sunt purtate, nu trebuie să fii activă.
Biscuiții sunt un da, genuflexiunile sunt un nu.

4. *Cizme Ugg.* Aceste încălțări mult prea slăvite
păstrează degetele de la picioare calde, în timp ce tal-
pa groasă face aproape imposibilă îndepărtarea com-
pletă a tuturor urmelor de rahat de câine. Schimbă-le
cu Converse în lunile de vară pentru un look hipster,
de genul „sunt încă jos cu copiii". Sunt la modă, mai
ales atunci când sunt purtate cu hainele tale sport.

5. *Trotinetă.* Această invenție a morții cu două/trei
roți trebuie purtată cu dezinvoltură, eventual, pe umăr
și poate fi accesorizată cu un copil care refuză să o

folosească. Finalizează lookul cu un mulaj din ghips, de când ai încercat să te dai cu trotineta în drum spre casă, dar ai căzut într-un tufiş.

6. *Câine. Opţional.* Nimic nu-ţi defineşte mai bine multifuncţionalitatea decât un câine care elimină gaze şi care suferă de anxietate de separare. Acest obiect pufos poate fi ţinut în braţe, ataşat de un cărucior – târând purtătorul pe drum şi în calea traficului care vine din sens opus – sau legat de o poartă, lătrând la copiii mici şi la bătrânii care trec pe stradă. Câinele reprezintă o alegere curajoasă, dar nu este pentru cei slabi de inimă, în materie de modă, sau pentru cei care poartă cizme Ugg.

În calitate de purtător de cuvânt oficial al PDP-urilor, probabil că nu este o surpriză faptul de a găsi alergatul către şcoală ca fiind unul dintre cele mai dificile elemente ale vieţii şcolare. Înainte de a porni în călătoria maternităţii, nimeni nu mi-a spus că va fi mai uşor să scoţi un copil din corpul tău decât să-l scoţi din casă dimineaţa. Atât de multă bătaie de cap! În primul rând, nimeni nu vrea să se dea jos din pat – probabil că are legătură cu faptul că a stat treaz toată noaptea strigând după biscuiţi şi Calpol. Încarnând esenţa spirituală a unui căpcăun premenstrual, te surprinzi chiar şi pe tine de urletul gutural furios pe care eşti capabilă să-l emiţi din corpul tău, înainte de ora 8. Durează atât de mult să te cerţi despre necesitatea unui pipi de dimineaţă, să discuţi despre sensul vieţii şi să manipulezi braţele neascultătoare în rochii, pulovere şi cămăşi etc., încât nu mai ai timp să te faci să arăţi prezentabil. Din nou, vei alerga până la şcoală arătând ca şi cum ai fi avut o noapte nebună. La micul dejun, tensiunile cresc și mai mult, mai ales dacă ai mai mulți copii pe care încerci să-i scoți pe ușă în același timp. Copilul cel mare a ajuns primul la dulapul cu cereale și a reușit să consume ultimele Cheerios, lăsându-l pe cel mic cu o soartă mai rea decât fulgii de porumb... Weetabix. Începe ca un derby – sufocări, gaze lacrimogene și cai (hobby, folosiți și ca arme).

De obicei, fiind o persoană dezorganizată, mă mândresc cu faptul că nu am avut niciodată ideea de a pregăti cutiile de prânz cu o seară înainte. Mi-ar ușura viața cu 50% dimineața? Absolut! Oare voi învăța vreodată din greșelile mele? Niciodată. În timp ce copiii sunt la etaj, din nou, cei mai buni prieteni, chițăind fără oprire și fără nicio intenție de a se spăla pe dinți, așa cum am cerut de opt ori, este timpul să răscolesc dulapurile goale, în încercarea de a oferi ceva cât de cât acceptabil pentru copiii care vor consuma doar mâncare sub formă de bețișoare: Cheese Strings[121], Peperamis[122], Choobs (ca Frubes, dar cu o liră mai ieftin) și o banană ușor turtită, toate acestea sunt aruncate în cutia cu mâncare, în timp ce mă rog ca „asistenții de la prânz" să nu inspecteze îndeaproape masa bogată în zahăr și în sare. Dinții încă nu au fost spălați, nimeni nu găsește pantofii, un copil s-a hotărât să facă treaba mare timp de 20 de minute, iar ritmul cardiac a ajuns la un vârf, de parcă ai fi la jumătatea unei curse de ciclism în interior.

„FEȚE! HAINE! BĂUTURĂ! CUTIA CU MÂNCARE! PANTOFI LA PICIORUL DREPT! NU VĂ MAI JUCAȚI CU

---

121 Batonașe cilindrice de brânză.
122 Gustare cilindrică din carne de porc.

LEGO! NU ŞTIU DE CE BROAŞTELE POT RESPIRA SUB APĂ ŞI PE USCAT. SĂ MERGEM!"

Pe locuri, fiţi gata… start! 30 de minute mai târziu (ar fi trebuit să dureze doar zece), cu tensiunea arterială la pământ şi cu gleznele făcute praf de la nenorocita de trotinetă, ajungi la poarta şcolii cu un minut mai devreme. Ura, victorie! Mulţumită de reuşită, priveşti în jur şi… observi brusc că toţi ceilalţi copii, în afară de al tău, sunt îmbrăcaţi în piraţi. PENTRU NUMELE LUI DUMNEZEU! „International Talk Like a Pirate Day"[123]. Nu e corect! Dar, cu toate acestea, te afli acolo, în mijlocul terenului de joacă, încercând să confecţionezi un plasture de pirat pentru ochi şi scoţând un euro din poşetă. „Doar aruncă-l în oală, arată la fel – nimeni nu va observa."

Nu vei observa niciodată asemănările dintre copilul tău şi un cărucior de cumpărături. Asta până când nu va începe şcoala – nu va putea să meargă nicăieri fără o liră. Nu se mai termină niciodată – ziua hainelor, ziua copiilor nevoiaşi, ziua comică, ziua sportului, ziua unei creaturi mitice, ziua părului nebun, o strângere de fonduri pentru sanctuarul local de porci-furnicari, ziua pictării unei cutii de carton/pentru petrecerea de Crăciun. Cum ar trebui să ni le amintim pe toate?! De acord, aş putea citi newsletterul sau să dezactivez grupurile de WhatsApp, dar asta m-ar face să fiu nevoită să răscolesc sute de întrebări stupide, cum ar fi: „Dacă ninge, îi putem trimite cu mănuşi?" Nu. Profesorii ar prefera ca ei să facă degerături şi astfel să le cadă degetele – îi împiedică să se scobească în nasul lor murdar. Însă preferata mea dintre toate este Ziua Mon-

---

123 Sărbătoare-parodie anuală, în care participanţii vorbesc precum piraţii.

dială a Cărții. Dacă tu credeai că acei părinți PECIC au fost răi când copiii lor erau mici, vei avea parte de o surpriză, atunci când copiii lor vor ajunge la vârsta școlară și vor avea ocazia să combine dragostea pentru literatură cu un pistol de lipit. Nu e vorba despre copilul care vrea să meargă îmbrăcat ca un supererou din cartea preferată – catalogul Argos[124]. Nu, este de fapt o oportunitate pentru aceștia de a prezenta replica coafurii Hogwarts, realizată din 6.000 de tuburi de hârtie igienică și straturi de piele de pe degete. Pentru toți părinții dezorganizați, nimic nu se compară cu panica de a descoperi că nu ai suficient timp pentru a cumpăra ceva pentru tine de pe Amazon, ceea ce duce la o cursă nebună în jurul Hobbycraft și la achiziționarea de vopsele spray pentru a ridica suspiciuni cu privire la identitatea lui Banksy[125]. O noapte mai târziu, ai o ținută de copil care nu ar arăta nelalocul ei pe raftul cu lucruri grotești. În loc de cărți, într-un an, școala a decis să organizeze o „Paradă a vocabularului". Fiind un părinte de rahat neinformat, care habar nu avea ce naiba însemna asta, cu 24 de ore înainte de evenimentul respectiv, Google mi-a spus că era doar o altă ocazie pentru părinți de a-și arăta mușchii. În loc să apeleze la clasicul lor literar favorit, copiii se îmbracă în cuvântul lor preferat – ceea ce, ca să fiu sinceră, este o idee teribilă: arată-mi un copil de șapte ani, al cărui cuvânt preferat nu este „vagabond", iar eu îți voi arăta un mincinos. Când colegii lui de clasă se îmbrăcau în „precipitații" sau „frunziș", demne de Pin-

---

124 Retailer britanic.

125 Artist britanic de graffiti, ale cărui lucrări apar peste noape în diferite părți ale lumii, transmițând mesaje cu tentă politică și socială și demonstrând împotriva războaielor; numele real al artistului nu se cunoaște nici în prezent.

terest, cu greu puteam să-mi îmbrac propriul copil ca pe o gaură de fund gigantică, în ciuda faptului că ocazional se comporta ca atare. Pe lângă faptul că trebuie să ai grijă la zilele de epuizare a lichidităților, vei avea nevoie în permanență de inteligență pentru a nu cădea pradă celei mai rele situații cu care se poate confrunta un părinte de școală primară... voluntariatul. Voluntariat?! Scuze, vrei să te ajut să ai grijă de copilul meu? Trebuie să fie o greșeală... Am făcut asta timp de patru ani deja – sunt toți ai tăi acum, nu-i așa?! Plănuiam să beau un vin la prânz și să mă uit la 32 de episoade consecutive din „Come Dine with Me"[126]. Din păcate, pericolul pândește peste tot... excursii școlare, laminare, tăiere și lipire, ASCULTAREA copiilor citind! De departe, cel mai rău lucru dintre toate! Sincer, obișnuiam să mă consider o mamă bună, blândă și grijulie... până în momentul în care am ajuns la fonetică.

– C-Â-I-N-E...

– Foarte bine, dragă! Deci care este cuvântul?

– Pisică.

– De o oră citim o poveste despre câinele Floppy, draga mea. E un Golden Retriever mare și nenorocit pe fiecare pagină, așa că nu, nu e o pisică!

A existat un moment deosebit de întunecat în viața mea, când în ghiozdan, printre cărți, a fost adusă „Buburuza Bob" sau, cum insista copilul meu să-i spună, Bill.

– Nu, dragă, as-cul-tă! Fiecare pagină începe cu cuvântul „Bob", bine? Ai înțeles?

– Da, mami!

– Minunat, hai să mai încercăm o dată, da?

– Buburuza Bill...

---

126 Show tv, în care se caută gazda perfectă.

Acum există o mică gaură în sufletul meu, în formă de târâtoare cu șase picioare care nu va fi reparată niciodată. Un mic sfat: atunci când îi înveți pe cei mici să citească, nu uita să adaugi gin la fonetica ta.

Ziua Mondială a Cărții, din păcate, nu va fi singura dată când vei întâlni un PECIC. La fiecare pas din viața școlară a copilului tău, ei vor fi acolo, lăudându-se cu plumbul din sperma lor, cât de buni sunt la sport (aruncarea altor copii în ziduri de cărămidă se încadrează la sport olimpic?) și, bineînțeles, aptitudinile lor academice înnăscute... „Micul Edward este atât de avansat, știi... știe fizică cuantică de când avea trei ani.”

Nu te implici, deoarece copilul tău, la fel ca majoritatea celor din grupa lui de vârstă, încă își scrie numele invers, iar săptămâna trecută a întrebat dacă veverițele sunt făcute din chipsuri[127]... Nu, Kilocalorie, nu sunt! Edward ar putea foarte bine să fie un geniu, dar iată o întrebare... Se poate încălța singur? Se pare că este o abilitate care scapă TUTUROR copiilor, indiferent de intelect, până în jurul vârstei de 17 ani. Poate că micul Einstein citește, dar dă-i o pereche de pantofi Clarks pentru adulți și se va purta ca și cum în loc de mâini ar avea niște lopeți.

Cel mai bun moment, totuși, pentru a-i observa pe PECIC în habitatul lor natural este Ziua Sportului – cea mai competitivă zi din calendar; din nou, nu pentru copii. Antrenamentele pentru acest eveniment remarcabil vor fi început cu luni de zile înainte, în ciuda faptului că femeile îmbrăcate în deux-pièces Nike susțin că nu au mai făcut cardio de luni de zile – este o mare tâmpenie. Ele au bătut

---

127 Joc de cuvinte: chipmunk înseamnă „veveriță” în engleză, chips înseamnă „cipsuri”.

trotuarele mai tare decât Sir Mo Farah[128]. La linia de start, tensiunea este palpabilă... Copiii aplaudă, tații filmează, mamele se îmbrâncesc pentru a ocupa cel mai bun loc – multe dintre cele slab pregătite și instabile emoțional își țin sânii (ciudat, acest gest trimite creierului impulsuri nervoase care declanșează în organism o senzație de bine). „Pe locuri, fiți gata... La naiba, porniți! Este o cursă plină de evenimente, cu Tina din anul 2 luând un avans timpuriu, doar pentru a fi depășită, în ultimele secunde, de o mamă de la recepție într-o pereche de adidași Yeezy, care sărbătorește fericită. Tina, absolut furioasă și cerând cu nervozitate să audă punctul de vedere al arbitrului asistent, responsabil și cu înregistrările video, trebuie să fie scoasă din incintă de către securitate (domnul Jones, îngrijitorul). Cursa taților este și ea plină de evenimente; cu toate acestea, nu e cazul pentru o fotografie de final, deoarece jumătate dintre ei au căzut peste alți competitori la doar doi metri de la start, iar cei care au rămas se târăsc spre linia de sosire cu tendoanele rupte. Este o scenă de război – prosoape umede și comprese reci peste tot. În cele din urmă, premiul este acordat tipului cu cele mai multe membre rămase complet intacte."

Da, începerea școlii de către copiii tăi poate fi o perspectivă terifiantă pentru toți, dar nu la fel de terifiantă, totuși, ca momentul în care descoperi că au adus ilegal cu ei acasă noi animale de companie... în păr. PĂDUCHI! Ei sunt cea mai mare frică a mea (lăsând la o parte campingul). Nu m-am înscris pentru rahatul ăsta când m-am

---

128 Alergător britanic, de origine somaleză, de distanță lungă, multiplu campion olimpic.

angajat la maternitate. Un întreg ecosistem care prosperă pe căpățâna altora – se reproduc, construiesc infrastructură, se înmulțesc ca nebunii, sunt mai deștepți decât știința modernă – și nu-i observi decât atunci când sunt suficient de mari pentru a pleca de acasă și a zbura din cuib... pe propriul tău cap. În mod crud, în momentul în care faci această descoperire sumbră, s-au infiltrat deja în întreaga gospodărie prin prosoape, lenjerie de pat, perii de păr și, bineînțeles, prin pacientul X, care adoră să se cuibărească lângă tine noaptea. Totul se declanșează și pe grupul de WhatsApp – nimeni nu știe ce copil a răspândit această problemă, dar speculațiile sunt numeroase, contaminarea provocând un război de cuvinte între membrii bandelor rivale, iar părinții „părăsesc" grupurile cu furie și indignare. Cu o zi înainte de detectarea lor în gospodăria noastră, am avut o petrecere cu ocazia zilei de naștere a lui Evelyn – zeci de fetițe, toate cu șuvițe frumoase și lungi, se zbenguiau fericite împreună pe un castel gonflabil. Îmi imaginez că trimiterea mesajului pe WhatsApp cu vești proaste, la mai puțin de 24 de ore după eveniment, ar putea rivaliza cu rușinea de a lua legătura cu foștii parteneri pentru a le spune că ai chlamydia. „Mulțumesc foarte mult că ați venit ieri! Sper că v-ați bucurat cu toții de prăjitură și de paraziții de păr!" Cel mai neinspirat cadou. Nu eram deloc pregătită pentru așa ceva – după ce am avut mai întâi un băiat, reușisem să trec prin șapte ani de parentig fără să mă întâlnesc cu vreunul dintre acești nenorociți. Totuși, am ceva să-mi reproșez: nu m-am descurcat atât de bine... Chiar s-ar putea să fi țipat în fața copilului meu. În apărarea mea, șocul de a-i pieptăna părul foarte puțin și apoi să văd ceva alergând ca un taur furios și care se năpusteşte asupra mea a fost prea mult pentru a suporta. Sincer, m-am gândit că dacă mi s-ar fi întâmplat vreodată, ar fi fost ca un scenariu de accident de avion „SALVAȚI-VĂ SINGURI" în care îți pui masca de oxigen înainte de a ajuta copiii. Să-ți spun ceva despre păduchi: sunt niște mici rahați insistenți. Au refuzat cu desăvârşire să moară. Iată două lucruri care ar supraviețui unei apocalipse: ananasul la conservă şi păduchii. Am încercat totul – abordări holistice şi toate chimicalele. Nimic nu a dus la senzația de lipsă instantanee de mâncărime la care speram. Un moment intim minunat a fost cel în care Steve mi-a masat romantic soluția Full Marks pe scalp, stând pe scaunul de toaletă, între picioarele lui, parodiindu-i pe Patrick Swayze şi Demi Moore într-o versiune mai grasă a filmului „Ghost". În cele din urmă, după ceea ce părea a fi luni de zile de pieptănare regulată cu balsam şi lacrimile mele sărate de disperare, am scăpat în sfârşit de nenorociții ăia mici. Însă cicatricile psihice şi TPS (TULBURARE POSTTRAUMATICĂ DE LA SCĂRPINAT) continuă. Sunt în permanență pe muchie de cuțit... Ce se întâmplă dacă nu i-am prins pe toți? Dacă se întorc? Sunt pe jumătate femeie, pe jumătate cimpanzeu, scormonind în permanență în capul copiilor în căutare de semne, picioare şi ouă. Absolut îngrozitor, nu cred că ar putea fi ceva mai rău...

Stai, ce mai e acum? Ființe parazite care trăiesc şi se înmulțesc în fundul tău? Să-şi scoată capetele afară în toiul nopții pentru a livra ouă ca un iepuraş de Paşte demonic şi dornic de sânge?! NU. LA NAIBA! NU, MULȚUMESC!

Întrebare: de ce nu sunt viermii intestinali în programa națională? Toți ar trebui să fim învățați despre aceste chestii tăcute în liceu, în principal ca o formă de control privind nașterile, dar și pentru a putea alege informat cu privire la viitorul nostru. Părinții au nevoie de mai multe informații, ca atunci când aveam ședințe zilnice de informare Covid. Vreau să știu care este numărul de cazuri în zona mea – suntem într-un cod roșu la nivel național, trebuie să fim într-un cod galben... Ar trebui ca unghiile copiilor să fie tăiate ca ghearele unei pisici? Problema trebuie dezbătută la un alt nivel? Avem nevoie de ajutor! Din fericire, încă nu am avut parte de ei... Mă rog, din câte știu eu. Ar putea fi înăuntru chiar acum, nu-i așa? Mâncând puiul de aseară. Dacă aș țipa la vederea păduchilor, cred că e destul de sigur să spun că mi-aș pierde mințile pentru viermi. De asemenea, se pare că pieptănatul de duminică-seara este preferabil ideii de a te întinde pe spate și de a-i da jumătății tale o lanternă. Nu „până când moartea ne va despărți", ci mai degrabă „până când fesele noastre se vor despărți". Întotdeauna le spunem copiilor lucruri care să-i sperie; asta pentru binele lor. Să nu treci strada fără să te asiguri – s-ar putea să fii călcat de vreo mașină. Să nu vorbești cu străinii – sunt minute din viața ta pe care nu le vei mai recupera niciodată. Să nu te scarpini în fund și apoi să-ți bagi degetele în gură – niște extratereștrii gigantici îți vor mânca brioșa de ciocolată din interior. Somn ușor, puiul meu, nu lăsa gândacii să te muște!

Da, călătoria copilului în lumea educației reprezintă o adaptare, pentru toată lumea. Este o șansă pentru ei de a fi independenți, de a-și face prieteni noi (ceea ce vor face cu siguranță) și de a face toate lucrurile artistice amuzante pe care nu îi lași să le facă acasă. Poate fi, de asemenea, o perspectivă nouă și intimidantă... să fie separat de tine, să fie nevoit să meargă singur la toaletă și, dacă ești fiica mea, pedeapsa supremă – o cină la şcoală. Este un proces destul de obositor şi pentru copil, deşi nu sunt pe deplin sigură de ce... Nu ai auzit-o pe Dolly Parton cântând despre munca de la 9 la 5 – nu lucrează foarte mult, nu-i aşa? Oare, zilele de şcoală au fost întotdeauna atât de scurte? Abia reuşesc să-mi scot haina şi să mănânc ceva, înainte de a pleca din nou spre şcoală. Dar să spun ce este obositor, numărul mare de lucruri pe care părinţii trebuie să le ţină minte – zilele în care trebuie să se costumeze, temele pentru acasă, cărţile de citit, cutiile de la festivalul recoltei, cutiile de carton goale – este suficient pentru a te face să vrei să te închizi într-o cameră întunecată şi să plângi că nu mai ai 20 de ani. Nimic nu va învinge vreodată panica de a te trezi la 2 dimineaţa şi de a realiza că este zi de educaţie fizică, iar echipamentul nu este curat. Mi-ar plăcea să spun că şcoala devine mai uşoară, pe măsură ce cresc, dar până acum se pare că lucrurile se înrăutăţesc. Temele pentru acasă devin mai frecvente şi mai dificile. De asemenea, dorinţa copiilor de a le face se diminuează şi având în vedere că cei mici cântăresc aproximativ jumătate din masa ta corporală devine din ce în ce mai greu să-i iei în braţe şi să-i aşezi la o masă pentru a le face. Vor fi lacrimi, crize de furie, refuzuri de a se da jos din pat şi întâlniri de joacă cu copii pe care, în ciuda faptului că le-ai spus părinţilor lor că au fost o bucurie absolută, nu îi vei mai invita niciodată. Apoi, într-o clipită, totul se va sfârşi... Ei vor fi la liceu şi tu vei avea o criză de nervi, din cauza posibilelor răni provocate de arzătorul Bunsen[129] şi a sarcinilor din adolescenţă. Tot ce vei avea

129 Aparat de laborator ce produce o flacără deschisă, utilă pentru a încălzi sau pentru a arde diferite substanţe, pentru a steriliza anumite obiecte.

ca să-ți reamintești de acele zile speciale de tinerețe vor fi șapte ani de fotografii de clasă, în care copiii arată ca și cum cineva le-ar fi pus un pistol la tâmplă, un album plin de amintiri prețioase... și, desigur, murdărie. Multă, foarte multă murdărie.

16

Cercul conflictelor

Ca adult, crezi că știi anumite lucruri. Poate că nu ai coeficientul de inteligență al unui membru Mensa[130], dar ți-ai croit drum prin sistemul de educație, nu te descurci prea rău la testele din baruri (în timp ce trișezi cu ajutorul telefonului) și poți face un toastie fără să dai foc la casă. Însă atunci când ai copii, nivelul intelectului este oarecum pus la încercare... Nu numai că este incredibil de evident că nu știi nimic despre copii ca specie, dar când vine vorba să împărtășești înțelepciunea ta minților mici, de altfel, ca un burete și foarte curioase, îți dai seama foarte repede... că nu știi nimic despre nimic. Destul de des, acest lucru revelator vine atunci când copiii respectivi încep să crească, încep să observe mai mult lumea din jurul lor și încep să-și folosească abilitățile lingvistice nou-dobândite pentru a te interoga în mod constant, cu privire la unele dintre cele mai dificile aspecte ale vieții...

---

130 Societate fondată în 1946, în Oxford, Marea Britanie, cu scopul de a identifica oamenii cu un coeficient de inteligență foarte ridicat.

– În ce zi a creat Dumnezeu dinozaurii?

– Dacă portocalele se numesc portocale, pentru că sunt portocalii, de ce bananelor nu le spunem galbene?

– Cât face 765 milioane înmulțit cu 6.033?

– Când plângi, ochii tăi fac pipi?

– Ce este mirosul ăsta?

– E mami... la toaletă. PLEACĂ!

Întrebări, întrebări și iar întrebări. Copiii noștri ne asaltează cu ele dimineața, la prânz și seara – mai ales noaptea, pentru că este o tactică excelentă pentru a întârzia somnul și pentru a ține ostatici bieții părinți neștiutori pentru încă o oră, în timp ce cina lor se răcește. În general, nu pot scăpa de rutina de seară, fără să îndur interogații lungi despre univers, atât de complexe, încât până și marele Stephen Hawking s-ar fi chinuit să ofere un răspuns. „O scurtă istorie a supărării părinților la ora de culcare" ar fi fost mai potrivit. Da, nimic nu se compară cu a avea copii care să-ți reamintească faptul că ar fi trebuit să te străduiești mai mult la școală.

– Mami, ce se întâmplă când moare o stea?

– Păi... un hashtag pe Twitter, iar apoi *Daily Mail* le demască toate secretele. Noapte bună, noapte bună!

În cele mai multe dintre cazuri, internetul va fi salvatorul tău, împreună cu cei mai buni și mai înțelepți doi prieteni ai tăi – Alexa și Siri[131]. Cum naiba răspundeau părinții noștri la avalanșa de întrebări din partea Kidquisition-ului[132] spaniol, înainte de inventarea World Wide Webului? Ei bine, pot să ghicesc... Nu răspundeau și probabil că acesta este motivul pentru care acum suntem cu

131 Asistenți virtuali.
132 Joc de cuvinte: de la inquisition, adică „inchiziție", în engleză, la kid (copil) + inquisition.

toții atât de nerozi. Dacă nu este vorba de timp și spațiu, atunci este vorba de calcule matematice, de anatomia creaturilor inventate și de preferata fiicei mele (rezervată în mod normal pentru condusul pe autostradă, pe o ploaie torențială) – chimia culorilor:

– Ce am obține dacă am amesteca roz-flamingo cu un strop de mov-intens, puțin verde-avocado, niște maro ca de carne stricată și cinci mililitri de galben ca urina câinelui?

– O mare mizerie! Acum faceți liniște până nu ne izbim de un copac foarte maro și foarte verde!

În realitate, nu știi niciodată răspunsul – singurul lucru pe care mami se pricepe să-l amestece este ginul. Vestea bună aici este că nu există nicio presiune pentru a o duce la Disneyland – o excursie la biroul de amestecare a vopselelor de la B&Q[133] va fi suficientă.

Acum, unele întrebări sunt dificile pentru că te-ai distrat mult prea mult la universitate… iar altele sunt dificile, pentru că știi că răspunsul le va spulbera complet și pentru totdeauna inocența lor frumoasă, prețioasă și foarte protejată. În primii ani de viață ai copilului tău, ai fost în mare parte responsabil de a-l ține în viață și de a-l învăța să alterneze degetele atunci când se scarpină în fund și când se scobește în nas. Cu toate acestea, mult prea curând, aceste minți mici și extrem de curioase vor începe să mediteze la unele dintre cele mai provocatoare întrebări emoționale ale vieții, cum ar fi ciclul vieții, iar tu, prietene, va trebui să te ocupi de acest lucru folosindu-te de abilitățile tale de părinte. „Mami, ce se va întâmpla când vom muri?"

---

133 Companie ce comercializează produse pentru casă și grădină.

Moartea... Of, este cea mai neagră și cea mai grea problemă! Și totuși, un subiect care, de la o vârstă atât de fragedă, îi captează total. Înțeleg, este marele necunoscut... Cam toți adulții încă vor să știe ce se întâmplă atunci când le vine rândul. Oare, alunecăm pur și simplu într-un abis negru? Sau ne înălțăm la ceruri? Încercăm să ne croim drum pe lista VIP a lui Dumnezeu, trecând pe lângă Sfântul Paul, bodyguardul – chel, cu jachetă albă de puf și cu tatuaje cu „poarta" pe o mână și „dragostei" pe cealaltă. „Hm, nu, numele meu ar trebui să fie cu siguranță pe listă... Sophie cu «ph». Iisus este acolo? El și tatăl meu, John, se cunosc de mult timp... Nu, nu din Galileea, ci mai degrabă de când purta șosete și sandale. Dacă e vorba de întrebarea despre dinozauri, nu eu am răspuns la ea, bine? Alexa a răspuns!" Sau suntem târâți în adâncurile de foc ale iadului, destinați la o eternitate de tortură și apeluri, pentru că suntem în general oameni de rahat, folosim mult prea multe paie de plastic și comitem probabil cel mai mare păcat dintre toate... folosind cuvântul „extraordinar"?

Multe dintre întrebările copiilor despre lumea de dincolo vor fi fost, fără îndoială, încurajate de unchiul Walt – ucigașul de părinți, preferatul tuturor, și ucigașul de filme de familie. „Unde este mămica ei? De ce nu se mișcă tatăl lui? De ce a împușcat omul acela căprioara cea frumoasă? De ce? DE CE?!" Pentru informare, când apare „AP" la un film Disney, înseamnă „Absența părinților", nu „Acordul părinților"; se sare peste și se trece la ceva mai vesel – „Game of Thrones" („Urzeala tronurilor") sau „The Texas Chainsaw Massacre" („Masacrul din Texas"), de exemplu. Cam sumbre, nu? Scena de deschidere a filmului „În căutarea lui Nemo"... uciderea întâmplătoare a mamei sale și nu a unuia, ci a 4.000 dintre frații săi. Chiar trebuia să moară toți? Nu am fi putut avea aceeași morală a poveștii „nu ceda în fața dificultăților" dacă Nemo s-ar fi rătăcit în Aldi timp de 20 de minute? Vrăjitorul Merlin l-ar fi putut găsi pe culoarul din mijloc, ținând în mână un cârnat Chorizo și dezbătând necesitatea unei pături izolante și a unui nou pat pentru pisici – ar fi fost mult mai puțin supărător. Apoi, mai este și „Frozen"... surori orfane și o mulțime de părinți care au renunțat să se mai îmbarce într-o croazieră spre fiordurile norvegiene. Poate că un safari[134] ar fi mai indicat? În afară de toată debandada de antilope sălbatice, adică... Hakuna Matata[135] (în limba Swahili „fără griji")! Adică fără probleme pentru tot restul vieții tale! Cu excepția cazului în care ai cinci ani și coșmaruri repetitive, în care tati este ucis de o turmă de vaci.

Jack avea doar vreo trei ani când a pus pentru prima dată problema propriului caracter muritor, după ce una dintre jucăriile lui s-a stricat; m-a întrebat cu cei mai mari și mai triști ochi posibili: „Mami, ce se întâmplă când mi se termină bateriile? Nu voi mai funcționa?" Nu eu plâng, ci tu! A fost îngrozitor. Reușind să scot niște prostii, despre faptul că are unele speciale care sunt reîncărcabile și nu se vor termina niciodată, m-am închis apoi în baie și am plâns fără să mă mai pot opri. „Mami e bine, doar că are niște probleme digestive!"

Ajungi să realizezi că moartea este peste tot și că nu poți să-i ferești de ea la nesfârșit. Mult prea curând, te vei

---

134 Expediție de vânătoare în Africa.
135 Cântec din „Regele Leu".

confrunta cu un iepuraş întins pe caldarâm şi oricât de buni ar fi cei de la Duracell nu se va ridica şi nu va continua să meargă. Şi aşa începe... marea păcălire dură a „vieţii de apoi". Porumbeii ucişi de pisică sunt repatriaţi în raiul păsărilor; există, de asemenea, raiul păianjenilor nemişcaţi... raiul bondarilor... raiul aricilor... şi raiul pisicilor fictive (o mare apreciere pentru scriitoarea Judith Kerr, pentru că l-a omorât pe Mog, în *Mog the Forgetful Cat, Mog, pisica uitucă*). Chiar ţi se rupe inima văzând cum minţile lor mici procesează informaţia că viaţa se va sfârşi, că avem un început... şi un final. Data de expirare, în special, este de mare interes pentru copiii tăi, acum obsedaţi de moarte. De îndată ce sunt conştienţi de acest concept, existenţa ta este marcată, dar nu într-un mod excesiv de îngrijorător, de genul „te iubesc atât de mult, nu pot trăi fără tine". Nu. Este mai degrabă de genul „trebuie să notezi evenimentul în jurnal pentru a nu intra în conflict cu Peppa Pig".

„Mami, când o să mori, mai exact? Mâine? Peste două luni, peste 1.500 de zile?" Nu plănuiai să crăpi atât de curând, dar acum începi să te întrebi dacă nu cumva le-ai dat idei criminale. Oh, vor toate detaliile sângeroase, împreună cu un program şi o cronologie exactă a morţii tale macabre. Când, unde, cum? Ai încurcat-o dacă ai şi un rid... sunt aproape gata să-ţi citească ultima rugăciune. Biata mea prietenă Amy a venit în vizită din Australia şi faţa ei nu a avut ocazia să se rehidrateze cum trebuie după un zbor atât de lung, înainte ca cei doi „secerători" să se abată asupra ei. „Ce sunt liniile acelea de pe faţa ta? Sunt din cauză că eşti bătrână? O să mori în curând?" Teama ca ei să se afle în preajma persoanelor în vârstă este ireală – nu știi niciodată ce vor spune, probabil așa cum s-a simțit Regina când mergea undeva cu prințul Phillip. De asemenea, animalele de companie prezintă interes pentru prea puțin timp, iar sentimentele legate de scurta lor existență pe această planetă nu sunt foarte intense.

– Mami, când se duce Millie în raiul câinilor?

– Oh, dragă, nu-ți face griji – peste foarte mult timp!

– Of!

– Ce s-a întâmplat?

– Eu am vrut un cățeluș...

Atât de crunt. Cățelușa noastră era furioasă pe nestatornicia lor – se vedea în ochii ei, își plănuia răzbunarea gazoasă. „Am suportat opt ani rahatul vostru, faptul că m-ați tras de coadă, de urechile ca de ren de Crăciun și asta e mulțumirea pe care o primesc?"

Abia când aveau cinci și, respectiv, trei ani, ne-am confruntat cu prima moarte care nu era a unei creaturi sau a unui personaj fictiv – iubita lor străbunică, „GiGi". Ei o adorau cu desăvârșire, așa că ne-am pregătit pentru copii complet neconsolabili și plângând isteric... Da, dar nu a ieșit chiar așa. Sincer, ar fi fost o reacție emoțională mai puternică dacă am fi rămas fără cartofi prăjiți. Nicio nenorocită de reacție. Când i-am întrebat dacă mai au nedumeriri, Jack a răspuns:

– Da... Pot să mă duc să mă joc cu Lego acum?

Evelyn, care amesteca fericită toate culorile de Play-Doh, pe care le găsise într-o minge de un gri tulbure, nici măcar nu și-a ridicat privirea.

– Sunteți amândoi bine? Este normal să vă simțiți triști și să plângeți... am început eu, total speriată de lipsa lor

Obosită și testată

de reacție, în timp ce confecționam un crucifix din sârmă plușată.

Hristos te ajută! Jack, care m-a privit ca și cum aș fi fost o prostănacă, a spus (destul de respectuos):

– Dar ea este în Rai acum...

– Cu porumbeii! a intervenit Evelyn.

– Așa că o vom vedea când vom ajunge acolo! a concluzionat Jack.

Și asta a fost tot. A plecat să-și construiască altarul satanic din Lego. Fără lacrimi, fără ore de interogatoriu. Nimic. Evident, acest lucru m-a aruncat într-o spirală descendentă de panică parentală. Fumul ieșea din tastatura calculatorului meu cu viteza cu care căutam pe Google „semne de avertizare timpurie a psihopaților". De asemenea, dacă mi s-ar fi întâmplat ceva și Steve ar fi trebuit să le spună că am murit, ar fi fost de genul: „Super, e acolo sus și-și face treaba ca doamna pasăre din «Singur acasă 2». Ce avem la masă?" NIMIC, PENTRU CĂ MAMI E MOARTĂ ȘI TATI ÎNCĂ NU ȘTIE CUM SĂ DEA DRUMUL LA CUPTOR!

De atunci, am vorbit cu câteva persoane care au avut parte de reacții similare din partea copiilor, în situația unui deces, și se pare că este vorba doar de modul în care creierul lor procesează lucrurile – foarte diferit de modul în care un adult percepe un eveniment atât de dramatic. Pentru ei, moartea nu este permanentă – dată fiind noțiunea vitală de Rai prezentată de părinți – așa că de ce ar trebui să fie supărați? Mintea lor este încă plină de magie și de minuni – pentru ei, nimic nu este imposibil, nici măcar dacă cineva se reîntoarce la viață. Deși i-am explicat de mai multe ori că Gigi nu mai este, Evelyn continua să ne întrebe când ne va vizita din ceruri sau dacă o vom vedea de Crăciun și ce cadou ne va aduce, dar și ce vârstă va avea la următoarea ei aniversare. Jack, de asemenea, arunca ocazional în conversație afirmații aleatorii și foarte concrete legate de moarte; de exemplu, la telefon cu mama lui Steve, ar fi spus: „Bună! Mama ta a murit!" Sau unor persoane total străine, inclusiv doamnei de la McDonald's Drive-Thru: „GiGi a mea a murit!" Nasol moment. „Păi, vrem niște McNuggets și o porție de scuze, vă rog!" Chiar dacă inițial nu au reacționat la știrea tristă, puteai să spui că amândoi se gândeau la acest lucru în mintea lor mică, încercând să găsească un sens. Abia câteva luni mai târziu, după un eșec de proporții epice, venit din partea mea, amândoi au căpătat o claritate suplimentară și oarecum nedorită în această privință. Aceasta este o lecție despre cum să NU explici procesul morții copiilor mici. Există un motiv foarte bun pentru care cartea de față nu este un manual de parenting, ci, mai degrabă, o culegere de gafe care te vor face să te simți un pic mai bine, cu privire la propriile abilități...

Ține-te bine, e destul de rău... Așadar, cursul de balet al lui Evelyn se ține într-o sală de biserică, iar pentru a ajunge acolo trebuie să trecem prin cimitir. Întârziasem cu zece minute (tipic), când Jack a decis că ar fi un moment bun să mă întrebe pentru ce sunt toate dreptunghiurile din pământ. În graba momentului și din cauza stresului, întrebarea a primit un răspuns cam neserios.

– Păi, sunt locul unde te duci atunci când mori!

Ei bine... groază absolută, pentru că acolo stătea Jack, la fel de încremenit ca oamenii aflați la doi metri sub pământ.

– DAR AI SPUS CĂ MERGEM ÎN RAI, ATUNCI CÂND MURIM!

Ups!

– Stai puțin, a reflectat el. Te bagi acolo ca să mori?

– Nu, dacă nu vrei să fii îngropat de viu!

O glumă foarte, foarte neinspirată. Nu era deloc momentul pentru glume.

– POȚI SĂ FII ÎNGROPAT DE VIU?

În acel moment, mi-am dat seama că va fi foarte dificil: a. să repar acest lucru; b. să îi fac să doarmă în următorii șase ani și c. să explic unui ofițer de poliție de ce doi copii mici care plângeau erau târâți printr-un cimitir, la ora 18, într-o zi întunecată de iarnă. În încercarea de a îndrepta situația, a existat o acțiune greșită, explicând că nu mori de fapt în mormânt, doar dacă ești foarte ghinionist, ci mai întâi în altă parte, cum ar fi un spital, casa ta sau chiar o mașină!

– O MAȘINĂ?! Nu vreau să mor în mașina noastră, mamă! O să se întâmple acum, în drum spre casă de la balet?

Puțin probabil. Am fi stat exact în același loc timp de 56 de ani, eu răspunzând greșit la întrebări, iar el refuzând în continuare, în mod categoric, să se urce în mașina morții.

– Dar, mamă, de ce au nevoie oamenii de morminte dacă se duc în Rai?

O întrebare corectă, dar pentru care nu aveam un răspuns, iar în timp ce încercam (și eșuam) să găsesc ceva care să nu fie traumatizant, ne-am aventurat, fără să vrem, pe un drum și mai confuz.

– Ei bine... Trupul tău rămâne aici, dar sufletul tău merge în Rai.

Da... Am pus niște dinamită în cutia întrebărilor (echivalentul cutiei Pandorei) și am deschis-o.

– Ce este un suflet?

Acum, poate că ar fi putut să fie descris ca fiind esența necorporală și nemuritoare a ființelor vii... un psihic care include conștiința, rațiunea, memoria, percepția și sentimentele. Eu, evident, am optat pentru o versiune mai simplificată:

– Este doar ceva care trăiește în interiorul tău!

– CA VIERMII?

– Păi, nu... nu viermi. Nu trăiește în fundul tău, ci în capul tău...

– CE?

În acel moment, Jack a fost cuprins de groază.

– CORPUL TĂU RĂMÂNE PE PĂMÂNT, DAR CAPUL TĂU MERGE ÎN CERURI?

La naiba!

– NU!!! Nu. Nu ești decapitat... E doar un tip de cafea care nu te ține treaz. Este... E... Este mai mult un gaz care se eliberează când mori și care apoi plutește în ceruri.

Copilul s-a uitat ciudat la mine, cu ochii aceia mari și albaștri, mari și nedumeriți, apoi mi-a șoptit...

– Ca un vânt?

– Da... am răspuns eu. Corpul tău rămâne pe pământ, dar vânturile tale se duc în cer. SĂ MERGEM!

În cele din urmă, a venit timpul să ne mutăm cu toții într-un loc mai bun... Nando's[136]. Baletul se terminase de câteva ore. Cu stomacurile pline de pui morți („Mami, din ce sunt făcute șnițelele?"), ne-am îndreptat spre casă – Evelyn plângând în hohote, la noua informație că mân-

---

136 Restaurant cu specific portughez.

căm animale pufoase şi, de asemenea, pentru că voia ca vânturile ei să rămână pe pământ, cu mami şi cu tati. Conducând înapoi spre casă, Jack a avut o ultimă întrebare despre despărţire...

– Mami, putem să vedem mormântul lui Gigi?

– Nu, dragă, a fost incinerată! i-am răspuns, fără să implic nici măcar o singură celulă a creierului.

Imediat ce aceste cuvinte mi-au ieşit din gură, mâna crudă a destinului s-a abătut asupra mea.

– INCINERATĂ? CE ÎNSEAMNĂ ASTA?

Te bagă într-un cuptor mare, apoi îţi dă foc până când tot ce rămâne din tine este nişte praf şi cenuşă. Vise plăcute!

Genunchi juliţi, îmbrăţişări, iubire nesfârşită, vărsături, poveşti înainte de culcare şi faptul că ştiu cum se porneşte grătarul – sunt un câştigător de nota 10, medaliat cu aur, în materie de educaţie parentală. Însă a răspunde la întrebările mai complicate ale vieţii – după cum am stabilit – nu este punctul meu forte. Aşa că se poate lesne imagina cum a decurs următoarea conversaţie.

– Mami, de unde vin copiii?

– Păi, de unde crezi că vin bebeluşii?

– Nu ştiu... Să o întrebăm pe Siri?!

– NU!!!

Da – copiii. O altă curiozitate comună pentru copii, mai ales pentru cei mai mari, cu atât mai mult, după ce li se dă vestea că urmează să li se livreze nişte fraţi. Atunci când sunt chestionaţi pe această temă, cei mai mulţi părinţi sensibili fie încearcă o diversiune, fie se îndreaptă spre o serie de minciuni bine repetate. „Barza", „petrecerea de Crăciun de la serviciu..." sunt exemple.

Viața nu este niciodată ușoară și mă simțeam vinovată de faptul că mai adăugam încă o minciună la lista în continuă expansiune ce conținea „cine este Moș Crăciun", „de unde vine Iepurașul de Paște" și „ce sunt tampoanele" („Ce este ața aia, mami?"). Iată cum am răspuns:

– Acum, lăsați-mă să vă spun ceva despre păsări și albine! (Nu e deloc așa cum sună, ceea ce ar fi un coșmar logistic Kama Sutra...) Păsările nu se agață de albine! Ceea ce ar explica de ce nu vedem pescăruși cu dungi care bombardează în picaj oamenii pentru cartofi prăjiți și apoi își fac nevoile pe toate mașinile. (Renunțând la polenizare și optând în schimb pentru o analogie cu agricultura, m-am gândit că metaforele relativ inocente de plantare a „semințelor" ar putea fi un teren mai ușor.) Tăticii au semințe (destul de corect) pe care le plantează apoi în mămici (trecând cu vederea aratul) și apoi crește un copil!

Fiul meu, care nu era curios și era destul de credul, a fost în totalitate de acord cu această explicație – nu a avut nicio întrebare pe această temă. Însă fiica mea, foarte suspicioasă și curioasă, nu a înghițit povestea. Avea nevoie să cunoască, la propriu, toate dedesubturile procesului de însămânțare.

– Dar cum ajunge sămânța în tine, mami? Tata ți-o pune în gură și apoi o înghiți?

Da, tati dorește... Fără să știu, în momentul explicației, că la școală văzuse fasole încolțită (deci cunoștea câteva dintre elementele de bază necesare pentru o încolțire reușită), era foarte încântată de perspectiva ca tati să se murdărească pe mâini în grădina mamei.

– Trebuie să îți mențină pământul îngrijit și umed! a ciripit ea.

Absolut îngrozitor. Schimbând tactica, înainte de a intra în joc cuvântul „umed", am optat în schimb pentru lucrul preferat al oricărui copil... Magia! Există un lucru care, din păcate, le place copiilor mai mult decât magia, și anume să pună întrebări despre magie. „A scos tati bagheta?" „A spus cuvântul magic?" „A avut un asistent?" „Prietenii lui, Ron și Hermione, au apărut și ei și s-au alăturat?" „A trebuit să meargă la o școală specială?" „Ați mers cu un tren special?" „POȚI SĂ VORBEȘTI CU ȘERPII?!" Îndepărtându-se rapid de subiect, a fost explorată explicația ceva mai ambiguă a unei „îmbrățișări speciale"...

– Ca îmbrățișările speciale pe care i le oferim bunicului?

– Nuuu! Categoric nu.

– Cum ia tati câinele în brațe?

Oh, Doamne Dumnezeule, mami speră că nu – deși tati are o slăbiciune pentru câine...

– Este mai mult un sărut special! am încercat eu să fac diferența.

– Tu și tati ați făcut un copil în bucătărie mai devreme?

Din nou, tati își dorește...

Cu copiii mai confuzi ca oricând, iar eu îngrozită că ar putea merge la școală și să le spună profesorilor că și-au văzut părinții făcând sex în bucătărie, printre cereale, a venit timpul să apelăm la ajutorul resurselor externe – sub forma unor cărți cu ilustrații. Ei bine, ce deschizătoare de minți au fost acestea – pentru mine, desigur. Unele dintre ilustrații! Uimitor! De asemenea, m-au făcut să mă simt la fel de aventuroasă din punct de vedere sexual ca escaladarea unei stânci. Un desen prezenta oameni făcând treaba pe o minge săltăreață. Oare, cum funcționează asta, din punct de vedere logistic, fără ca cineva să ajungă la Urgență? Sunt pentru onestitate și transparență, dar copiii nu trebuie să știe toate detaliile. În cele din urmă, am ales o versiune fără ilustrații a adevărului... Bărbații au mormoloci magici care călătoresc în timp și spațiu și care se teleportează în burta unei femei, după ce aceasta i-a cerut să ducă gunoiul afară. Gata.

– Dar, mami, cum ies bebelușii?

– Păi, ies din burtici sau din mămici...

– Ah, deci pentru asta e șnurul?

Uite cum stă treaba – cursurile prenatale nu te echipează întotdeauna cu abilitățile necesare pentru a fi părinte în lumea reală. A fi părinte necesită uneori un echilibru constant, în încercarea de a proteja inocența copilului și a te asigura că cel mic este suficient de inteligent, pentru ca la 25 de ani să nu fie foarte suspicios față de broaște. Într-o lume ideală, i-aș ține mici, complet ignoranți și închiși în casa mea pentru totdeauna. Când vrei să devii părinte, nimeni nu-ți spune cum să te descurci cu toate lucrurile! Abia atunci când ești în mijlocul evenimentelor, țipând la copiii tăi să nu mai strige cuvântul „spermă" din toți plămânii în mijlocul magazinului Tesco, îți dai seama că este vorba în mare parte de încercări și erori. În cazul meu, de mai multe erori.

Sunt un părinte perfect? Nu. Sunt un părinte care, în majoritatea cazurilor, doar se descurcă? Sigur că da! Sunt un părinte care va plăti pentru terapie, pentru frica copiilor mei de creaturi amfibii, pentru următorii 15 ani –

absolut da! Poţi doar să-ţi dai silinţa, să faci ceea ce simţi că este corect la momentul respectiv şi, desigur, poţi să apelezi la Siri. Oh, în legătură cu tampoanele... Să nu le spuneţi NICIODATĂ că este UN ŞOARECE.

17

Ziua Mamei

Sunt convinsă că există un echivalent feminin al Zilei Tatălui... în care noi, femeile, primim buchete de flori, ne relaxăm cu picioarele în sus și, în sfârșit, dormim... Cred că se numește moarte.

Când vine vorba de Ziua Mamei, să nu ai niciun fel de așteptări, pentru ca apoi să fii plăcut surprinsă când ți se oferă o felicitare făcută în casă, încă umedă de la lipici, pe care copiii tăi au făcut-o cu cinci minute mai devreme, fiind obligați de jumătatea ta.

Este ca și cum ar fi o zi ca toate celelalte. O ALTĂ ZI DE RAHAT. Pregătește-ți mintal răzbunarea și mergi mai departe.

18

Clubul „Pierderea controlului"

Îți amintești de perioada tinereții, când vacanțele erau călătorii fără griji, cu risc de infecții, cu transmitere sexuală, pentru cei între 18 și 30 de ani, pe insulele grecești? Când zilele constau în adorarea Soarelui, consumul de Margarita și dormitul în jurul piscinei ore în șir, apoi trezirea cu arsuri de gradul trei și cu aspect de copănel prăjit? Serile – oh, toate erau despre cum să te aranjezi și să faci alegeri proaste în viață, nu-i așa? Să bei cocktailuri, să vomiți cocktailuri, să dansezi până în zori, apoi să te trezești la prânz și să o iei de la capăt.
Ah, vremurile bune de odinioară!

Dar, hei, viața este puțin diferită acum și călătoriile în țări străine cu copii mici sunt, de asemenea, distractive... ACEST LUCRU NU A FOST SPUS DE NICIUN PĂRINTE, NICIODATĂ. În ciuda acestui fapt, milioane dintre noi, părinți excesiv de optimiști, alegem de bunăvoie să ne

eliberăm de rutina zilnică şi să facem pelerinajul perfid
pe vreme caldă, în străinătate, pentru vacanţa noastră
anuală în iad.

Pregătirea pentru spectacolul de rahat al verii începe de fapt cu un an înainte de a pune picioarele în şlapi sau pe nisipul arzător. Da, căutarea vacanţei „perfecte" de familie este la fel de lungă, pe cât este de obositoare, pentru că atunci când sunt şi copii nu este la fel de uşor ca şi cum ai rezerva un apartament de trei stele în Kavos[137]. Nu, există o listă foarte strictă de cerinţe care trebuie îndeplinite pentru plăcere/suportabilitate. De exemplu, este potrivit pentru copii? Au lăsat 25.000 de persoane nevrotice un calificativ de minimum patru stele pe TripAdvisor? Există o corabie de pirat lipicioasă şi de prost gust, care trebuie neapărat amplasată într-o piscină plină cu urină? Şi cel mai important... există un club care să primească copii cu vârsta de peste trei ani? Asta, prietene, reprezintă o schimbare ABSOLUTĂ a jocului – trifoiul cu patru foi al hotelurilor. Foarte rar de găsit şi eşti super norocos dacă reuşeşti să intri. De asemenea, fără greşeală, în fiecare an, tot vrei să fii la o distanţă rezonabilă de mers pe jos de baruri şi restaurante... Totuşi, de ce? Unde crezi că te duci? Să te distrezi? Dumnezeu iubeşte oamenii perseverenţi – mergi mai departe şi bucură-te de un pic de „nu pot să dorm"... dar vei fi în camera de hotel la 4 dimineaţa, cu copii mici plângând, agăţaţi de gâtul tău, pentru că patul/perna/mirosul/apa/aerul este diferit/ă. Un lucru care devine evident în legătură cu vacanţele în calitate de părinte, este că acestea nu mai sunt despre

---

137 Staţiune din insula Corfu, Grecia, în care predomină tineretul.

Sophie McCartney

tine – sunt despre copii şi despre crearea de amintiri preţioase… strigând la ei în mod repetat pentru că dau cu pistolul cu apă în bătrâni, în piscină. „DACĂ MAI FACEŢI ASTA O SINGURĂ DATĂ, VĂ IAU ARMELE!" O ameninţare complet inutilă, iar ei ştiu asta, pentru că fără chestiile alea nu ar exista nici vacanţă pentru specia părintească. Singura opţiune pentru tine este să nu dai curs pedepsei, să te retragi pe şezlongul tău şi să bei o Pina Colada, în timp ce asculţi ţipetele pensionarilor parţial înecaţi şi orbiţi de clor. Durează atât de mult să decizi ce complex supraevaluat şi plin de copii sălbatici să vizitezi, încât, în momentul în care ajungi să faci o rezervare, nu mai este nimic disponibil – forţându-te să alegi o vacanţă care îndeplineşte doar 10% din cerinţele tale, dar, în acel moment, gândul de a fi la căldură şi de a mânca Jamon Ruffles[138] blochează orice judecată raţională.

Pentru începătorii în materie de vacanţe în familie, îmi permit să dau un sfat nepreţuit aici… Nu le spuneţi NICIODATĂ copiilor că plecaţi în străinătate până în dimineaţa în care se întâmplă cu adevărat – sănătatea voastră mintală şi timpanele îmi vor mulţumi mai târziu.

– Mami, câte zile mai sunt până plecăm în vacanţă?

– 236, dragă…

Acelaşi număr de zile ca în această dimineaţă, cât şi la intervale de trei minute după acest răspuns. Este destul de ciudat că au o vagă conştientizare a momentului în care cad Crăciunul şi Paştele – nu trebuie băgate în aceeaşi oală şi vacanţele.

După ce ai parcurs cu durere numărătoarea inversă a vacanţelor, care va părea mai aproape de 782 de zile

_____

138 Chipsuri cu şuncă.

în urma bombardamentului constant de întrebări, poți începe să împachetezi... fiecare articol de îmbrăcăminte pe care l-ai cumpărat vreodată copiilor, în bagaje de 20 de kilograme fiecare. De câte tricouri ar putea să aibă nevoie copilul tău mic și bălos? Cine naiba știe? Nici măcar femeia, mitul, legenda Carol Vorderman nu ar putea face acest calcul. „Voi lua trei de pe raftul de sus și 47 de pe raftul de jos, te rog, Carol... apoi aruncă restul în caz de murdărire cu fluide corporale." Și scutecele? Câte scutece? Oare 18 pe zi timp de două săptămâni vor fi suficiente? Este un fapt cunoscut că oamenii buni din Grecia, Spania, Portugalia, Turcia etc. nu au scutece, așa că ce te vei face dacă rămâi fără ele? Pentru numele lui Dumnezeu, ce vei face?! După ce ai băgat înăuntru și câteva saltele gonflabile și suficiente lopeți pentru a săpa un al doilea tunel al Canalului Mânecii, nu mai ai loc pentru haine, ceea ce înseamnă că va trebui să înghesui tot în bagajul de mână (de zece kilograme) rezervat pentru gustările din avion. Atunci ai de ales între niște sandale cu bretele sau cei 500 de Bear YoYo[139] despre care știi că vor preveni un incident internațional la 10.000 de metri în aer. Conștientizează faptul că, timp de două săptămâni, vei umbla numai în șlapi pentru că, în mod realist, singura scenă nocturnă la care vei lua parte va fi cea de la minidisco – dansând twerking[140] în fața unui reprezentant danez în costum de tigru. Serios, lista de prostii pe care trebuie să le iei este nesfârșită: Calpol, termometre, saci de dormit pentru bebeluși, scaune de mașină, scutece pentru înot, loțiune cu fiecare factor de protecție solară și o cutie de Sudocrem expira-

---

139 Rulouri din fructe, care au fost deshidratate în cuptor, la foc lent.
140 Dans provocator, cu mișcări pelviene senzuale.

tă, în caz de eritem fesier. Ai visat vreodată că încerci să umpli o valiză, avionul decolează peste puțin timp, iar tu nu termini de împachetat? Bine ai venit în minunata lume a parentingului!

Ești gata pentru un alt test de rezistență? Combină copiii prea entuziasmați cu mulțimile aglomerate, un termen-limită foarte precis, cozi interminabile și oameni extrem de puțin răbdători și țipători care te verifică pentru bombe. Bună ziua, aeroport! Nu vei mai avea niciodată o așa tensiune arterială! Într-una dintre cele mai recente călătorii ale noastre în străinătate, ritmul meu cardiac a fost atât de ridicat, încât și Siri s-a alarmat: „Sophie, ai nevoie de asistență medicală?" Da, da, am nevoie... dar și de cineva care să împingă căruciorul prin scanerul cu raze X. Frica de acest moment este reală și întotdeauna accentuată de o coadă de 1.000 de călători foarte iritați din spatele tău, împreună cu un agent de securitate sever care este pe cale să facă o criză de nervi cu următoarea persoană care a lăsat din greșeală lichide în bagajul de mână. „Este din 2006, idioților!"

Cu căruciorul la fel de distrus ca și moralul tău de vacanță, treci la cel mai puțin amuzant joc inventat vreodată – „gustă mâncarea rece pentru copii pentru a dovedi că nu este un exploziv". Pregătește-te să arăți foarte ciudat în timpul acestei „probe de degustător", pentru că nu ești de acord să înghițiți piureul rece de cartofi dulci/ceea ce nu era în sertarul cu legume. Copilul tău îl poate mânca, dar tu nu ai de gând să bagi acel terci în gură. În timp ce vei fi percheziționat din cauza unui pistol Minions, pe care cineva ți l-a strecurat în bagajul de mână, copiii neînsoțiți vor fi trecut cu viteză prin detectoarele de metale și vor

Obosită și testată

încerca să se îmbarce într-un zbor care nu este al vostru. Distanța pe care micile copii ale lui Kevin McCallister vor fi reușit să o parcurgă va depinde în mare măsură de faptul dacă i-ai ajutat sau nu să scape cu un vehicul. Ah, Trunki[141], nu-i așa? Pe un raft în garaj, adunând praf. Dacă te-ai decis să iei așa ceva la aeroport, ești cel mai stupid părinte. Ceea ce nu au arătat la „Dragons' Den"[142] au fost copii scăpați de sub control care au intrat în oameni cu 80 km/h, în timp ce părinții urlau scuze din spate. Oh, ajutor, oh, nu... E un... Gruffalo[143] pe roți!

După ce le spui copiilor tăi că pilotul nu-i va lăsa să urce decât dacă au făcut pipi și după ce îți riști viața și integritatea fizică transportând un cărucior, două Trunki și copiii pe scări, poți în sfârșit să urci în avion... dar nu înainte ca tu și partenerul tău să vă certați din nou la capătul scărilor, despre cum să strângeți căruciorul. Cu vehiculul spart în mai multe locuri și semănând cu o lăcustă uriașă strivită care sângerează un râu de suc de mere pe culoar, vă puteți căuta locurile... împrăștiate la întâmplare prin tot avionul. Bineînțeles că sunt împrăștiate. Dintr-un motiv necunoscut, compania aeriană a decis să-ți așeze copilul mic în partea din spate a avionului, lângă un cuplu de adolescenți care urmează să primească o lecție de viață dură despre importanța contracepției. În sfârșit, se aprinde semnul pentru centura de siguranță și este timpul pentru decolare. Ura! Relaxează-te și intră ușor în spiritul

---

141 Valize special create pentru cei mici, care seamănă cu diferite personaje din cărți.

142 Reality-show britanic, în care antreprenorii își prezintă ideile de afaceri în fața a cinci multimilionari dornici de aventură, cu scopul de a fi finanțați de aceștia.

143 Personaj creat de Julia Donaldson.

Sophie McCartney

sărbătorilor... GIN. Este ora 8:45 şi te afli într-un zbor du-
reros de patru ore spre Grecia cu „Plânge-Air". Dar e în re-
gulă... E în regulă! A fost alegerea ta să devii mamă şi nu
ai vrea să fie altfel, explicându-le în mod repetat copiilor,
care au stat treji cinci ore, importanţa faptului că mese-
le trebuie să rămână în poziţie verticală pentru decolare.
„De ce? În caz că avionul derapează, să nu ne spargem
cu toţii capetele de ele, înainte de a muri încet în flăcări.
Vrea cineva prăjitură cu orez?" După ce ai întârziat 45 de
minute şi nu ai putut să mergi la toaletă sau pentru a lua
câteva gustări, iată-te! Toată lumea este în sfârşit fericită...
doar pentru cinci minute, până când noutatea de a fi în
avion dispare şi copiii ţipă, ca şi cum ar fi fost aruncaţi
în beţia de sâmbătă-seara. Braţele sunt pe sus, prin aer,
un cap s-a lovit de măsuţă – „VEZI! Sunt periculoşi!" – şi
au fost foarte supăraţi de faptul că nu au voie să piloteze
avionul (complet absurd). Dar sunt şi câteva veşti bune: ai
rămas fără biscuiţi, iPad-ul este mort şi mai sunt trei ore
până la destinaţie. Undeva, deasupra Franţei, îi ameninţi
că, dacă nu se potolesc, pilotul va întoarce avionul şi îi va
duce acasă. Nu funcţionează, aşa că ajungi să cheltuieşti
o avere pe cea mai mică cutie de Pringles din lume
pentru a-i linişti. Din experienţa mea personală, copiii par
să se bucure mai mult de ideea de transport decât de
realitate. „Uite, mami, un avion!" Pune-i într-unul şi e cu
totul altceva. În timp ce se agită spre ieşirea de urgenţă,
în mijlocul zborului, îţi dai seama cât de interschimbabil
este rolul tău de mamă cu cel de bodyguard al unui club
de noapte. Totuşi, sunt într-un fel cu ei, pentru că urăsc să
zbor cu avionul – pentru mine, urcarea în acest mijloc de
transport este ca o condamnare la moarte, iar fredonarea

Obosită şi testată

în mod repetat a melodiei de deschidere din „Peppa Pig",
în timp ce mă joc de-a spionajul cu un copil care îți spune
ce vede, înainte ca tu să ghicești, mi se pare un mod teri-
bil de a muri.

Cât avionul își face coborârea finală spre destinație,
există inevitabilele 20 de minute de plâns, pentru că „mă
dor urechile", minute care ar fi putut să fie evitate cu ușu-
rință dacă toate acadelele nu ar fi fost anihilate înainte
de a părăsi spațiul aerian britanic. În timp ce încerci cu
greu să explici/demonstrezi alte modalități de a-ți des-
funda urechile, un copil face pe el și îți dai seama că ai
uitat să împachetezi haine de rezervă. Chiloții se usucă
pe scaunul din față, copilul tău este îmbrăcat în singura
bluză frumoasă pe care ți-ai luat-o – îndesată în bagajul
de mână – dar mai este suficient timp pentru o dezbatere
îndelungată despre motivul pentru care jaluzelele de la
ferestre trebuie să fie ridicate la aterizare. După ce și-au
petrecut ultimele patru ore și 45 de minute dorindu-și cu
disperare să coboare din acel avion, dintr-odată, nimeni
nu vrea să părăsească acea cameră cilindrică a groazei,
plină de vânturi și firimituri, ceea ce te obligă să-i salți ca
la un. meci de rugby. Făcând acest lucru, încerci să nu
atragi privirile celorlalți pasageri care, pentru că ai fost tu,
au avut și ei parte de un zbor infernal. Ei bine, cel puțin
poți să ieși rapid din aeroport și să nu-i mai vezi nicioda-
tă. Numai puțin... Bineînțeles că bagajele voastre au fost
ultimele scoase din avion, căruciorul a dispărut, iar unul
dintre copii a dat cu fruntea în banda pentru bagaje și a
trebuit să fie îngrijit de medici.

O oră și jumătate mai târziu, când urcați în autocar,
sunteți întâmpinați de toate fețele fericite din avion. Mi-

nunat! Toți te urăsc și, ca să fim corecți, este de înțeles. Lucrurile nu puteau să fie mai rele, nu-i așa? Bineînțeles că puteau. Cazarea este la o oră de transfer de la aeroport, un lucru care, în momentul rezervării, nu părea a fi mare lucru, dar atunci când simți căldura urinei copilului tău curgând prin hainele tale, pe scaun și pe podeaua de dedesubt, îți dai seama că este. Chiar este. După ce ați petrecut cea mai mare parte a celor 50 de minute jucând ruleta rezervărilor (oprind la hoteluri cu aspect de rahat și rugându-vă să nu fie ale voastre), ajungeți în cele din urmă – înfierbântați, șifonați, loviți și mirosind a urină. Din fericire, ai ales un hotel foarte elegant care a avut amabilitatea de a oferi o flanelă, pe care, din nefericire pentru tine, cei mai mici membri ai familiei o folosesc pentru a-și șterge organele genitale.

În primele zile de vacanță, trebuie să te acomodezi ușor… la toate lucrurile care ar putea să-ți ucidă copilul. Plăcile alunecoase, marginile ascuțite, piscinele adânci, ușile de balcon ușor de deschis, strugurii cu sâmburi de la bufet și copiii răi care îi țin pe cei mici sub apă, ca parte a unui joc sadic de înec. Cu eticheta oficială „acea familie" pusă de ceilalți oaspeți, date fiind glasurile îngrozitoare ale copiilor tăi, dacă nu ai strigat „NU MAI ȚIPA!" din toți plămânii, nu ți-ai cerut scuze mai multor persoane, în numele lor, sau nu ai fost nevoită să numeri până la trei foarte încet la marginea piscinei, doar pentru ca copiii să te ignore, înseamnă că nu ești în vacanță.

Un lucru pe care probabil că nu l-ai apreciat niciodată cu adevărat, înainte de a avea copii, mai ales în vacanță, a fost capacitatea de a părăsi rapid o cameră. Ai luat micul dejun, ți-ai pus bikini pe tine și te hotărăști să pleci…

simplu ca bună ziua. Cartea, ochelarii de soare, telefonul, geanta, crema de soare – și gata. Adio! Acum, zece ani și doi copii mai târziu, ieșirea din camera de hotel/vilă/celulă de închisoare este, probabil, una dintre cele mai dificile experiențe din viața ta de adult. Nici măcar un singur copil nu încearcă vreun sentiment de urgență, în legătură cu faptul că afară sunt 30°C și că mama vrea să stea la soare ca o fajita[144] pe o plită încinsă. Nu, ei colorează, cer să se joace pe telefon, sunt captați de televizor sau au un scaun de o oră. Ești trează de șase ore și încă nu ai reușit să te apropii la mai puțin de un metru de un șezlong sau de o Pina Colada. Ești furioasă. De asemenea, o oră întreagă din acest proces a fost dedicată aplicării de cremă cu factor 50 pe participanții incredibil de reticenți. Vor să înoate, să se legene în corabia piraților, să alerge în jurul piscinei și să își spargă craniile. Și cum rămâne cu arsurile solare? Oh, asta nu se va întâmpla niciodată. Seamănă cu maioneza, miroase a șampon. Nu se poate. În ciuda unor discuții FOARTE amănunțite despre motivul pentru care este necesar – „Pentru că vei lua foc, dragă" – există un refuz total de a coopera. Mă hazardez aici – nu am încercat niciodată, dar probabil că e mai ușor să prinzi un pui și să-l ungi cât e încă în viață decât să aplici uniform loțiune pe cineva sub 18 ani.

La ora 12 PM (momentul perfect pentru combustia spontană), păsările de curte pe jumătate unse sunt la ușă, iar tu poți în sfârșit să te relaxezi pe acel șezlong... Super tare! S-au dus zilele în care puteai să stai nemișcată și să

---

144 Mâncare mexicană din carne de pui, vită sau creveți, ceapă și ardei gras, toate fiind preparate la grătar și servite în foi de tortilla, cu diferite sosuri.

Sophie McCartney

absorbi acele raze delicioase și extrem de periculoase. Nu, acum, viața constă (la intervale de aproximativ 46 de secunde) în a fi rugat să umfli aripioarele pentru înot, să aduci băuturi, să ștergi băuturile de pe podea, să găsești gustări, să aduni gustările de pe podea, să intri în piscină, să mergi să-l vezi pe danezul în costum de tigru și să-ți folosești toată capacitatea pulmonară pentru a umfla un unicorn gigantic plutitor. Totuși, cererea mea preferată este „Mami, trebuie să fac pipi!" care apare în mod normal la patru secunde după ce au fost scufundați complet într-o piscină, în ciuda faptului că au promis solemn că vor face pipi înainte de a intra în apă. După o luptă de 30 de minute într-un costum de baie ud, arunci înapoi în apă calamarul mutant, cu speranța fermă că vei petrece cel puțin zece minute de adorare a soarelui. Ha-ha! Fundul tău abia atinge șezlongul, înainte de a auzi: „Mami, trebuie să fac caca!" Dar trebuie să fii recunoscătoare că au spus, pentru că nu există o teamă mai mare pentru un părinte în zilele de vacanță decât rușinea de a avea copilul care a făcut treaba mare în piscină. Se declanșează sirenele, piscina este evacuată, ca și cum cineva ar fi eliberat o pungă de piranha, și nu mâncarea de la bufetul din seara precedentă, iar salvamarii cu fețe solemne trag la sorți pentru a vedea cine primește sarcina sinistră de a investiga locul. Cu o sită în mână, un adolescent traumatizat confirmă ceea ce părinții care stau în jurul piscinei și care se simt vinovați știu deja că este adevărat. ATENȚIE, COD MARO! Apare banda, piscina este izolată pentru a proteja locul crimei, iar părinții nemulțumiți înjură pe sub mustață, pentru că asta înseamnă că trebuie să se ducă la următoarea sursă de apă... plaja. Corectează-mă dacă greșesc, dar unul dintre principalele criterii privind alegerea locului (în afară de clubul copiilor) este apropierea unității de cazare de malul mării, adică groapa de nisip a Satanei. Și eu fac acest lucru... Dar hai să ne luăm un minut și să ne întrebăm DE CE?! De fapt, nimănui nu-i place. Totul face parte integrantă din crearea acelor amintiri prețioase, nu-i așa? Pentru ca peste 40 de ani să te poți uita cu drag la pozele de vacanță din Grecia și să te întrebi de ce ai luat două ouă scoțiene pe plajă. Pentru a te scuti, asta dacă nu e deja prea târziu, permite-mi să explic cum se va desfășura călătoria...

1. Se vorbește mult despre locul magic al castelelor de nisip, al scoicilor și al mucurilor de țigară, dar și despre bărbații în vârstă care poartă tanga.

2. Se trage de copii, care sunt disperați să rămână la hotel, pentru o plimbare de 40 de minute în căldura toridă a amiezei.

3. Cărucioarele și nisipul merg împreună ca rahatul într-o piscină.

4. Se scoate din cărucior copilul (căruia oricum îi este cald și, pe deasupra, mai și plânge), pentru a-l pune să meargă pe nisipul fierbinte (50°C).

5. Încearcă să raportezi totul la perioada de 40 de zile și 40 de nopți în care Iisus a postit în deșert. Au trecut doar patru minute.

6. 30 de euro pentru două șezlonguri?! Categoric, nu. Suntem britanici și ne vom întinde prosoapele pe nisipul fierbinte.

7. Un copil nu este de acord, exprimându-se clar, în timp ce încerci să-i schimbi scutecul, aruncând conținutul acestuia în nisip, forțându-te să acoperi totul cu piciorul.

8. Se aud atât de multe țipete, încât te gândești că a avut loc un atac de rechin. Zgomotul provine de la propriii copii, împroșcați cu nisip.

9. Gustările sunt scoase din geantă, apoi aruncate în nisip.

10. Plânsul continuă. Toată lumea are parte de cel mai minunat, special și memorabil moment.

11. Introduci copiii țipători în mare. Este rece, iar pe ei îi dor picioarele de la scoici. Fug de ea, se împiedică și cad.

12. Există ZERO posibilități de a face o poză, în care să apăreți cu toții fericiți.

13. Trebuie să aplici foarte multă cremă cu protecție solară pe hibridul copil-șmirghel. Procesul este similar cu pregătirea unei plinte pentru lustruire.

14. Copiii cad cu fața în nisip.

15. După 20 de minute, decideți să încheiați ziua. Vă întoarceți la hotel – repetând pașii 5, 4 și 3.

16. Le cumperi copiilor câte o înghețată, pentru a-i convinge să ia o pauză de la plâns și văitat. În schimb, le aruncă în nisip.

17. Ajungeți la piscină transpirați, cu pielea arzând, doar pentru a constata că o altă familie a ocupat șezlongurile pe care le doreați. E bine și pe iarbă, pișcați de furnici.

18. Le dai copiilor iPad-uri și îți comanzi diferite cocktailuri.

19. Toată lumea continuă să găsească nisip în diverse orificii timp de câteva săptămâni.

20. Acceptă viața așa cum e!

Singura idee mai rea decât o excursie pe plajă este o excursie cu barca. Orice ai face... DAR SĂ NU ÎȚI FACI ASTA! 70 de euro de căciulă pentru a petrece trei ore pe mare, toată lumea va vomita în pungi de hârtie/pe picioare, copiii vor plânge pentru că vor să se întoarcă acasă (în Anglia), iar cel mai aproape de a vedea un delfin va fi în „prânzul de lux", adică sendvișul cu ton. Rămâi pe marginea bărcii, ascultând un cor de „Pot să mă uit la ceva pe telefon?" și nu te miști. NU TREBUIE SĂ VĂ MIȘCAȚI!

Dacă ți se pare că zilele sunt dificile, serile sunt și ele o provocare. Nu ai timp să te aranjezi și să arăți elegant, pentru că asta ar însemna să sacrifici cocktailurile din jurul piscinei, în singurul moment al zilei în care pe copii nu îi mănâncă pielea de la Soare. În ciuda rezervării unei camere de familie, nu există nici măcar o cadă, așa că este nevoie de două ore pentru a băga copiii acoperiți de înghețată, lipicioși și plini de nisip într-o cabină de duș. Au putut să suporte să-și petreacă întreaga zi stropindu-se unul pe altul în piscină, dar apa curată este INACCEPTABILĂ pentru ei. Înainte ca vecinii tăi să aibă ocazia să sune la recepție și să se plângă de zgomot, tu ai ieșit pe ușă – cu părul ud, arsuri solare și 25 de cărți de colorat, gata să vopsești bufetul cu... sos roșu pentru paste. Țin să menționez un aspect personal: înainte de a avea copii, NU eram o persoană „all-inclusive". Îmi plăceau plimbările de seară prin oraș, admirând obiectivele turistice și culturale și hotărând pe îndelete în ce restaurant local sau tavernă să mănânc. În cazul în care copiii tăi sunt foarte mici și nu ai chef să dai 20 de euro pe mâncare, care va fi aruncată pe jos, all-inclusive este cu siguranță cea mai bună soluție. Copiii mei, în general, sunt mâncăcioși... până când pun piciorul pe pământ străin, moment în care consideră că orice cu valoare nutritivă conține arsenic.

– Este un morcov, dragă!

– Este ciudat!

– Nu e deloc ciudat, e doar un morcov. Același tip de morcov pe care îl mănânci acasă!

– E CIUDAT!!!

În ciuda faptului că cele mai multe dintre fructele și legumele pe care le consumă în țara lor provin din țara în care au venit în vacanță, singurele produse comestibile netoxice considerate sigure sunt pâinea, chipsurile, orezul, pastele (fără sos), pizza (cu sos), crochetele de pește date prin pesmet și clătitele – un grup de alimente cunoscute sub numele de „bombe calorice". Dacă și copiii tăi se încadrează în această tabără, nu trebuie să-ți faci griji! Mai mult ca sigur, nu se vor scufunda în piscină prea curând. Mâine-dimineață, părinții micuței Jemima nu vor mai fi la fel de încântați de faptul că fetița lor a mâncat spanac... După o cină relaxantă, în care te-ai ridicat în mod constant de la masă pentru a-i alimenta pe cei mici cu carbohidrați și te-ai bucurat doar de foarte puțină mâncare, în timp ce toți ceilalți ajunseseră la desert, este timpul pentru MINIDISCO – adică cel mai aproape de un moment gen Ibiza. Pregătește-te să-ți arăți formele pe melodii, ca „Superman", „Macarena" și „Veo Veo" (dacă nu o știi, te urăsc). Seara, părinții pot fi împărțiți în general în două tabere... cei care încearcă să mențină o rutină de somn copiilor și astfel se întorc în izolarea camerelor lor și cei care îi țin treji până târziu, hrănindu-i cu Sprite și iPad-uri. Într-un an, am încercat să fim primul tip de părinți, dar, după ce am petrecut o noapte închiși în baia camerei de hotel, bând cutii de San Miguel[145] peste bideu, pentru a nu-i trezi pe copii, am decis că există mai mult în viață decât să spargem o tinichea peste bideu, ceva ce oamenii folosesc pentru a-și spăla părțile intime. Am devenit oamenii ai căror copii sălbatici alergau până la ora 23, amețiți de zahăr. Totuși, nu veți fi singurii aflați în situația asta, iar după câteva zile, veți fi căutat în jurul piscinei niște prieteni de vacanță/prieteni de pahar care gândesc la fel ca voi. Camarazii britanici sunt, în general, ușor de localizat – vor fi singurele persoane care vor încerca să facă plajă într-o zi ploioasă. „Te poate prinde și printre nori!" Vei cunoaște că sunt ca tine dacă și ei își lasă copiii să mănânce un Magnum la ora 9:30, fără nicio emoție pe chip. În mod normal, bărbații se vor împrieteni mai întâi între ei, în timp ce se ascund de partenerele și de copiii lor la bar, toată ziua. Mămicile vor găsi un punct comun în a se arde pe spate în piscina pentru copii mici. Veți fi cei mai buni prieteni timp de două săptămâni... vorbind despre vremea de acasă, despre vremea de unde vă aflați și despre cât de mult vă veți distra cu toții când vă veți întâlni înapoi, în Marea Britanie. Nu îi veți mai revedea niciodată pe acei oameni.

În cazul în care nu a fost evident din materialul de mai sus, plecarea în vacanță cu copii mici NU este o vacanță. Repet, NU este o vacanță. Când vă veți întoarce, cu trei kilograme în plus, cu zece ani mai în vârstă și părinții mândri ai unor copii cu constipație severă, oamenii vă vor întreba: „V-ați relaxat?" SĂ NE RELAXĂM?! Doar nu ne-am întors dintr-o vacanță de lux la spa. Singurul lucru care s-a relaxat a fost sfincterul, după efectul laxativ al spălării pe

---

145 Bere spaniolă blondă, tare.

dinți cu apă străină de la robinet/ prea multe Pina Colada. Potențial, sunt puțin cam dură... La urma urmei, nimănui nu-i place o pesimistă incurabilă. Nu e chiar totul rău, sunt și câteva părți frumoase – doar că e o muncă al naibii de grea (deși nu la fel de grea ca în camping). În alertă maximă pentru loviri la cap, înec, pericol de înghițire a unor obiecte străine, ingestie de nisip și radiații solare care își iau tributul, dar cred că probabil subestimăm cât de multă plăcere au copiii noștri în a petrece timp de calitate departe de noi. Pentru ei, sunt doar zile întregi de distracție nesfârșită – o oportunitate de a interacționa cu noi, atunci când nu le spunem în mod constant: „Imediat!" Pentru o schimbare, chiar avem un minut la dispoziție. De fapt, avem minute nesfârșite, deoarece vacanțele sunt o șansă rară de a pune viața normală în așteptare și de a aprecia cu adevărat cât de bine s-au perfecționat la înot, cât de repede pot alerga, cât de complicate sunt micile lor desene în care apar colăceii și ridurile mamei. Computerele noastre sunt împachetate, birourile de afară sunt asamblate și toată energia noastră este îndreptată spre ei. Fie că sunt aruncați în piscină, fie că înalță un castel de nisip, fie că stau treji până târziu, în noapte, fie că le permitem să mănânce două înghețate într-o singură zi – ei trăiesc cu adevărat și, la sfârșitul zilei, nu asta este tot ce contează? Fețe fericite și sărutate de soare, chicoteli nesfârșite și amintiri care vor dura o viață întreagă... Este suficient, deoarece va fi greu să obțineți o fotografie... Este știut faptul că în vacanță toți copiii își pierd abilitatea de a sta nemișcați, de a se uita la un aparat foto cu ambii ochi în același timp sau de a zâmbi într-un mod care nu i-ar califica pentru Campionatul Mondial de Strâmbături.

Obosită și testată

Când ajungi în cele din urmă acasă, dacă nu ai rostit cuvintele: „Am nevoie de o vacanță pentru a trece peste vacanță", atunci, sincer, nu ai făcut-o cum trebuie.

19

Mama lui Jack

*Unul dintre cele mai neașteptate rezultate ale călăto-
riei de la 20 de ani și de pe ringul de dans, la 30 de ani și
cu planșeul pelvian slăbit îl reprezintă realizarea faptului
că, după ce te-ai târât, în cele din urmă, în mod dureros,
spre vârsta adultă, te-ai pierdut complet pe drum. Viața
ta este total de nerecunoscut, față de cum era înainte și
nu mai există cale de întoarcere. Blocată într-un sistem
IKEA cu sens unic, fredonând melodii ale programelor tv
pentru copii și arătând în mod obișnuit spre rațe, pisici și
trenuri, chiar și atunci când nu ești însoțită de vreun copil,
te întrebi CE S-A ÎNTÂMPLAT CU VIAȚA TA?*

*Totuși, iată cum stau lucrurile – uneori, înainte de a fi
salvată, trebuie să te îndepărtezi un pic.*

Pierderea identității a reprezentat o problemă cu care
m-am confruntat cu adevărat. Cine eram? La ce mă pri-
cepeam? În afară de a face în ultimul moment costume
pentru Ziua Mondială a Cărții și de a ascunde legume în
mâncarea copiilor suspicioși din punct de vedere nutriți-
onal? Era suficient pentru mine să fiu o mamă cu normă
întreagă? După copii, totul s-a schimbat – mintea, corpul,

viața socială, finanțele și chiar și căsnicia. În primele zile, atât de cufundată în ghearele de neclintit ale maternității, au fost momente în care i-am permis să mă devoreze complet – până în punctul în care am simțit că nu mai rămăsese niciun fragment din fostul meu eu. Când mă priveam în oglindă, nu prea mai recunoșteam persoana care mă privea – cearcăne, părul subțiat, sânii lăsați și părți cicatrizate nerectificabile. Niciodată nu simțeam că am avut timp pentru mine în intervalul de la 7 dimineața la 7 seara, la sfârșitul zilei, mă agățam de liniștea casei și de mintea mea, stând trează până la ivirea zorilor, în încercarea de a recăpăta o formă de control asupra propriei persoane. O combinație de epuizare, faptul că eram în permanență pipăită de mânuțe pretențioase și un sentiment de disconfort în noul meu corp făcea ravagii – în special, asupra libidoului meu, care era mai interesat de perspectiva unei aruncări în gol decât de o partidă bună de sex. Îmi doream, mai mult ca orice, să existe un comutator care să poată fi apăsat pentru a mă simți din nou „normală".

Înainte de această etapă a vieții mele, nu avusesem niciodată probleme cu stima de sine, dar asta probabil pentru că nu eram în permanență urmărită de niște copii care observau totul fără să vrea și care aveau o viziune despre lume, de genul „spune ce vezi". „Mami, fundul meu este mult mai drăguț decât al tău!" Dur, dar corect. Drăguț nu este – cu siguranță, este mai puțin o creatură de pădure cu ochii mari și mai mult un urs feroce și cu blana încâlcită. Unul căruia nu-i place să fie înțepat.

– Mami, ce sunt toate acele linii de pe fața ta?

– Linii de râs...

– Ce sunt toate acele suluri de pe burta ta?

– Linii de grăsime...

De asemenea, zilele de naștere sunt amuzante atunci când copiilor tăi le place să îți amintească în mod inovator cât de aproape ești de moarte: „Mami, ești atât de bătrână acum! O să mori în curând?" Jack este foarte confuz cu privire la motivul pentru care adulții nu organizează petreceri de ziua lor de naștere, așa cum fac copiii, chiar întrebându-mă într-un an:

– Este din cauză că nu ai prieteni?

Fiind o persoană cu adevărat retrasă din punct de vedere social, partea mea defensivă a ieșit imediat la iveală.

– Ba am o mulțime de prieteni... mama lui Ralphie, mama lui Alex, mama Elizabethei...

– De ce toți prietenii tăi sunt mămicile prietenilor mei?

– PENTRU CĂ TU EȘTI TOATĂ VIAȚA MEA!

Când Jack a început școala, pe terenul de joacă mă întâlneam cu mămici cu care vorbeam, dar nu am avut cunoștință de numele lor timp de doi ani; nici ele nu-mi știau numele – ele erau pur și simplu „mama lui Abbie" sau „mama lui Bobby", iar eu eram doar „mama lui Jack". Eram entități fără nume, plutind prin viață și prin locul de joacă cu singurul scop: acela de a ne trimite copiii la petrecerile aniversare și la activitățile de după școală, menținându-i în viață prin intermediul gustărilor. Apoi mai erau și dățile în care eram chemați de un profesor pentru temuta „discuție" față în față: „Mama lui Jack! Putem vorbi puțin, vă rog?" Atunci îmi venea să strig: „Sunt Sophie! Băutura mea preferată era VK Apple, am făcut tubing[146] în Laos, am încercat iarbă și m-am simțit foarte inconfortabil la un

---

146 Activitate recreațională, în care participantul folosește un colac pentru a aluneca pe apă, pe zăpadă.

spectacol sexual în Amsterdam!" Încă mai țin în agenda telefonului unele dintre cele mai apropiate prietene ale mamei mele din perioada când eram la școală: ele apar ca „Sam – Betsy" sau „Rhian – Finn", actualizate cu numele lor reale, dar încă incapabile să se scuture și de identitățile copiilor lor. De ce o facem? La fel ca Pinocchio, în adâncul sufletului nostru, tot ceea ce ne dorim sunt oameni adevărați. Copiii noștri, deși reprezintă o parte foarte mare din noi, nu ne definesc. Suntem entități separate, cu aspirații și ambiții foarte diferite – ei aspiră să fie fotbaliști sau artiști, iar noi ne dorim un somn de 12 ore și iubirea lor veșnică.

După sosirea lui Evelyn, am decis să renunț de tot la muncă. Din punct de vedere financiar, nu avea sens să le am pe amândouă, în timp ce făceam naveta la un loc de muncă pe care îl disprețuiam și care îmi lăsa un profit de 100 de lire sterline la sfârșitul lunii. Deși eram încântată să văd în sfârșit finalul carierei mele de PR și să petrec mai mult timp cu copiii, o parte din mine se lupta cu ideea de a fi o mamă casnică cu normă întreagă. Întrucât munca lui Steve este considerată mult mai interesantă decât cea de șters la fund, ori de câte ori întâlneam oameni noi, toți voiau să afle amănunte despre munca lui, dar, în mod ciudat, nu și despre a mea. Când trebuia să le explic cariera pe care mi-am ales-o, le spuneam în liniște că sunt „doar o mamă". Haideți să ne luăm cu toții puțin timp pentru a aprecia la adevărata valoare acest deserviciu pe care tocmai mi l-am făcut... „Doar o mamă!" Hmmm... OK. Nu este cea mai grea meserie din lume? De acord, oamenii lucrează în mine, zboară în spațiu, creează nanoroboți care salvează vieți, operează bebeluși și îi învață pe pre-școlari – dar sunt plătiți pentru asta! Dacă maternitatea, care este responsabilă pentru continuarea speciei uma-ne, ar da anunț în ziarul local – ținând cont de următoarea descriere – câți oameni ar aplica pentru job?

Titlul postului: Părinte/purtător de gustări

Raportează către: O echipă de descendenți ai lui Gollum[147], extrem de nerezonabili, incredibil de exigenți și cu un auz selectiv.

Prezentare generală a postului: Responsabil cu hrănirea, îmbăierea, ștergerea fundului, îmbrăcarea, edu-carea, distracția, vindecarea, pregătirea pentru viață, dis-ciplinarea, apărarea și, în general, menținerea în viață a tuturor membrilor echipei sale.

Cerințe:

Solicitanții trebuie:

1. Să fie disponibili să lucreze 24/7, timp de 938.571 săptămâni (cel puțin!).
2. Să aibă o toleranță ridicată la fluidele corporale.
3. Să pună dorințele și nevoile celorlalți înaintea pro-priilor nevoi, în orice moment.
4. Să fie dispuși să își împartă mâncarea cu întreaga echipă.
5. Să fie capabili să vindece o rană cu o îmbrățișare și un sărut.

---

147 Personaj fictiv, creat de scriitorul britanic Tolkien, care apare în *Hobbitul* și în *Stăpânul inelelor,* simbol al luptei dintre forțele binelui și ale răului.

6. Să fie bucuroși să facă ture de zi și de noapte, con-
secutiv.
7. Să aibă imunitate la răceli, virusuri și mahmureală
SAU trebuie să fie dispuși să-și îndeplinească în con-
tinuare sarcinile oficiale, în timp ce au grijă de ceilalți.
8. Să aducă... pantofi, gustări, șervețele, jucării din
plastic etc.
9. Să fie capabili să exprime un entuziasm fals la ce-
rere.
10. Să fie dispuși să-și sacrifice viața socială, identi-
tatea, vacanțele frumoase și curățenia mașinii.

Calificări: Zero

Salariu: Zero

Beneficii:
Plata vacanțelor – Nu
Zi liberă de ziua de naștere – Nu
Sistem de bonusuri – Cât de multe crochete de pește
mâncate pe jumătate se pot înghiți
Recompense – Iubire necondiționată, mizerie infinită
și urme de murdărie pe haine

AM TRECUT CU TOȚII PRIN NIȘTE RAHATURI SERI-
OASE PENTRU A OBȚINE FIINȚELE NOASTRE UMANE
IMPERFECT PERFECTE. MULȚI DINTRE NOI DOBÂNDIND
CICATRICI FIZICE ȘI MINTALE, ALȚII PIERZÂNDU-ȘI PĂ-
RUL, APETITUL SEXUAL ȘI CAPACITATEA DE A BEA MAI
MULT DE TREI PAHARE DE ALCOOL. SUNTEM HOTĂRÂȚI
SĂ STĂM TREJI PENTRU TOT RESTUL VIEȚII, FĂCÂN-

DU-NE GRIJI PENTRU EI – FERICIȚI SĂ NE SACRIFICĂM COMPLET PENTRU SĂNĂTATEA, FERICIREA ȘI OBSESIA PENTRU TOATE LUCRURILE CU HARRY POTTER. SUNTEM AL NAIBII DE INCREDIBILI! DOAR O MAMĂ? CE ZICI DE „DOAR UN NENOROCIT DE EROU"?!

Viața este o provocare, dar, ca mamă heterosexuală, albă și fără handicap, sunt conștientă de faptul că viața este mai ușoară pentru mine decât pentru mulți alții. Pe lângă rolul deja provocator al maternității, nu mă lupt în mod constant ca vocea copilului meu sau a mea să fie auzită și nici ca fața mea să fie văzută. Statistic, am mai puține șanse de a muri dând naștere decât alte femei și nu va trebui să-mi fac griji că propriii copii mei vor fi supuși unor insulte rasiale crude sau unei discriminări nedrepte. Una dintre cele mai mari speranțe pe care le am pentru copiii mei este că vor crește într-o societate mult mai tolerantă, mai blândă și egală – o societate care nu numai că îmbrățișează pe deplin identitățile, culturile și religiile diferite, dar le și serbează din toată inima. O mare parte din această responsabilitate îmi revine, deoarece a fi părinte înseamnă mult mai mult decât a avea grijă de copiii tăi. Noi suntem cei care îi influențează, cei care le oferă exemple morale, cei care îi educă, cei care le deschid mintea. Da, s-ar putea să fie una dintre cele mai dificile și mai puțin rentabile, din punct de vedere financiar, poziții de pe piața liberă, dar este, recunosc, una dintre cele mai bune.

Ca femeie de 20 și ceva de ani, cu instincte materne ca ale unui șarpe care își abandonează ouăle, am fost cu adevărat îngrijorată de ceea ce se va întâmpla atunci când va apărea copilul meu. Oare, îl voi iubi sau măcar îmi va plăcea puțin? L-aș putea mânca dacă aș fi mai pofticioasă și Steve nu ar fi suficient de rapid cu pregătirea gustărilor, ca un hamster după ce a născut? Caută pe Google! Pur și simplu, oribil. Din fericire pentru toți cei implicați, au existat instincte, dar și dragoste! Cine ar fi crezut?! Se pare că odraslele mele sunt două dintre cele mai bune decizii pe care le-am luat în viața mea – incontestabil, mai bune decât atunci când am încercat Sun In sau să mă epilez singură cu ceară în zona inghinală. Este o dragoste nebună, uneori, incredibil de copleșitoare, care scoate la iveală o latură destul de violentă a mea, despre care nu știam că există înainte de sosirea copiilor. Odată, mi s-a spus că a avea copii mă va transforma într-o leoaică – neînfricată, încrezătoare, puternică și dispusă să înfrunt lumea pentru a-mi proteja puii. După câțiva ani și doi copii, mă simt mai degrabă ca o suricată dominată decât ca regina junglei… Dar dacă cineva ar îndrăzni să pună un deget pe ei, o mamă-urs furioasă i-ar face bucăți, ospătându-se cu inimile lor rele și cu rămășițele sfâșiate și însângerate.

De asemenea, a scos la iveală o latură mult mai blândă a mea… Plâng mult, mai ales când dorm, de cât de mult îi iubesc sau de teama că li s-ar putea întâmpla ceva rău. De asemenea, lacrimile se adună incontrolabil în sutienul meu, pentru că, pe lângă faptul că îmi doresc ca ei să crească și să înflorească, aș vrea ca timpul să se oprească și ei să rămână mici și să-și adore mămica pentru totdeauna. Jack a început deja să mă întrebe când poate să nu îmi mai spună „mami". Câteodată, când realizezi cât de miraculoşi sunt ei cu adevărat mă pune pe gânduri... Imaginează-ţi, dacă exact acel spermatozoid nu s-ar fi întâlnit cu acel ovul, ei nu ar fi fost oamenii fără de care nu ai putea trăi. Steve m-a văzut de multe ori isterică doar gândindu-mă că proprii noştri copii noştri ar fi putut să nu fie printre noi. În mod cert, dragostea unui părinte este definiţia cuvântului „necondiţionată", afecţiune ce vine cu o anumită cantitate de avertismente prestabilite. Uneori, nu sunt prea convinsă că sentimentele mele de afecţiune faţă de copiii mei sunt în întregime reciproce... Mi-ar plăcea să cred că da, dar există şi o parte din mine care se teme că dacă m-ar găsi moartă la capătul scărilor ar putea să treacă peste cadavrul meu şi să se îndrepte direct spre dulapul cu gustări...

Am multe de mulţumit copiilor mei. Primul este râsul şi fericirea pe care le aduc în viaţa mea; al doilea este faptul că, în sfârşit, la vârstele de cinci şi opt ani, acum dorm în weekend după ora 8 dimineaţa; iar al treilea este pentru perspectiva complet diferită asupra vieţii pe care mi-au dat-o. Nu m-am simţit niciodată cu adevărat confortabil şi nici nu am fost fericită la locul de muncă, dar faptul că am avut posibilitatea să mă gândesc, departe de viaţa de birou, m-a făcut să realizez cât de mult îmi doream să nu mă mai întorc niciodată la serviciu şi că – fără să ştiu – timpul pe care îl petreceam acasă cu copiii mei îmi deschidea de fapt o nouă cale profesională. Fiind întotdeauna de părere că dacă nu râzi de anumite lucruri din viaţă, atunci plângi (incontrolabil), ca părinte nou şi complet depăşit de situaţie, am avut parte de nenumărate întâmplări care, dacă nu mi s-ar fi întâmplat mie, ar fi fost hilare. Fiind obişnuită cu un anumit nivel de creativitate în PR, atunci când copiii dormeau (cam niciodată) sau erau adormiți în fața CBeebies (cam întotdeauna), am început să descriu luptele și succesele noastre zilnice pe un blog pe care l-am intitulat „Tired N Tested". Pentru început, a fost în principal doar o gură de aer proaspăt – ceva care să-mi pună materia cenușie la lucru și să-mi distragă atenția de la faptul că nu se întâmplau prea multe lucruri, în afara celor patru pereți ai mei și ai magazinului Tesco din apropiere. În timpul procesului, a devenit evident cât de mult îmi plăcea să petrec timp singură (amuzant lucru) la calculator, să scriu cuvinte și să le dau viață cu ceea ce speram să fie un grad de onestitate. Să fiu sinceră, întotdeauna mi-am dorit să fiu autoare, dar după ce am avut copii am simțit că nu voi avea niciodată timpul sau încrederea necesară pentru a-mi îndeplini acest vis. După ce mi-am postat articolele pe Facebook, lucrurile au început să ia amploare, iar alte persoane, exceptând părinții și vecinii lor de 60 de ani, au ales să mă urmărească. La acea vreme, unul dintre prietenii mei buni era în vizită și m-a convins că pentru a face lucrurile să meargă, vloggingul era ceea ce trebuia să fac. Categoric nu, am zis eu! Despre ce puteam să vorbesc eu, o mamă de 30 de ani cu doi copii, într-un videoclip? „Hei, băieți, bine ați venit pe canalul meu! Astăzi vă voi arăta cele mai bune zece lookuri ale mele pentru incontinență!" Îngrijorată de faptul că aș putea părea o idioată absolută, vorbind incoerent în fața camerei, am decis să abordez situația, mai degrabă, din perspectivă introvertită… o parodie parentală a piesei „Shape of You" a lui Ed Sheeran. Un geniu liric, eu! Bineînțeles, a fost alegerea evidentă pentru o femeie timidă în fața camerei de filmat și oarecum cu probleme vocale, fără experiență anterioară în editarea de videoclipuri sau în a cânta corect. Se pare că această decizie a schimbat TOTUL. Îngrijorată că ar putea fi cel mai mare cântec de groază care a apărut vreodată pe internet, am fost foarte aproape de a-l arunca direct în coșul de gunoi al computerului. Ce a fost în capul meu? Dar... era deja făcut, gata de lansare și, în realitate, probabil că va fi văzut de 10% din cei 400 de oameni care mă urmăreau – ce putea să fie rău? Poate că aș ajunge la 500 de urmăritori și o marcă de alcool mi-ar putea trimite o sticlă de gin. Chiar merita să încerc.

Am postat-o la ora 14:30 pe Facebook și am plecat să-l iau pe Jack de la grădiniță, fără să mă gândesc prea mult la ea; asta până vreo trei ore mai târziu, când am vrut să verific dacă nu cumva tatăl meu o luase în derâdere. 100.000 de vizualizări. Cu Steve plecat, am continuat cu rutina băii și a culcării, complet inconștientă de nebunia care se desfășura pe internetul minunat de ciudat, dar incredibil de confuz. Până când copiii au adormit, ajunsese deja la un milion de vizualizări, iar telefonul meu fierbea, la propriu. Stând în bucătărie, complet în întuneric și neștiind ce să fac în continuare, am ales să mănânc panicată prăjiturele și să privesc cum cifrele continuau să urce și să urce și să tot urce. Se pare că devenisem „virală", iar cu această ocazie, nu aveam nevoie de două Imodium și un litru de Lucozade[148]. Până am terminat de mâncat prăjiturile, numărul de vizualizări ajunsese la 25 de milioane. CE?! E o absurditate pură! Am fost la știrile locale, la radio și chiar în studioul „Good Morning Britain" pentru

147 Băutură din sirop de glucoză care stimulează procesele metabolice și accelerează refacerea țesuturilor.

un interviu DEZASTRUOS în direct cu doi copii mici şi to-
tal insensibili (poţi căuta pe Google „interviul tv în direct
al unei mame este sabotat de un băiat de patru ani").
Numărul de oameni care mă urmăreau (sperăm că pe
internet, şi nu de prin tufişuri) a explodat şi, dintr-odată,
de nicăieri, a apărut un public care aştepta cu nerăbdare
mai mult. Cu o platformă pentru a-mi împărtăşi comedia,
combinată cu toate suişurile şi coborâşurile din viaţa de
părinte, nu mai era cale de întoarcere. Depindea de mine
să profit de această oportunitate şi să fug cu ea (nu prea
repede, altfel făceam pe mine).

În următorii trei ani, m-am aruncat cu totul în lumea
strălucitoare, dar uneori întunecată şi incredibil de
frustrantă, a creării de conţinut online – transformând
ceva ce iniţial a început ca o mică aventură, într-o carieră
cu normă întreagă. În mod surprinzător pentru toţi cei
implicaţi, am fost chiar foarte bună la asta. Cine ar fi
crezut?! De asemenea, lucrul de acasă şi după propriul
program mi-a permis în sfârşit să am un serviciu care să se
potrivească cu copiii – fără priviri critice, când terminam
mai devreme pentru a-i lua de la grădiniţă, fără a fi nevoie
să mă îngrijorez că trebuie să-mi iau liber dacă unul dintre
ei era bolnav. A fost un loc de muncă flexibil pe care mi
l-am creat singură, datorită maternităţii – şi ce sentiment
plăcut a fost acesta! De la acele zile de început şi până
acum, s-au schimbat multe lucruri. Am evoluat, mi-am
găsit echilibrul, mi-am asumat riscuri şi, în cele din urmă,
am descoperit o parte din mine despre care nu ştiam că
există, înainte de a avea copii. Lumea online a trecut şi în
lumea reală – iată-mă aici după ce am scris în sfârşit acea
carte la care am visat mereu, dar pe care nu o credeam

posibilă. Şi mai uimitor este că dacă cineva mi-ar fi spus acum cinci ani că aş fi urcat pe o scenă şi aş fi făcut oamenii să râdă aş fi presupus că ar fi fost într-o încercare destul de dezastruoasă de a mă lansa ca dansatoare exotică... Nici în cele mai nebuneşti visuri nu mi-aş fi imaginat că va fi stand-up comedy. Când aveam şapte sau opt ani, unchiul meu Dave mi-a spus că aş fi un comediant grozav; chiar şi în acel moment total neînfricat al copilăriei mele, remarca mea a fost: „Mai mult ca sigur nu, Dave!" Însă soarta şi destinul lucrează în moduri misterioase şi mă întreb adesea dacă aş fi ajuns să fac acum toate aceste lucruri dacă nu aş fi riscat să pun primul meu videoclip online sau dacă nu ar fi apărut copiii.

Maternitatea, deşi incredibil de copleşitoare şi cu capacitatea de a tăia stima de sine şi încrederea ca un cuţit care trece prin unt, mi-a oferit capacitatea de a crede în mine şi de a mă ambiţiona mai tare decât am crezut vreodată că este posibil. S-ar putea să simţi că viaţa ta s-a schimbat complet după ce ai născut sau poate că eşti pe punctul de a sări de pe o stâncă, sau eşti îngrijorată că dacă faci pasul cel mare de a fi părinte, viaţa ta se va sfârşi. Sunt aici pentru a te asigura că nu este aşa. Deşi s-ar putea să se simtă aşa pentru o perioadă foarte scurtă de timp, schimbarea este bună şi, odată cu ea, vin noi oportunităţi, noi începuturi şi o nouă perspectivă. Să-ţi asumi un risc este înfricoşător; şi eu mai am momente în care mă gândesc: „Doamne, ce fac?!", atât din punct de vedere profesional, cât şi ca mamă, dar apoi îmi place să mă refer la incidentul din sala de naşteri, în care am făcut treaba mare în mâinile unei studente moaşe şi mă gândesc că nimic nu poate fi mai rău decât asta! Uneori, trebuie doar să faci pasul cel mare şi să te întrebi „ce se poate întâmpla mai rău"? Dacă nu se ajunge la defecare în public, atunci poate că ar trebui să încerci. Întotdeauna ne încurajăm copiii să creadă în ei înşişi, spunându-le că pot face orice îşi propun (în afară de a scoate plastilina din cutie), dar la ce vârstă încetăm să ne mai spunem asta nouă? Credeți în voi, pentru că sunteți spectaculoşi! S-ar putea ca oamenii să nu râdă de ceea ce fac sau să spună lucruri oribile despre mine pe internet, dar nu contează, pentru că nu asta mă ține trează noaptea – acest lucru aparține exclusiv copiilor mei, care se târăsc în patul meu la ora 3 dimineaţa şi mă întreabă dacă pot să se uite la ceva pe telefon. Odată cu bucuria pură şi cu Soarele, vine şi sentimentul de a şti că indiferent cât de mult muncim, oricât de multe ore am munci, nu vom avea niciodată senzaţia că am făcut suficient. Da, sentimentul de vinovăţie maternă – o parte la fel de importantă a meseriei precum creşterea copiilor şi învăţarea de a se şterge la fund din faţă în spate. Dacă crimele mele ar fi citite vreodată în instanţă, îmi imaginez că procedurile ar decurge cam aşa: „Pentru acuzaţiile de a pretinde că toate centrele de joacă sunt închise, de a fura bani din puşculiţe pentru parcări cu plată, de a le spune celor mici că toată ciocolata este picantă, de a nu fi niciodată voluntar la şcoală, de a întârzia la toate şi de a ţipa ca un animal, care este atacat de o suricată, de la 8 dimineaţa la 10 seara, cum pledezi?" Păi… Vinovată! Simt asta atât de profund, în legătură cu TOTUL. De exemplu, copiii şi cu mine nu prea avem încă prea multe interese comune… Ceea ce mă face să mă simt prost dar, pe de altă parte… nu suficient de rău pentru a petrece de bunăvoie şase ore jucându-mă cu piese Lego. „Dragul meu, mami a construit deja blocurile vieţii – tu le dărâmi în timp

Sophie McCartney

ce eu urmăresc pe Instagram un fost iubit de acum 15 ani, bine?" Și țip destul de mult, ceea ce mă îngrijorează... Când eu nu voi mai fi, va fi vena mea mare, pulsatilă și furioasă, din mijlocul frunții, singurul lucru pe care copiii și-l vor aminti despre mine? Vor avea o copilărie frumoasă sau faptul că trăiesc cu un om furios le va provoca daune psihologice grave? Ce anume formează și declanșează un geniu criminal? Sper din tot sufletul că nu trimiterea unui copil în camera lui, pentru că a spus adevărul despre Iepurașul de Paște unui frate mai mic; acest lucru nu s-a întâmplat în familia noastră... Recent, am citit un articol scris de un tip care nu credea că este bine să țipe la copiii săi, deoarece credea că le poate dăuna, dar se întreba „ce ar putea să faci în schimb". Gândindu-mă că ar putea fi o abordare mai simplă a problemelor de disciplină cu care mă confruntam, întrebarea i-a fost pusă fiicei mele, la scurt timp după ce am găsit-o agresându-și fratele cu o biblie pentru copii.

– Ce ar fi trebuit să faci, scumpo?

– Păi, să folosesc enciclopedia?

Așa e!

Există, de asemenea, regretul pentru modul în care amândoi au venit pe lume – faptul că nu am făcut-o „cum trebuie" și părerea de rău că Evelyn nu merge la balet sâmbăta, pentru că suntem mereu la fotbal cu Jack, iar Steve lucrează în weekenduri. Mă frământ în mod constant, în legătură cu ceea ce le permit să facă și ce nu – de exemplu, nu au voie să fie pe contul de socializare al școlii, ceea ce înseamnă că trebuie să fie puși la colț atunci când se fac fotografii și mă urăsc în mod irațional pentru asta. În prezent, ducem o bătălie cu Jack, în vârstă de opt ani, pentru că refuz categoric să-l las să joace Fortnite, în ciuda faptului că toți prietenii lui îl au; și se pare că dorința de a-l proteja de violență și de bărbați de 50 de ani care pretind că sunt băieți tineri pe internet mă face un monstru. Ai impresia că nu poți face bine pentru că ai făcut rău.

Cea mai mare dintre toate vinovățiile, însă, a apărut din ceva ce a scăpat complet de sub controlul meu – cât și al restului lumii – și a fost rezultatul pandemiei Covid. Educația la domiciliu. Cândva, pentru cei care nu doreau să fie educați în mod obișnuit, acum are capacitatea de a băga frica în aproape toți părinții de pe glob. Bineînțeles, povara educației copiilor noștri a căzut în mâinile femeilor. Haideți, băieți, nu am făcut destul?! Se pare că nu. Sondajele au arătat că surprinzător de multe femei sunt puse în situația imposibilă de a încerca să mențină echilibrul între viața profesională și cea de mamă cu normă întreagă (ce implică să fii profesoară, bucătăreasă, femeie de serviciu, antrenor personal, recepționeră și antrenor pentru viață pentru oameni care erau mai preocupați să prindă pokemoni decât coronavirusul). A fost liniștitor să vezi că diferența de gen este încă vie și sănătoasă într-o perioadă atât de întunecată și incertă. Sănătatea mea mintală, împreună cu cea a copiilor, a fost absolut afectată de situația în care ne aflam. Există cei care sunt născuți pentru a explica frumos și cei care sunt născuți pentru a țipa în tăcere într-o pernă, în timp ce copiii sălbatici se bat între ei cu cartonașe cu litere. Fiică a unui profesor de școală primară pensionat, am crezut că mă voi descurca natural în clasa de acasă, nu-i așa? S-a dovedit că am fost o încrucișare oribilă între domnișoara Hannigan din „Annie"[149] și

---

149 Asistenta socială rea și enervantă a lui Annie.

domnișoara Trunchbull din „Matilda"[150]. Creierul meu era în permanență încețoșat de tot ceea ce trebuia făcut, iar fiecare zi părea a fi „Ziua Cârtiței"[151]... Mâncam, predam, strigam, eram întreruptă la Zoom, dădeam drumul la televizor pe canalul pentru copii și îi ignoram timp de cinci ore, repetam. Femeile, prin natura lor, sunt geniale la a face mai multe lucruri în același timp dar, uneori, poate fi în detrimentul nostru – există o presupunere că vom ceda până când chiar vom ceda. Da, unele dintre noi au ales să aibă copii, dar asta nu înseamnă că am ales această viață. Vinovăția a fost incomensurabilă. Conștientă că nu petreceam suficient timp cu copiii în timpul zilei, dar trebuia totuși să lucrez, mă certam constant cu ei că îmi solicitau atenția sau pentru că nu știau răspunsul la o întrebare de matematică pe care nici măcar eu nu puteam să o rezolv. În fiecare seară plângeam din cauza eșecurilor mele și a perspectivei că odraslele mele vor crește crezând că Super Mario[152] era un unchi italian real și oarecum excentric.

Mamele erau puse în situația imposibilă de a jongla cu totul și de a nu întreprinde nimic. Nimănui nu i-a plăcut școala la domiciliu, nici măcar copiilor, care inițial au crezut că va fi super, până când și-au dat seama că școala mamei a fost un spectacol ieftin, plin de o mulțime de discuții pasiv-agresive, despre faptul că tata a fost „plecat" la serviciu și erau certuri în toată regula, atunci când îndrăznea să sugereze că a avut o zi grea petrecută cu alți

---

150 Directoarea școlii la care învăța Matilda.

151 „Groundhog Day", film american din 1993, în care personajul principal este condamnat să facă în fiecare zi aceleași lucruri și să interacționeze cu aceiași oameni.

152 Personaj ce reprezintă un instalator italian, scund și îndesat, cu păr șaten și mustață neagră, ce locuiește în Regatul Ciupercilor.

Obosită și testată

adulți care nu pronunțau nu știu ce cuvânt pentru a mia oară. Singura mea speranță este ca odraslele mele să fi fost suficient de mici atunci pentru a uita acea perioadă destul de îngrozitoare din viața noastră și ca într-o zi să pot să las deoparte vina care a venit odată cu încercarea mea de a deveni profesor – cu siguranță aș fi primit un rating Ofsted[153] de „Absolut îngrozitor". Am impresia că este în ADN-ul unei mame să se simtă vinovată pentru orice și PENTRU TOT, dar probabil că a venit timpul să fim mai puțin critice cu noi înșine și să ne mulțumim cu un proces corect, pentru că suntem cel mai mare dușman al nostru. În adâncul sufletului, tot ce contează pentru copiii noștri este timpul petrecut împreună, dragostea, Netflix și gustările – niciodată nu trebuie să uităm de gustări.

Împreună cu toată vina, există, de asemenea, o acceptare a faptului că îmi voi face griji pentru copiii mei până în ziua morții mele și, probabil, chiar și după aceea... Voi fi în rai (sau în iad, în funcție de situație), continuând să mă întreb dacă (la vârsta de 60 și ceva de ani) s-au șters bine la fund, dacă au fost la doctor pentru tusea aia persistentă și dacă au compensat din punct de vedere nutrițional mâncarea unei pungi întregi de Haribo, poate cu un măr. Sunt îngrozită de gândul de a lăsa această lume – și pe ei – în urmă. Gândul că nu le voi mai vedea niciodată fețele mă aruncă în cea mai mare spirală descendentă. Însă cea mai mare teamă a mea este să trăiesc într-o lume în care ei nu există. Înainte de a avea copii, nu am înțeles niciodată cu adevărat când oamenii spuneau că și-ar da viața pentru cineva. Acum înțeleg. Mi-aș da cu <u>plăcere viața p</u>entru a-i salva pe ei pentru că, fără ei, viața

153 „Echivalentul" englez al Agenției Române de Asigurare a Calității în Învățământul Preuniversitar pentru evaluarea și acreditarea școlilor.

mea ar înceta oricum să mai existe.

În prezent, bătăliile noastre zilnice se învârt în jurul pantofilor, a neascultării cu atenție și a refuzului lor de a mânca ceva verde... Dar probleme mai mari se întrevăd în viitorul nu prea îndepărtat, sub forma adolescenței. Până atunci, voi fi o FAB (femeie alienată băgăcioasă) disperată să știe fiecare aspect al vieții lor, precum și locul exact unde se află la orice oră din zi și din noapte. În momentul de față, nu sunt sigură pentru cine îmi fac cele mai multe griji... Jack, în cazul în care transpune învățăturile de blocare a Mario Kart[154] în lumea reală și pe drumuri reale, sau Evelyn, în toaleta unui club de noapte, care primește un pumn în față pentru că i-a spus unei alte fete că vaginul ei este mai drăguț. Credem că este în regulă să îi ținem închiși în casă pentru totdeauna? Nu? Greșit. Prospectul social media mă sperie și el de moarte. Ca cineva care a văzut atât lumina, cât și întunericul internetului, aș vrea să-i țin pe amândoi departe de el cât mai mult timp posibil, dar pot deja să prevăd argumentele cu dublu standard și extrem de ironice care se îndreaptă spre mine din cauza alegerii carierei. „Fă ce spun eu, nu ce fac eu!" Îngrijorarea, alături de multe alte aspecte, este doar o altă parte a fișei postului despre care nimeni nu ți-a spus nimic, alături de modul în care copiii înnebunesc atunci când îi acuzi că sunt obosiți sau atașamentele lor ciudate față de obiectele neînsuflețite – am avut odată un incident foarte nefericit după ce am fost la o petrecere a burlăcițelor și unul dintre ei a găsit un prezervativ pe care a refuzat să-l predea.

Acum, copiii mei au mai crescut puțin, iar eu am ieșit în sfârșit din anii încețoșați ai bebelușilor și ai copiilor

---

154 Jocuri video.

mici, dar tot am rămas cu o mică enigmă... Am terminat? Mai vreau și alții?[155] Acum, acest lucru poate părea o nebunie dacă ai trecut prin toate capitolele și ai ajuns aici. AM TERMINAT! De ce m-aș pune să trec din nou prin unii dintre cei mai grei ani? Am de ceva vreme o noapte întreagă de somn, amândoi merg la școală cu program normal (în funcție de Covid) și pot în sfârșit să ies din nou din casă cu o geantă relativ mică. Viața este indiscutabil mai ușoară. Dar... Mai există o durere... La vederea unui bebeluș abia ieșit din murtica mamei, cu tot mirosul, ovarele mele încep să pulseze. De fapt, am interdicție de a avea copii.... Am deja două puncte pe permisul de conducere și Steve chiar nu vrea să am un al treilea. El este un tip de genul „doi sunt o companie, trei sunt o mulțime" – deși nu mă pot abține să nu simt că atitudinea lui s-ar putea schimba dacă i-aș sugera vreodată o partidă în trei... Totuși, uite cum stă treaba – nu știu dacă este o dorință reală sau dacă este corpul meu care mă păcălește și mă face să cred că trebuie să populăm planeta. Singura persoană pe care o cunosc și care a terminat „complet" este una dintre prietenele mele, care a avut doi copii, a vrut un al treilea și s-a ales cu gemeni. Nici măcar un Chris Hemsworth fără cămașă, ținând în brațe cel mai drăguț copil din lume, cu pelerina lui Thor fluturând în spate și cu ochii de „e vremea ciocanului", nu a putut să o facă să se răzgândească. Acum, dacă aș fi pusă într-un scenariu similar, mai mult ca sigur că m-aș dezbrăca mai repede decât fulgerul, înainte ca el să se răzgândească. Ce să faci, totuși, dacă tu zici că vrei un alt copil, iar partenerul tău nu vrea? Dacă fericirea mea viitoare ar depinde de asta, ar ceda în cele din urmă și echipa s-ar mări... dar m-aș simți prost că l-am pus în-

---

155 În 2022, Sophie a mai născut un copil, pe Nate.

Sophie McCartney

tr-o asemenea situație. De asemenea, în urma avortului spontan a ceea ce ar fi fost cel de-al treilea copil al nostru, a existat o mare parte din mine care a închis imediat perspectiva de a mări familia. La momentul respectiv, pentru mine a reprezentat un semn că lucrurile nu erau menite să fie... un semn de rău augur. Având în vedere cât de îngrozitor a fost, nu aveam cum să mă supun din nou sau să supun pe cineva drag la acel chin. Timpul, totuși, le vindecă pe toate și, în cele din urmă, cicatricile fizice și mintale încep să se estompeze, aducând cu ele perspective și întrebări noi. Retrospectiv, am avut un stres posttraumatic destul de îngrozitor după nașterea lui Jack, dar la momentul respectiv nu l-am recunoscut, presupunând că era normal și probabil că așa se simțeau cele mai multe proaspete mămici după șocul nașterii. Luarea deciziei de a o avea pe Evelyn, deși a fost dificilă, în sensul că a trebuit să trec peste o barieră mintală (iar bietul Steve a trebuit să mă vadă plângând de fiecare dată când făceam sex), a fost într-un fel și ușoară, deoarece nu am vrut ca Jack să fie singurul copil – trebuia doar să depășesc impasul și să mă supun. De data asta, cu un băiat și cu o fată – amândoi fericiți și sănătoși – de ce să ne facem griji? Poate că sunt hormonii, poate că tânjesc să înlocuiesc ceea ce s-a pierdut, poate că de fapt chiar îmi doresc unul... Cine știe? Ceea ce am descoperit, în legătură cu propria sosire în viața de adult este că aceasta a gravitat în mare parte în jurul pregătirii celor mici pentru viața lor. Da, uneori există o dorință de a fi un spirit liber care este capabil să renunțe la viață pentru a merge să o facă lată în Ibiza, să se îmbete cu două ginuri și să petreacă cele mai bune momente din viață. În afară de... nu aș vrea, pentru că asta ar însemna să nu am mica mea familie și chiar nu aș suporta. Nu-mi pot imagina să nu văd ochii albaștri ai frumosului meu Jack sau să nu-i aud râsul contagios... La fel, să nu o ascult pe Evelyn cântând cântece din toți plămânii zi de zi (cu accent american, pentru că am lăsat-o să se uite prea mult la Netflix) și să nu găsesc sub pernă bilețelele ei scrise de mână, în care îmi spune cât de mult mă iubește.

Recunosc, anii mei 20 au fost o existență uimitoare, hedonistă și lipsită de griji, dar acum am ajuns să mă gândesc că „îi mulțumesc lui Dumnezeu că nu trebuie să fac asta din nou" – în principal, pentru că era începutul anilor 2000, iar pantofii stiletto și pantalonii largi cu buzunare erau la modă. Oribil. Uitându-mă la mine acum, ca un adult adevărat, am oare tot ce-mi trebuie? Nu, probabil că nu. Încă întârzii în mod patologic la toate, vinul continuă să mă facă să vomit și nu am reușit niciodată să mă descurc cu tabla înmulțirii. În adâncul sufletului meu, am rămas aceeași fată care își dorea o viața mai puțin obișnuită, dornică să bifeze cât mai multe lucruri de pe listă? Categoric nu. Recunosc că sunt mai bună.

Deși cred cu tărie că maternitatea nu mă definește, cu siguranță, m-a schimbat. Această călătorie sălbatică m-a transformat într-o persoană mai puternică, mai înțeleaptă, mai distractivă și mai aprigă decât mi-aș fi putut imagina vreodată că voi fi. Dar, cel mai important, nu sunt „doar o mamă"... Sunt mama lui Jack și a Evelynei – o suricată practică, determinată, care identifică pericolele, oarecum, agresivă, cu un instinct de ucigaș și cu semnul de la cezariană acoperit. Dar știi ce? N-aș schimba asta pentru nimic în lume.

Mulțumiri

OK, mulțumesc timpului! Doar un avertisment, s-ar putea să sfârșesc prin a vorbi un pic ca Gwyneth Paltrow... nu în sensul de a încerca să vând cuiva o lumânare cu aroma zonelor intime, ci, mai degrabă, ca în discursul ei de la Oscar.

Așa că, probabil, ar trebui să încep cu cei doi bebeluși frumoși ai mei – care urăsc să le spun „bebeluși" – dar după ce vor citi această carte și vor descoperi, la propriu cum au fost concepuți vor avea ceva mai mult de furcă... Așa că pentru bebelușii mei. Fără voi, nimic din toate astea nu ar fi fost! Când ați apărut în viața mea, nu aveam idee că veți da sens vieții mele în atât de multe feluri. Mi-ați deschis inima, mintea, creativitatea și peretele abdominal. Vă mulțumesc că ați venit în viața mea și m-ați însoțit în această călătorie; mi-am îndeplinit visul de a fi mamă și autor! VĂ IUBESC ATÂT DE MULT! Chiar în timp ce scriu aceste rânduri, în toiul nopții, tocmai m-am furișat în camerele voastre și am plâns puțin, la cât de perfecți sunteți în toate privințele. Mami nu va înceta niciodată să facă asta, doar un avertisment pentru viitorii voștri parteneri; va părea ciudat. Îmi pare foarte rău că nu am fost o „mamă distractivă", așa cum ar fi trebuit să fiu în timpul procesului de scriere a acestei cărți – promit că mă voi revanșa față de voi! Sper că v-ați distrat de minune cu tati, „unchiul" Mario și „mătușa" Prințesa Peach[156], în timp ce eu scriam la calculator, la etaj. Sunteți baza, inspirația și

---

156 Prințesa regatului fictiv al ciupercilor din „Super Mario".

motivația mea – mă uimiți în fiecare zi și sunt incredibil de norocoasă să vă am pe amândoi în viața mea. NU încetați NICIODATĂ să fiți voi înșivă minunați, frumoși și inocenți.

Steve, îți mulțumesc, că ești cel care mă susține, indiferent de situație, dar și pentru sperma ta. Cel mai chipeș bărbat pe care l-am întâlnit vreodată – cine ar fi crezut că o întâlnire într-un club de noapte, numit Evolution, cu atâția ani în urmă, va duce la tot ceea ce avem astăzi? Din ziua aceea, ai știut și ai susținut ambiția mea de a mă ascunde de voi toți și de a crea ceva nu doar pentru mine – ci și pentru alții. Niciodată nu ai clipit la toate lucrurile nebunești pe care le fac, chiar și atunci când veneai acasă și mă găseai vopsită în albastru-aprins, într-un costum uriaș de păduche sau îmi perfecționam abilitățile de rapper. Poate că nu ești Dwayne Johnson, dar ești stânca mea. Niciodată nu mi-ai stat în cale și nici nu ai încercat să-mi diminuezi strălucirea, iar pentru asta, pe lângă faptul că m-ai lăsat să pun pe internet videoclipul cu tunsoarea ta din pandemie, îți voi fi veșnic recunoscătoare. Mă stimulezi să muncesc mai mult (prin faptul că nu râzi la glumele mele) și ești probabil cel mai bun tip pe care și l-ar putea dori o fată. Mulțumesc, pentru că duci întotdeauna gunoiul afară. Probabil că te iubesc mai mult decât îți spun!

Părinților mei – felicitări pentru că și ei s-au angajat în popularea planetei și m-au creat! Legende, ce mai! Tată, de la tine îmi iau amuzamentul (și, din păcate, și durerile de genunchi); mamă, moștenirea de la tine mi-a permis să înșir acele reflecții comice în propoziții lizibile care au fost publicate, ca lumea să le citească. NEBUNIE. Vă mulțumesc amândurora, pentru că ați crezut în mine și pentru că sunteți incredibil de mândri de tot ceea ce am făcut – în afară de momentul în care am intrat într-un autobuz cu etaj staționar, în mașina vecinului și în stâlpul vostru de la poartă (de două ori) cu Rover-ul mamei. Un autor publicat! Cine ar fi crezut?! Toți acei ani în care ai țipat la mine să-mi fac temele, în timp ce eu te ignoram, au dat în sfârșit roade! Ovaționați-o și pe sora mea mai mare, pentru că mi-a oferit profunda înțelegere a artei, uneori, fizice, rivalității dintre frați. Îmi pare rău că ți-am aruncat cu o minge de Swingball în față!

Pentru Lauren, agentul meu literar: îți mulțumesc foarte mult, pentru că mi-ai trimis mesaje și mi-ai făcut propuneri, în cel mai decent mod posibil! Mi-ai dat încrederea că alți oameni ar putea fi interesați de ceea ce am de spus, răbdarea de a trece peste acele prime schițe și peste îndoielile mele constante.

LUCY!!! Managerul meu! O mare prietenă, care s-a întors în viața mea la momentul potrivit. Destinul, nu-i așa? Lumea cărților a fost ceva în care te-am aruncat, iar tu ai fost un sprijin atât de mare… Cui altcuiva puteam să-i trimit mesaje vocale pe WhatsApp de 300 de ori pe zi? Copiii aud vocea „agentului Lucy", la fel de des cum o aud pe a mea. La cât mai multe călătorii de cercetare și la cât mai multe aruncări de tun în piscine de fițe!

Pentru Gen și întreaga echipă de la HarperNorth, sunt atât de umilită că ați decis să vă asumați un risc pentru această mamă din Liverpool cu doi copii! Înțelepciunea, experiența și profesionalismul vostru, atunci când a trebuit să căutaţi în dicţionar sinonime, continuă să mă uimească. Viziunea voastră pentru mine ca autor nu s-a clătinat niciodată şi sper să vă fac mândri pe toţi.

În cele din urmă, dar nu în ultimul rând, le mulţumesc celor care au ales să mă urmărească de-a lungul anilor (pe reţelele de socializare, nu de prin tufişuri)... VĂ MULŢUMESC! Dacă voi nu v-aţi fi făcut timp să comentaţi conţinutul cărţii sau să-l împărtăşiţi cu prietenii şi cu familia, cartea de faţă nu ar fi existat acum. Vă văd pe toţi ca pe nişte prieteni cu care încă nu m-am îmbătat şi sper că sentimentul este reciproc. Sunteţi cu toţii al naibii de uimitori!